图书在版编目 (CIP) 数据

营销拐点突围 / 刘春华著 ; 李晓彤绘 . — 青岛 : 青岛出版社 , 2022.7
ISBN 978-7-5736-0173-5

Ⅰ. ①营… Ⅱ. ①刘… ②李… Ⅲ. ①营销管理 Ⅳ. ① F713.56

中国版本图书馆 CIP 数据核字 (2022) 第 062807 号

YINGXIAO GUAIDIAN TUWEI

书　　名　营销拐点突围
著　　者　刘春华
绘　　者　李晓彤
出版发行　青岛出版社
社　　址　青岛市崂山区海尔路 182 号（266061）
本社网址　http://www.qdpub.com
邮购电话　（0532）68068091
策划编辑　尹红侠
责任编辑　赵慧慧
装帧设计　祝玉华
照　　排　光合时代
印　　刷　青岛海蓝印刷有限责任公司
出版日期　2022 年 7 月第 1 版　2022 年 7 月第 1 次印刷
开　　本　16 开（710 mm × 1000 mm）
印　　张　23.25
字　　数　350 千
印　　数　1—4000
书　　号　ISBN 978-7-5736-0173-5
定　　价　118.00 元

编校印装质量、盗版监督服务电话 4006532017　0532-68068050

营销无界，与时偕行

刘春华老师是“政学研企”四体合一的管理学者，在营销管理方面有很深的造诣，一直以来都是中国外运（中国外运股份有限公司简称）高管培训课程的主讲人。此次刘老师邀请我为本书作序，我欣然应允。中国外运的理念与本书的观点有相互印证的部分，这对中国外运来说是一种肯定。

新冠肺炎疫情给国际市场和国内市场造成了巨大的冲击。中国经济正在构建以国内大循环为主体、国内国际双循环相互促进的新发展格局。在这个拐点期，企业该如何实现新旧动能转换呢？在新的经济时代，特别是在2022年之后，这是企业面临的主要挑战之一。正如书中所言：“企业不是赢在起点，也不是赢在终点，而是赢在拐点。”本书为企业提供了一整套“找到拐点并实现突围”的方法论和营销工具，以帮助企业在新旧动能转换中获得持续发展的动力。本书的时效性和指导性非常强。读完本书的样稿后，我认为本书有三个方面值得企业管理者或学者特别关注。

一是本书有厚度。刘春华老师作为营销领域的专家，拥有多年的企业咨询经验和授课经验，对营销有独到的见解。本书对营销拐点突围的法则、营销拐点突围的思维模式、具体落地的工具等进行了从点到面的总结，有体系，有厚度。即便读罢掩卷，仍会思考不止。比如营销的本质是什么？刘春华老师在书中给出的答案是以人为本。与以人为本相对应的两个理论：一是人才理论，以奋斗者为本，以创造价值者为本；二是客户理论，以为客户创造价值为本。营销管理人员需要不断地回到原点，培养创造力强的人才和团队，发展黏度高的客户，开拓新的市场。类似的观点也出现在刘老师的另外一本畅销书《华为营销基本法》中。由此带给我的思考是：营销就是营销人员与客户之间建立信任关系、实现价值共创的过程。本书对于企业提升留客、获客能力具有重要的指导意义。中国外运正是抓住了营销的本质，并将其转化成“往来”（主动走出去，与客户一起共克时艰）“联通”（与客户一起实现全方位的互联互通）“融合”（与客户融合成共赢共生共创的利益共同体、事业共同体和命运共同体）的“三板斧”。中国外运在疫情期间将抗疫战友变成了合作伙伴，在稳定国际供应链、提升产业链水平方面发挥了重要的作用，践行了“运万物、连世界、创生态，以物流成功推动产业进步”的企业使命。

二是本书有温度。优秀的营销书籍应该有料、有趣，让人不忍释卷。显然本书的内容有料、有趣。本书通过分析众多案例，力求将每一个知识点都讲解透彻，同时用插画再次深化主题。这样做有助于读者与本书建立连接，提升阅读体验。诚如作者所言：“知音如不赏，归卧故山秋。”作者的用心良苦可见一斑。

三是本书有效度。本书除了和读者建立共识之外，还做到了知行合一。本书的营销案例大多来自刘春华老师亲自操盘的营销项目或者参与咨询授课的品牌企业。这就决定了本书具备实操性。华为“股权激励、狼性文化、技术驱动、与时俱进”的突围方法论和海尔“组织创新、品牌驱动、文化基因、与时俱进”的突围方法论，对绝大多数寻求转型的公司来说具有借鉴意义。中国外运也从本书中汲取了能量。中国外运作为国际物流的开拓者，是投身国际化、市场化发展的央企之一，多年来一直坚持唯变所适、与时偕行，并形成了“客户为天、价值为根、创变为魂、奋斗为本”的核心价值观。

本书还有很多亮点，需要读者自行探索。阅读的魅力就在于读者在作者思想的海洋里遨游，丰富和引申作者的本义，并转化为实践的成果。相信开卷有益。

“志不求易者成，事不避难者进。”企业管理者要与时偕行、唯变所适，主动融入国家发展大局，守住为客户创造价值的初心，打破传统营销边界，形成共创共赢的良好生态。这既是一个企业成功的利器，也应该是爱国的一种方式。

中国外运股份有限公司原董事长

李关鹏

掬水月在手，弄花香满衣

刘春华老师让我为本书写序言。我欣然接受，又惶恐不安。

机场作为交通枢纽，其产品就是服务。服务是无形的产品，是营销的核心要素之一。刘春华老师所著的《营销拐点突围》一书，对机场服务，尤其是广州白云国际机场（简称白云机场）的品牌建设和文化塑造有很大的启发意义。

建设“平安、绿色、智慧、人文”为核心的“四型”机场，是中国机场未来的发展方向。“平安”是基本要求，“绿色”是重要内涵，“智慧”是创新动力，“人文”是根本目标，四个要素相辅相成、不可分割。我们需要从服务客户的角度出发，倒逼内部管理，以服务为抓手，以品牌建设为契机，建成以人为本、满足人民需求、富有文化底蕴、体现时代精神和价值观的机场。“四型”机场的建设离不开营销理论的支撑。服务营销则是“四型”机场建设的重要理论支撑。

“人民对美好生活的向往就是我们的奋斗目标。”民航业为旅客提供的美好出行体验是美好生活的重要组成部分。建设世界级航空枢纽，不断满足广大旅客对美好出行体验的需要，就是白云机场人的初心和使命。

为此，白云机场以“四型”机场建设为目标，不断创新真情服务的内涵，着力打造“春风服务”品牌，以品牌建设为契机，寻求服务的创新与突破，为更好地融入全球化竞争、打造世界一流航空枢纽提供全新的思路与实践。

“春风服务”是白云机场的服务特色，是建设“四型”机场的重要切入点，它的本质特征就是：亲切、温暖、自然，强调人文关怀。“春风服务”是从服务的视角来重塑机场的价值，从品牌的维度传播机场的人文内涵。用刘春华老师的“120”服务法则来理解“春风服务”，就是：要和客户的需求赛跑，永远走在需求的前端，重视体验，注重服务的设计和流程，并根据客户的现场感知不断优化和再塑。具体来说，就是在机场的设计规划上，我们更加注重旅客、货主、员工等人的需求和感受，实现功能性、艺术性、便捷性、经济性的有机统一，将规划建设与运行服务密切结合，将人文关怀贯穿始终，使机场成为有温度、有活力的温馨港湾。

我们向旅客和货主提供全流程、多元化、个性化、高品质的服务产品，尊重并满足旅客和货主的差异化需求。增加对市场变化的敏感度，密切关注新技术对出行方式和出行需求的影响，与时俱进，持续优化服务环境，提升服务水平。

由刘春华老师参与起草和修订的《白云机场春风服务“基本法”》一经发布，便在业界引起了极大的反响。刘春华老师的专业精神得到了业界的高度认可。《营销拐点突围》一书是营销理论和营销案例的汇总集成，是难得的佳作。

2020年初，一场突如其来的新冠肺炎疫情打乱了人们的出行计划，这对白云机场来说是一个巨大的挑战。在这场抗疫防疫的战斗中，白云机场人经受住了考验，发挥了自己的优势，交上了一份高分答卷。

在这场抗疫战斗中，机场安检员始终处在“战疫”的第一线，肩负着“外防输入、内防扩散”的重要职责。白云机场安检护卫部顶住压力，排除万难，上下同欲，坚持“春风安检，情深意远”的理念，做到“隔离病毒，不隔离爱”“客流虽减，服务不减”，统筹保安全、促服务、抗疫情等一系列工作，让抗疫工作通过服务流程的统筹设计和优化得到了有效开展。

首先是做好预案，快速反应。在疫情期间，一名旅客在安检通道突然呕吐并晕倒。安检员马上启动疫情防控应急预案，在短时间内高效完成旅客隔离、安检通道清洁消毒、员工更换防护装备等工作，并请医护人员到场诊断，初步排除旅客发热等症状。

其次是延展服务，服务再生。在疫情期间，一名旅客在接受人身检查时被细心的安检员发现口罩戴反了。经安检员提醒后，这名旅客连声道谢。但这名旅客身上没有多余的口罩。安检员立即将自己的备用口罩递给这名旅客。这名旅客被安检员的行为深深打动。

“春风服务代言人”，从容淡定，温暖他人，将“突发”变成了“突围”，将“紧急”变成了“紧密”。2020年，白云机场全年旅客吞吐量达4376.8万人次，并在国际机场协会（ACI）2020年度全球机场服务质量旅客满意度测评中脱颖而出，排名第一，取得“质”与“量”全球双第一的非凡成绩，在机场发展历史上留下了浓墨重彩的一笔。这些成绩既是激励，也是鞭策，让白云人更加激情满怀、步履铿锵。

白云机场的“春风服务”其实就是本书经典服务营销理论的实践佐证。服务延伸就是服务的创新理论，服务预案就是服务的创新方法之一。我依然记得刘春华老师在给白云机场员工授课时所提到的那句话——“服务速度也是质量的重要组成部分”。白云机场在疫情期间让客户满意，也是“把事故变为故事”的服务创新。

读完刘春华老师发来的书稿，中国的疫情也得到了有力控制。阅读一本好书如同体验一次高质量的服务，一定有以下几个关键点：看得见，记得住，用得着，还想要，成效应。本书显然具备以上的几个特质。书中的一些观点定会让你印象深刻，让你有想去尝试和实践的冲动。

“春风服务代言人”应该养成读书的习惯，在汲取知识的过程中不断提升自我，增强为客户提供优质服务的本领。不管你是什么学历，也不管你现在年纪多大，都应该好好读书。诚如《说苑》中所言：“少而好学，如日出之阳；壮而好学，如日中之光；老而好学，如炳烛之明。”学习是不能等待的事情。持续学习是一个人增值的方式之一。

“春风服务”的打造需要客户、白云机场的所有驻场人员的参与和支持。“慎易以避难，敬细以远大。”“图难于其易，为大于其细。”“春风服务”的日臻完善，像登山一样。登高必自卑，行远必自迩。“春风服务代言人”要做到日清、日慎和日勤，每日进步一点点，每天完成一个小目标，功不唐捐，厚积薄发，赢得更多客户的认可。

著书者是授人智慧者。掬水月在手，弄花香满衣。

我建议大家读《营销拐点突围》以明智，并请大家到白云机场体验“春风服务”以明书中之理。愿更多的旅客在白云机场感受到一缕春风，并记得“春风服务代言人”的真诚服务。

正如营销有拐点，人生也有拐点。但愿所有翻开《营销拐点突围》的读者，都能发现自己人生的拐点，并赢在拐点。

广州白云国际机场股份有限公司党委委员、副总经理

营在起点，赢在拐点

当我把书稿交给青岛出版社的编辑时，盛夏已过，秋蝉嘶鸣。

2020年初，一场突如其来的疫情打乱了全国人民的生活和工作节奏。原本预计2020年初完稿的《营销拐点突围》被一拖再拖。大概是从2020年2月初开始，我应邀为企业做线上直播讲座，主要讲企业该如何度过疫情期。这些直播大部分是商业的。对于受灾严重的企业，诸如湖北的企业，一律由我的经纪公司出面改为公益直播。我的直播红红火火，但书稿再次被拖期。

我恨自己不能成为一名医务工作者。我想奋斗在抗疫第一线。同时，我才明白那句经典名句——“不为良相，便为良医”的深刻含义。

作为一名奋斗在一线的企业管理专家，我的责任就是帮助企业尽快地复工达产，把疫情带来的损失降到最低程度，并以直播的方式将自己的理念传递给众多企业家，为抗击疫情做出自己的贡献。写书似乎比直播抗疫要慢很多拍。

“爱出者爱返，福往者福来。”在新冠肺炎疫情期间，还发生了很多令人印象深刻的事件：原本要倒掉的西贝莜面村，因为“撑不过三个月”的坦陈而得到了社会各界的关注，30多家银行争先给西贝莜面村贷款；武汉当地的知名食品企业良品铺子，逆风飞扬，实现“云上市”；美国对华为全球芯片供应采取新的限制措施……书稿又被拖期了。新的现象，尤其是营销管理方向的新案例不断涌现。“宅金经济”的诞生，自媒体矩阵的凸显，第二条曲线的拐点来临。营销拐点突围的切入点就在疫情期间出现了。

当我的网络直播在2020年5月初快要结束的时候，我又回到书案前。三更灯火五更鸡，正是男儿“写书”时。书稿不能再被拖了。企业如何有效恢复运营秩序，需要一本书来系统阐述。尽快修订书稿也是一种社会责任。本书可以使用我的大型系列微课“中国式优秀营销总监108招”的内部逻辑、方法论和知识架构。因为现实中出现了新的现象，所以，我又在本书中增加了许多新案例，也删除了一些过时的案例。

“疫去不返”是定局。《营销拐点突围》一书不能只适合疫情期间的企业营销管理。在未来相当长的一段时间之内，本书对企业营销管理的优化、完善都要有借鉴和启发意义。

中共中央政治局召开的会议指出：我们必须从持久战的角度认识当前经济形势，加快形成以国内大循环为主体、国内国际双循环相互促进的新发展格局。

中国经济遇到了三期叠加的拐点期：经济增长速度换挡期、结构调整阵痛期和前期刺激政策消化期。同时，中国正面临世界百年未有之大变局和新冠肺炎疫情的叠加冲击。“四个自信”彰显在每个企业家防疫、抗疫的具体行动上。

新冠肺炎疫情不能阻挡我们砥砺前行的脚步。2021年福耀玻璃实现营业收入236.03亿元，同比增长18.57%；归属于上市公司股东的净利润31.46亿元，同比增长20.97%。2021年，京东集团全年净收入为9516亿元，同比增长27.6%。

营销学既是一门实践性较强的学科，又是一门对理论性要求较高的学科。一个企业的营销体系需要在实践中不断地修正和完善，以便适合企业的理论体系。在这场疫情中，市场业绩表现不俗的企业，大都有一个共同的特点，那就是营销的创新。

企业营销无国界，企业家有祖国。企业家要爱国，又要在市场营销上具备国际化视野。“富有之谓大业，日新之谓盛德。”营销创新是推动企业创新发展的核心关键之一。

当今世界正经历百年未有之大变局，新一轮科技革命和产业变革蓬勃兴起。在当前保护主义上升、世界经济低迷、全球市场萎缩的外部环境下，我们必须充分发挥国内超大规模市场优势，通过繁荣国内经济、畅通国内大循环为我国经济发展增添动力，带动世界经济复苏。在这一轮的企业管理迭代升级过程中，营销创新无疑是主线。

企业管理者需要一本有实践、有观察、有思考、有总结、有前瞻性的关于营销管理创新的书。这本书既要与时俱进和革故鼎新，又需要沿袭和传承。我们不应该只观察一些企业的具体做法，还应该借鉴和修正；不应该只关注实践，还应该学习理论；对于一些新营销的方式，不应该片面看待和短暂借鉴，而应该系统和持续借鉴。例如：抖音、快手等短视频APP的火爆，KOL（关键意见领袖）到KOC（关键意见消费者）的转型，直播带货成为现象级营销行为，国内国际双循环的新发展格局……对于这些现象的观察，我们不能只局限在表面，还要深化到内核，并从企业视角上升到营销的思维层面，从而得出结论，做出具有前瞻性的企业策略。

正是因为如此，本书得到众多企业家的一致好评。还未上市，本书就已经得到了广泛的社会关注。

市场的期待是一本书的生命力。这种倒逼思维让本书具备了六种特质：创新、系统、全面、理论、实践和简易。

本书的创新性保证了营销管理研究目标的精准性。本书所提供的企业案例是与时偕同的，例如海尔生态品牌战略阶段的营销创新和工业互联网品牌卡奥斯的嬗变之路，华为营销“铁三角”和业务组成“铁三角”（2020年初，华为业务重组，已经变为“铁四角”），等等。就在最后一次校对书稿时，笔者在“立足内需，畅通循环；立破并举，完善制度”等维度的基础上，再次完善了书中的一些方法论和营销管理工具。

本书的系统性保证了企业个案研究的科学性和逻辑性。一是体现在案例研究方法的系统性：将案例实证、知识归纳、文献梳理等研究方法组合使用，涉及众多企业案例。案例虽然数量多，但并不芜杂，根本的保障就是研究方法的科学性和研究路线的逻辑性。二是体现在方法论、方法、工具和措施有脉络的结构上，具体就是“道、法、术、器”的有机结合。每个案例都力求按照“四步”阐述，直到最后输出工具和措施，让读者受到启发，并让读者有行动的方案可供实践参考。

本书的全面性保证了营销管理探究的实用性和借鉴性。本书涉及的企业既有“BATJ”（百度、阿里巴巴、腾讯和京东），也有华为、海尔、美的、格力等传统企业。书中的案例众多，总会有一个和读者心理预期契合度比较高的企业案例。

本书的理论性保证了营销管理研究的高度和深度。只有将案例研究上升到理论的层面，才可以让成功的营销管理便于复制。本书的理论模型经多次实践验证，很容易被企业进行创造性复制和借鉴。笔者作为营销管理的研究者和实践者，在不同的企业做营销管理咨询或者授课时频繁使用这些理论模型。这些理论模型都是笔者精挑细选的，其高度、深度和适用的契合度均能满足企业管理者的需求。为了让这些理论模型通俗易懂，本书配有多张示意图，有时还用表格分类论述。

本书的实践性保证了营销管理研究的信度和效度。阐述和研究案例是营销管理者学习的方式之一。“实践是检验真理的唯一标准。”“所见即所得。”“行胜于言，行胜于知。”这些是务实的企业管理者喜闻乐见的学习原则。拒绝过多繁杂、抽象的理论描述，侧重于阐述现象，从现象中抽离出理论，如此，本书的可读性、信度和效度都得到了提升。

本书的简易性保证了营销管理的传播性和实操性。营销管理的本质是“化繁为简”，而不是“化简为繁”。营销管理的门槛既高又低，高的是学习者必须和实践结合、互动，低的是任何人都可以参与营销管理实践。学习者的起点不一，这就要求笔者必须保证内容阐述的简易性，让本书的知识具有可传播性、可落实性、可实操性。为此，本书的每篇文章都力求提炼核心要点，并简化成一幅通俗易懂的漫画配图。

这六个特质让本书的内容形成了一个完整的有机体。本书意在告诉营销管理的学习者和实践者，营销管理的魅力在于：企业不是赢在起点，也不是赢在终点，而是赢在拐点。这个观点就是笔者在2013年提出的营销拐点论。如何识别企业的营销拐点并能够突破是营销拐点论的核心。

笔者所经历的艰难困苦不值得向大家诉说。本来疫情期间的居家隔离为笔者专心伏案写书提供了机会，“在线中国”现象的出现让笔者的时间也碎片化了。

在青岛出版社专职副总编辑郭东明、母婴编辑部主任尹红侠、编辑赵慧慧和青岛光合时代文化传媒有限公司祝玉华总经理的大力支持下，本书得以顺利出版。德高为师,身正为范。特别感谢我在读硕和读博期间的两位导师，他们分别是中国海洋大学管理学院名誉院长权锡鉴和南开大学商学院院长白长虹。他们严谨细致，为人师表，是我学习的楷模。还要感谢中国海洋大学管理学院院长王竹泉、副院长姜忠辉、副院长李志刚对本书的学术指导。在本书的资料收集方面，中国海洋大学管理学院副院长李志刚的博士团队做了大量的工作。

还要感谢选择我做管理顾问或者主持管理咨询的企业：广州白云国际机场股份有限公司、中国外运股份有限公司、中铁高新工业股份有限公司、中国昊华化工科技集团股份有限公司、中远海运物流有限公司、青岛华通国有资本运营（集团）有限责任公司、袁隆平农业高科技股份有限公司（隆平高科）、中国联合网络通信股份有限公司（中国联通）等。并感谢我工作过的海尔集团和帅康集团。

本书的营销理论知识结构和企业案例得到了青岛大学商学院副教授韩倩倩女士的专业指导。也要感谢我的同门博士师兄、知名企业战略管理专家孙旭群博士及夫人刘恬萍博士对本书第二曲线理论的学术指导。

还要鸣谢青岛华商智业企业管理咨询有限公司的李艇、纪严、岳邦瑞、黄珊、杨晨琳、刘桂芝、谭秀丽、桂琳、王梦颖等人，他们在概念模型的设计、文稿校对、知识勘正等方面付出了极大的努力，还积极与推荐单位、个人联络沟通。在查找最新营销管理资料的过程中，他们常常通宵达旦。一本书的顺利出版，一定是一个团队精诚合作的结果。

由于笔者组稿紧促，其中的一些观点恐为一得之愚，敬请读者不吝指教。“互联网+”时代是藏智慧于读者的时代。与读者一起共享、共创营销管理知识，是本书的宗旨之一。期待本书能让营销管理日臻完善，让企业顺利实现营销拐点突围。

不敢称本书是探骊得珠之作，只待读者以含英咀华的学习精神去伪存真、披沙沥金。“柳花如雪满春城，始听东风第一声。”笔者亦不敢把《营销拐点突围》这本书以“第一声”的高度以飨读者，只希望以最真诚的文字引导企业管理者和营销管理学习者对营销管理投入更多的关注。

营在起点，赢在拐点。在起点做好营销战略，在拐点做好营销突围。“诚者，天之道也；思诚者，人之道也。”所以，一切都要从诚心诚意掀开书的扉页开始。

刘朗（签名）

2020年8月完稿于北京

2022年5月修订于青岛

刘春华老师助理二维码

华商智业二维码

作者联系邮箱：lrmlchh@126.com，欢迎各位读者朋友的交流与沟通。

目录

第一章 营销拐点突围的基本法则

第二章

营销拐点突围的思维模式

第三章

营销拐点突围的四大素养

第四章

营销拐点突围的五大品质

第五章 营销拐点突围的实操工具

第六章

营销拐点突围的切入点

企业家推荐

附录

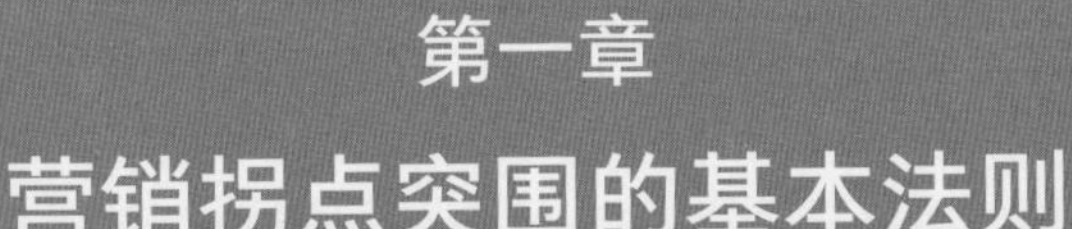

第一章 营销拐点突围的基本法则

1

究竟如何识别拐点？如何实现营销拐点突围？具体的理论基础和概念架构是什么呢？……本章将解决以上的问题。

营销拐点突围的具体实践是企业实现新旧动能转换的重要抓手，也是企业践行供给侧结构性改革的切入点。我们要从营销视角来进行拐点的寻找和突围。企业内部要实现管理全流程的创新和优化。这种以市场倒逼内部管理优化的思路可以加速企业的新旧动能转换，也能高效优化内部资源的再配置和再分配。

对于如何发现拐点，目前学术界还未有定论。笔者尝试从实践操作的角度来对拐点进行研究探索。

第一节　营销创新与新旧动能转换

一、微笑曲线与供给侧结构性改革

中国经济进入了新常态，处于三期——经济增长速度换挡期、结构调整阵痛期和前期刺激政策消化期叠加状态。中国企业也亟待转型，需要实现新旧动能转换，以创新驱动为引擎，找到企业发展的新动能。

我国经济正处在新旧动能转换的进程中。“新旧动能”开始正式进入企业管理者的视野。

新旧动能转换是企业实现经营转型的顶层指导原则。那么企业究竟该如何进行新旧动能转换呢？新旧动能转换背后的管理学逻辑是什么？我们用一张图来解释一下，见图（1–1）。

按照从上到下的顺序，笔者将为大家解读一下图（1–1）的逻辑层次和内涵。

从图（1–1）可以看出：新旧动能转换的目标是为了让企业转型升级为具备新技术、新产业、新业态和新模式的“四新企业”。新时代企业的核心关键词是“四新企业”。根据笔者的研究结果，企业只要具备一个“四新”要素，而且特别突出，就具备了新动能。四个要素都具备的企业会是一个崭新的充满活力的新型企业。

例如“ABB”技术就是典型的新技术代表，“A”代表AI（人工智能），两个“B”分别代表Big Data（大数据）和Block chain（区块链技术）。当然，5G技术、云计算等也都属于新技术的范畴。

2020年提出的新基建七大领域包括：5G基建、大数据中心、特高压、新能源汽车充电桩、人工智能、工业互联网、城际高速铁路和城际轨道交通。为方便学习者记住新基建的七大领域，笔者各用一个字来总结：“五”是指5G

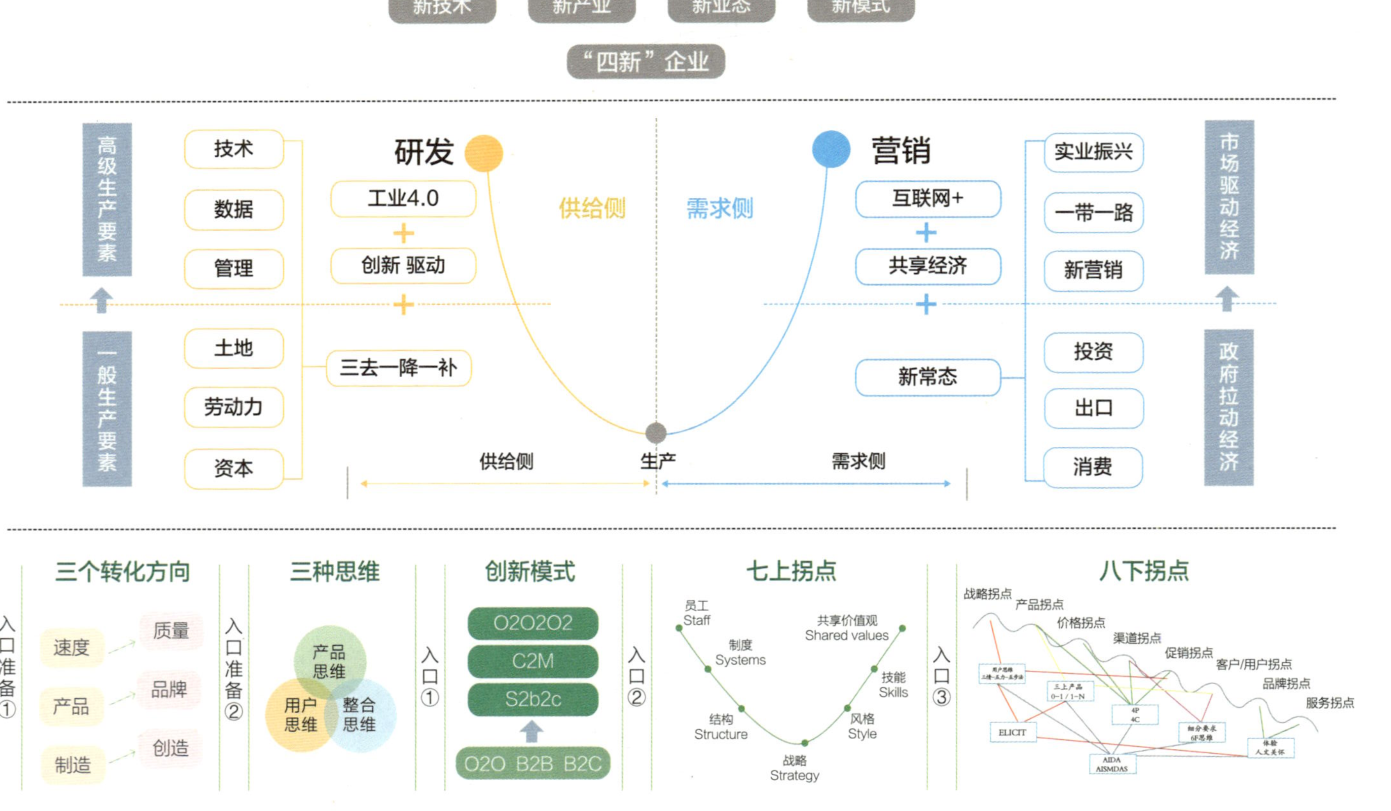

图(1-1) 企业新旧动能转换逻辑图(总)

基建；“大”是指大数据中心；“高”是指特高压；“新”是指新能源汽车充电桩；“人”是指人工智能；“工”是指工业互联网；“路”是指城际高速铁路和城际轨道交通。这样，新基建的七大领域可以被概括为“五大高新人工路”。

新业态是指基于互联网技术的数字化转型而带来的产业生态。例如“ATM”（“A”是指阿里巴巴，“T”是指腾讯，“M”是指蚂蚁金服）代表着线上社交环境带来的电商和新支付方式的新业态。新的消费业态的出现必须匹配新的模式。

新模式是指新业态企业的新经营模式。例如“TMD”（头条、美团、滴滴）模式、“PWD”（拼多多、微信、微博和抖音）模式都是新的商业模式。“四新企业”是企业新旧动能转换的目标。

为了让大家更清楚，笔者专门分析一下图（1–2）。

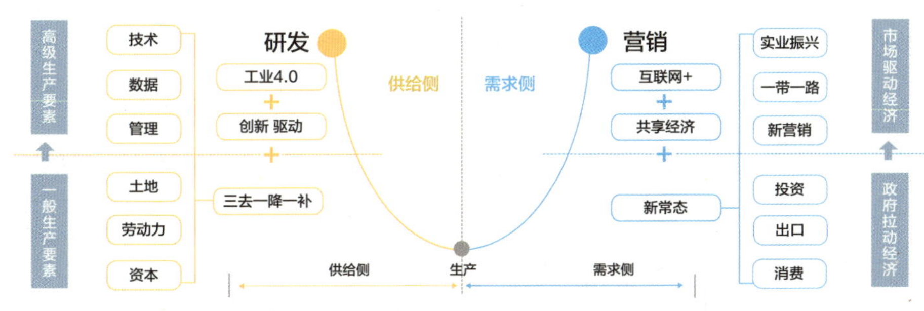

图（1–2） 企业新旧动能转换逻辑图（拆分1）

图（1–2）说明了企业新旧动能转换的逻辑，包含两个知识架构，一个是微笑曲线①，另一个是供给侧和需求侧的创新内容。

微笑曲线的左侧高点代表研发，右侧高点代表营销，最底端的点代表生产。我们从微笑曲线的中间画一条虚线，虚线的左侧被称为供给侧，虚线的右侧被称为需求侧。

在“互联网+”时代来临之后，企业的变革多发生在需求侧。但是过多的

---

① 微笑曲线理论是由宏碁集团创始人施振荣在1992年提出的。在产业链中，附加值更多体现在两端——研发和营销，处于中间环节的生产制造附加值最低，研发、生产、营销三个点按照附加值高低形成一条微笑曲线。

需求侧变革让企业管理者忽视了左侧供给侧的结构性和系统性升级，这就造成了供给侧的供给能力严重不足。供给能力是指高效、先进、差异化技术带来的有效产能。

例如，某手机的右侧需求侧非常高效，但是左侧供给侧的有效供应能力不足，后续的增长乏力。即便大型企业，频繁的右侧需求侧变革，也会使左侧的有效供给和高质量供给相对不足。

针对左侧的供给侧，我们可以从一般生产要素（土地、劳动力、资本）向高级生产要素（技术、数据和管理）进行升级。例如，顺丰速运在2018年上合组织青岛峰会期间表现得特别突出。为了正常派送，顺丰速运的工作人员步行拉小车派件。这一现象外显的是员工的热情和担当，靠的是数据驱动。例如，工作人员通过LBS[①]系统获取位置。高德地图、滴滴出行等也都靠大数据驱动运作流程。再如，在2020年新冠肺炎疫情期间，京东的无人配送车专门为武汉中心医院配送急需的物资，靠的是技术、数据和管理的集体升级。

在公共政策方面，供给侧生产要素的升级指导策略是“三去一降一补”：去产能、去库存、去杠杆、降成本、补短板。对于中国的制造企业来说，创新驱动和“中国制造2025”是实现供给侧改革的两条驱动路线。红领服饰、海尔集团等都是践行这两条路线的代表企业。

企业从生产到营销的环节，可通过三个要素进行升级，由传统的投资、出口、消费三驾马车驱动，变为实业振兴、一带一路和新营销驱动。新营销包含5个要素：IP、场景、传播、社群和体验。这些要素的升级让中国智造惠及全球，让中国智慧和中国方案为人类命运共同体做出贡献。

二、三种思维与九种模式

企业要找到创新驱动的关键点和切入点。用营销驱动企业的新旧动能转换

①LBS是指基于位置的服务，是利用一组定位技术来获得移动终端的位置信息。

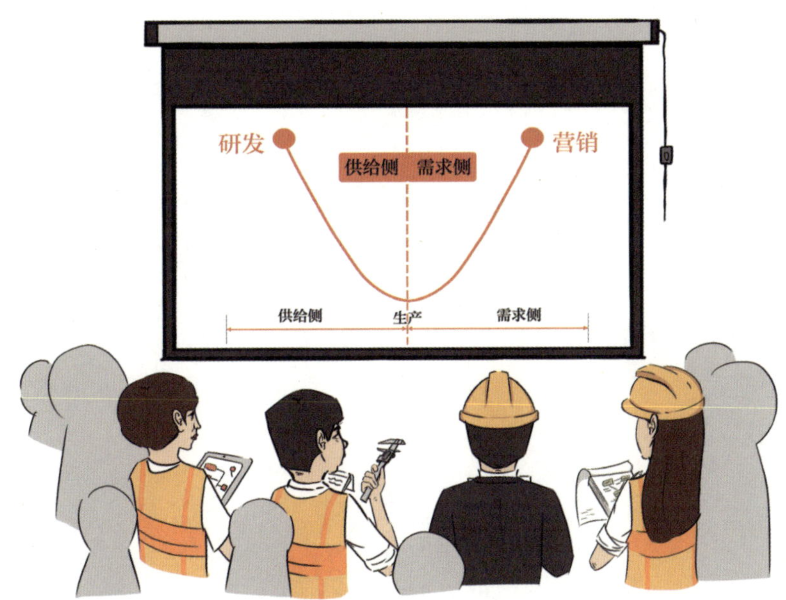

是一种高效的方式。因为营销可以倒逼企业内部管理的变革，以市场的维度来审视企业内部和外部两种资源的再配置。

新旧动能转换逻辑图的上半部分解释了新旧动能转换的目标和宏观逻辑。具体到每一家企业，实现新旧动能转换的方法和具体的措施是什么呢?

笔者将企业新旧动能转换逻辑图的下半部分拆开来分析，见图(1–3)。

图(1–3)说明了企业新旧动能转换的路径和方法，具体包括三个转化方向、三种思维、创新模式、“七上拐点”和“八下拐点”。

“三个转化方向”是指企业的发展从速度到质量、从产品到品牌、从制造到创造，这是企业转型之前战略思想的准备和调整。

“三种思维”是指产品思维、用户思维和整合思维。产品思维是供给侧结构性改革的需求，是企业基业长青的基石。用户思维是企业生存的基础。整合思维是“互联网+”时代企业转型升级的核心和关键点之一。

创新模式，尤其营销的创新模式，是企业适应新时代消费习惯的需求，也是迎合消费转型升级的必由之路。原来的O2O、B2B、B2C等模式升级到

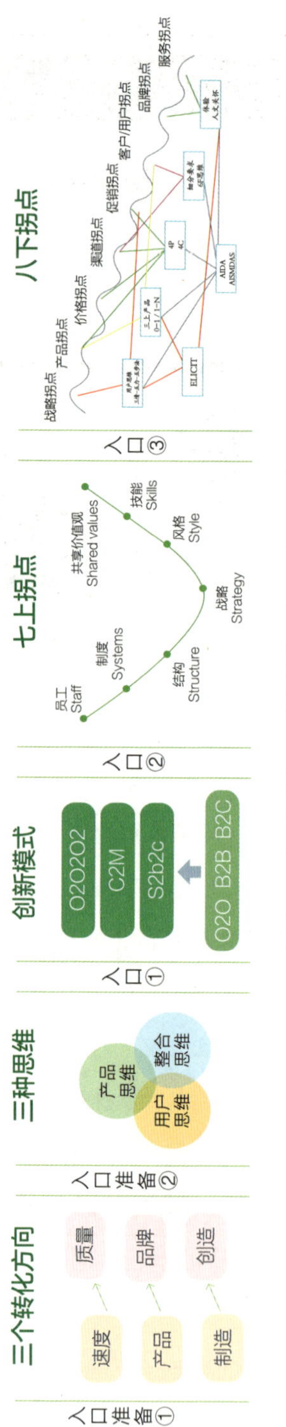

图(1-3) 企业新旧动能转换逻辑图(拆分2)

O2O2O、C2M、S2b2c模式。

“七上拐点”和“八下拐点”详见本书第一章第四节的内容。“七上拐点”聚焦的是企业经营，“八下拐点”聚焦的是企业管理，这两者的视角都是从企业的营销管理出发。

笔者用图（1-1）诠释了企业新旧动能转换的目标、宏观逻辑、企业新旧动能转换的路径和方法。为了让中国企业有快速高效的转型升级措施，笔者提出以下6条建议：

1.重视产品和技术升级。企业聚焦优势领域，优化内部流程，更新技术，力争成为细分市场领域内的翘楚。

2.重视产品的交付和体验，不断优化供给能力和供给体系创新，提高消费者在使用过程中的服务体验。例如，海尔创客平台通过内部组织创新，让创客们更多聚焦服务环节，这是新旧动能转换的具体实践。再如，海信全场景会议平板在新冠肺炎疫情期间进行的技术升级也是注重使用场景、关注用户体验的成功案例。

3.企业要加强核心技术的储备。企业核心技术与互联网技术、信息技术的融合被提升到新的高度。中国经济的升级是以技术升级为基础的。拥有核心技术的企业将成为新常态下的领军企业。华为集团成为世界5G标准的制定者之一是华为集团自创办以来对技术和研发持续投资、储备的结果。

4.企业要具备竞争力。中国经济的发展将在一个阶段内形成新常态。有效的需求需要高成效的供给。向企业内部管理要效益是企业成长的必经阶段，也是企业发展的主命题。

5.企业要择机参与到新行业中去。风口行业是相对的。企业顺势而为的思路是绝对的。中国企业要注意“中国制造2025”的基本命题和脉络，向智慧生产和智慧工厂转型，降低人工成本，提升产品的性价比，关注新基建带来的新机遇，时刻准备好参与新基建的技术、产品和服务供给。

6.企业的营销创新是非常关键的环节。企业在优化供给侧的同时，不要忘记夯实需求侧的管理基础。企业提升营销系统竞争力的措施，可以用4个词语来总结：低门槛、高标准、分层次、生态圈。这句话的意思是：企业不要一味地从高端进入市场，而要尝试从低端（例如酒店行业从经济型酒店切入）进入市场；提供的服务标准要很高（服务标准高未必成本高，例如工业4.0就是要求企业实现高效率、低成本的目标）；稳定市场后，对用户的需求进行分层次分解，择机推出高端产品和服务，产生利润池，实现可持续发展；应该让客户之间交互形成生态圈。

各类企业通过积极转变发展方式，摸索出不同的新旧动能转换路径。不同的新旧动能转换路径的适用条件、定位、着力点各有侧重，也都存在不同的风险挑战。

本文从新旧动能转换的逻辑出发，解释了企业新旧动能转换的宏观逻辑、微观路径和方法。总而言之，我们可以将企业新旧动能转换的路径分为两大类：一是升级传统优势产品的运营模式，包括提高生产线的生产效率，提升供给能力；二是升级营销模式，让产品更高效、更精准地直达用户。无论采取哪种路径，企业的出发点都是创造客户价值。

第二节 营销拐点的概念

营销拐点理论为企业的营销创新和突围找准切入点提供了理论、实践方法。营销拐点是企业实现新旧动能转换的关键点，也是企业二次创业的突围点。当营销稳态化运营并维持在一个水准几年之后，企业需要在新市场环境中寻找新的拐点。由此可见营销拐点的寻找是一个持续的过程。

本书的核心观点是营销拐点突围。那么究竟什么是营销拐点呢?

拐点是营销发生质变的点。原来持续向好的趋势开始向不好的趋势发展，这个点就是拐点。拐点具有隐蔽性。从表面上看，企业还在有序运营，市场也在增长，但其实拐点已经来临了。通过显性的市场表现发现拐点来临的时候，其实企业已经在走下坡路了。

企业营销发展的轨迹与产品生命周期相似，犹如一条S曲线，见图（1-4）。

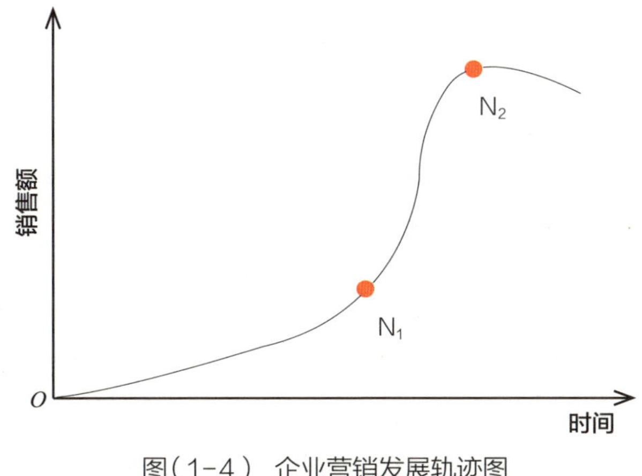

图（1-4） 企业营销发展轨迹图

营销拐点是从第二个点N_2开始的，这是企业从营销成熟到衰退的临界点。N_2的存在与位置的确定还没有得到科学验证。笔者认为产品生命周期的成熟期和衰退期的临界点就是图（1-4）中的N_2点。

学术界普遍认为产品生命周期的模型是由美国哈佛大学教授雷蒙德·弗农于1966年在《产品周期中的国际投资与国际贸易》一文中首次提出的。弗农认为，可将产品生命周期划分为三个阶段：新产品阶段、成熟产品阶段和标准产品阶段。

后来，众多学者经过研究，建立了产品生命周期的生长曲线数学模型，把产品生命周期分成了四个阶段：引入期、成长期、成熟期和衰退期，见图（1-5）。

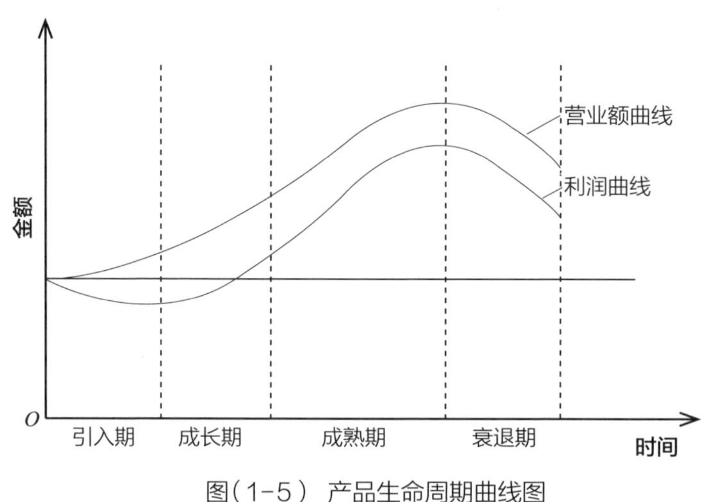

图（1-5） 产品生命周期曲线图

在图（1-5）中，有两条曲线，一条曲线是营业额曲线，另一条曲线是利润曲线，两条曲线都呈S形，因此产品生命周期曲线也被称为双S曲线。

有人认为，产品生命周期概念的提出及其在市场营销领域的应用，最早见于1965年西奥多·莱维特在《哈佛商业评论》所发表的文章《开发产品生命周期》。后来的学者对产品生命周期的四个阶段进行了非常精要的说明，也探讨了企业可以采取哪种营销策略来面对产品生命周期的变化。

对于如何发现营销拐点，目前学术界没有定论。笔者通过研究和实践发现：拐点来临之前是有征兆的，我们可以通过以下6个特征来发现营销拐点。

1.企业的销售规模多年徘徊不前，无法突破，增长乏力，市场动荡。

2.企业的产品同质化严重，价格战频发。

3.利润薄如刀片，整体利润额开始下滑。

4.企业与同序列梯队的竞品差距不大，而且后劲不足。

5.企业的产品或者品牌老化，较难吸引年轻消费者。

6.营销人员观念陈旧，人浮于事，官僚主义盛行，客户的黏度降低。

企业如果出现了两个以上的上述特征表现，说明企业的营销拐点已经来临了，企业管理者必须重视并立即采取营销突围的策略。

企业管理者承认企业遇到了营销拐点不是一件坏事，因为能认识到问题，问题就被解决了一半。在寻找营销拐点的过程中，企业管理者只有具备忧患意识，承认企业营销的短板和不足，对于拐点突围策略的甄选才会更加谨慎，采取的措施才会更加精准。

那么，当营销拐点来临后，企业该怎么突围呢？笔者的观点是企业可以通过“七上八下”的方法进行突围。本书更关注“八下”，因为“八下”的内容是具体的营销管理实操，“七上”的内容多为营销理论。

“八下”具体是指战略、产品、价格、渠道、促销、客户/用户、品牌、服务等八个方面。一家企业如果能找到两三个营销切入点进行突围，就可以突破营销瓶颈。当然，其他的营销切入点不能有太明显的短板，否则企业会丧失竞争优势。实现营销突围后，企业的相对优势比较明显，可以再维持5～10年（数据来自实践和个案观察）。

我们以海尔的售后服务为例。海尔通过“120”服务法则打造企业服务的相对优势，寻找服务突围点。海尔通过基本服务、创新服务、增值服务的组合服务包，提升用户的忠诚度，从而让用户产生四种购买：相关购买、重复购买、大额购买和推荐购买，在服务方面实现了营销拐点突围。

可以将营销拐点突围的概念和新旧动能转换的概念糅合在一起理解。营销拐点的突围就是企业在营销系统新旧动能转换的具体实践。所以，我们也可以这样理解，营销拐点是企业新旧动能转换的市场突破点。

企业不是赢在起点，也不是赢在终点，而是赢在拐点。

正入万山圈子里，
一山放过一山拦。

第三节 找到企业营销的第二曲线

有学者认为：雷蒙德·弗农和西奥多·莱维特都提出了产品生命周期的概念，西奥多·莱维特将产品生命周期理论引入了营销学。

在产品生命周期的第一曲线结束之前，企业应该尽快找到第二条产品生命周期旺盛的曲线。本文将介绍两种第二曲线，一种是“嫁接式”第二曲线，另一种是“再生式”第二曲线。

被学术界称为现代营销学奠基人之一的西奥多·莱维特在产品生命周期理论上持续探索。为了让第一曲线衰退的时间延迟一些，有学者提出了产品延寿策略。产品延寿策略是指企业对产品进行持续创新，不断创造新的上升曲线，将销售额拉高。企业不要等到产品处在成熟期或衰退期才开始行动，应该在新产品上市前就对新产品的日后改版、性能提升或者生命周期进行完整的规划。

从图（1–6）中我们不难发现，产品在A，B，C，D四个拐点处发生了变化，形成产品生命周期的第二曲线、第三曲线、第四曲线……企业在寻找第二曲线时没有颠覆原来的产品，而是将原来的产品进行延展和再创新，我们将这种第二曲线称为“嫁接式”第二曲线。

在技术创新上采用产品生命周期理论，这种观点在1957年被有关学者提出。创新大师E.M.罗杰斯在《创新的扩散》中所提出的创新扩散理论，有助于探索技术创新领域的第二曲线。

在图（1–7）中，纵向的数轴代表的是接受新技术的人数，横向的数轴代表的是时间。图（1–7）所示的曲线主要说明，在新技术推进市场的过程中，新技术被消费者所接受的过程呈现出一种在导入初期增长缓慢的状态，随着时间的推移，再进入缓慢的成长高原期。不难发现，这种技术领域的创新扩散过

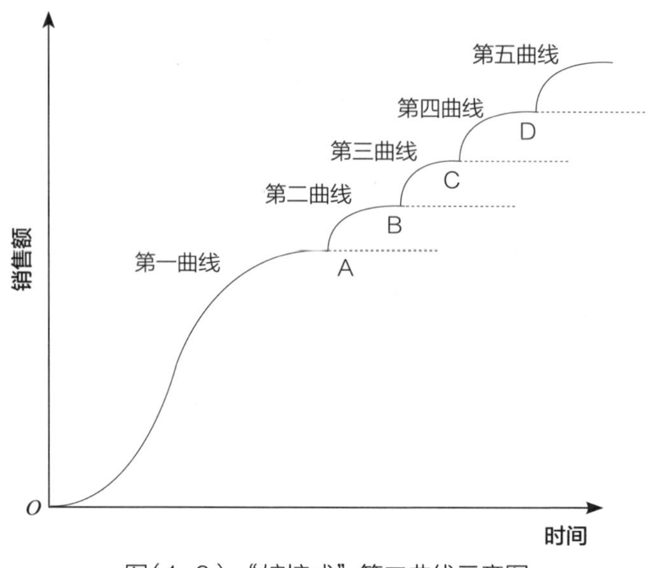

图（1-6）“嫁接式”第二曲线示意图

程也是一条典型的S形曲线。不同技术被消费者接受的过程不一样，也就出现了图（1-7）中所展示的技术创新Ⅰ、技术创新Ⅱ和技术创新Ⅲ的S形曲线。

E.M.罗杰斯把S曲线理论应用在技术和产品创新上。后来的学者把S曲线应用在产业管理、企业管理、项目管理等方面，效果非常明显。当然，我们也可以将S曲线理论应用在营销创新方面。

欧洲的管理学大师查尔斯·汉迪在《第二曲线》中提到苹果的创始人乔

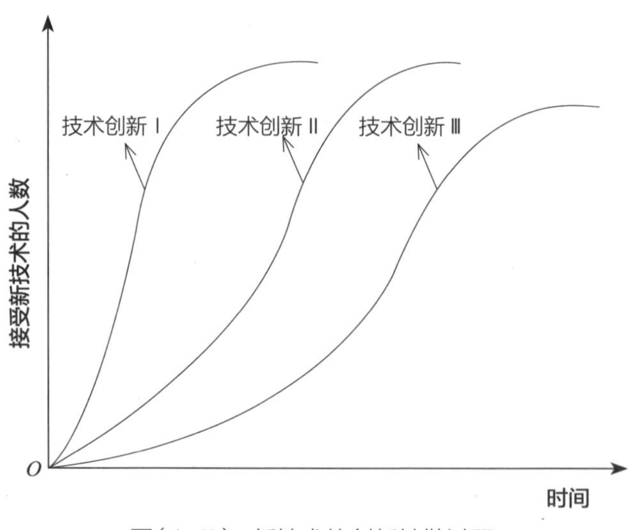

图（1-7） 新技术的创新扩散过程

布斯，他认为乔布斯是一位擅于驾驭第二曲线的大师。乔布斯在麦金塔电脑大获成功后，就和自己的创意团队计划用iPod（便携式多功能数字多媒体播放器）打入音乐市场。等到iPod开始主导市场时，乔布斯已开始设计iPhone（手机）。iPhone是一个与iPod截然不同的市场。又当iPhone开始成功时，乔布斯随即推出iPad（平板电脑）。在上一条曲线还没攀上巅峰时，乔布斯就开始酝酿新的曲线。乔布斯所主导的每一条新的曲线都脱胎自上一条曲线，却又涉足不同的市场。

查尔斯·汉迪认为乔布斯实践的第二曲线是营销创新的发展轨迹之一。学术界将这种不连续的第二曲线称为不连续双S曲线。为了契合营销管理的特性，笔者将不连续双S曲线称为“再生式”第二曲线，见图（1-8）。

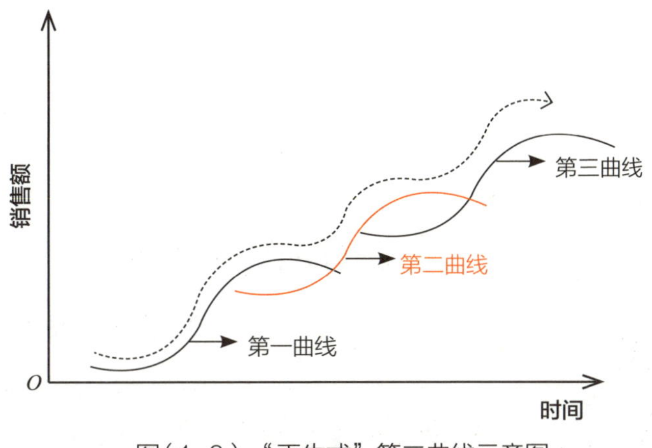

图（1-8）“再生式”第二曲线示意图

企业想要转型升级，就一定要在拐点N_2来临之前找到第二曲线。从具体的企业操作实践来看，在拐点N_2来临前，企业有精力和资金去投入营销管理创新，也有足够的时间去寻找和设计第二曲线。企业如果没有在短时间内或者在能忍受的时间之内找到第二曲线，就会慢慢退出市场竞争，比如柯达、诺基亚和摩托罗拉等企业的没落。即便找到了第二曲线，企业的决策者也需要魄力进行自我颠覆、自我迭代。第二曲线和第一曲线的衔接是不连续的。随着第二曲线的开始，市场业绩可能会下滑，财务报表也可能不好看，外界的质疑声不绝于耳。此时企业的决策者必须经受住这些外部和内部的噪声干扰，专心致志谋变革。

第二曲线突围成功的案例激励着企业管理者持续地寻找“嫁接式”第二曲线或者“再生式”第二曲线。腾讯的微信是QQ的“再生式”第二曲线。微信对于原有的QQ业务是有很大影响的。微信的推出需要马化腾具有巨大的勇气。后来证明这次变革是正确的。如果没有微信这个第二曲线产品，腾讯不会稳健地发展到今天。第二曲线一旦被找到，就会激励着企业管理者去寻找第三条、第四条曲线。比如，2020年1月22日正式开启内测的微信视频号，是“嫁接式”第二曲线，市场的反应如何，让我们拭目以待。

将“嫁接式”第二曲线和“再生式”第二曲线进行对比，笔者更推崇“嫁接式”第二曲线，这与笔者是风险厌恶管理者以及自身的性格有关。

第四节　营销理论

一、“七上拐点”营销理论

经营与管理是两个不同的层面。经营主要是高层管理者关心的事情，包含七个方面的内容。麦肯锡“7S”理论模型能够说明经营各方面之间的逻辑关系。管理是执行者的事情，包含八个方面的内容。

“七上拐点”营销理论来自麦肯锡的“7S”理论，但又超越了“7S”理论的内涵，它是从营销视角来看企业的管理运营对营销环境和体系的支持。

麦肯锡“7S”理论模型是较为接近中国管理场景的西方管理学模型。麦肯锡“7S”理论模型示意图如图(1-9)。

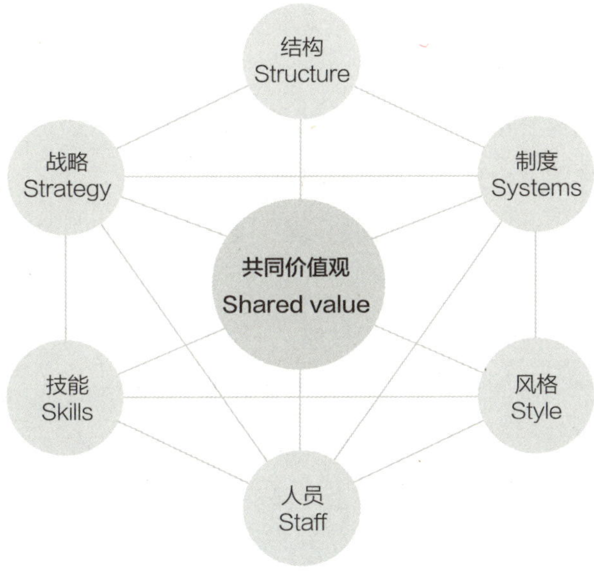

图(1-9)　麦肯锡“7S”理论模型示意图

麦肯锡“7S”理论包括以下内容：战略（Strategy）、结构（Structure）、制度（Systems）、风格（Style）、人员（Staff）、技能（Skills）和共同价值观（Shared value）。

战略是指企业的发展方向和目标。《孙子兵法》中说：“多算胜，少算不胜，而况于无算乎？”这句话的意思是：多做谋划就会胜算大，少做谋划就会胜算少，何况是连谋划都不做呢？“凡事预则立，不预则废”，也是一种战略思维。可以将战略设计分为职能目标设计和业务目标设计两种。我们需要从战略层面做好取舍和资源分配。

结构是指企业的部门和职能设计。战略不同，企业的架构也会不一样。例如：华为集团的干部部，小米集团的组织部和参谋部等，都是企业根据自己的战略而采取的个性化的组织结构设计。

制度是对整个体系运转的规章设计。企业有了制度标准，可以做到有法可依，是从人治到法治的转变。

风格是指员工的行事风格。例如，海尔要求员工迅速反应，马上行动；华为要求员工以客户为中心；等等。一般而言，员工的做事风格和行业特性有着密切的联系。服务型企业需要员工注重细节，互联网公司需要员工高效工作，国有企业需要员工忠诚和务实。

员工是指认可公司文化、符合公司要求技能的社会人。员工必须具备一定的素养和技能才能符合公司的要求。同智者相谋，同志者同谋。志向不同的人在一起，容易产生内讧；志向相同的人在一起会实现技能互补，充分发挥团队的力量。

技能是指员工应该具备的基本技能。不同的行业要求员工掌握的技能标准不一样。企业管理者要明确员工需要掌握的核心技能。例如，笔者在《华为营销基本法》中对华为营销人员必须具备的技能进行了归纳和总结。

共同价值观是指企业文化。以上所提及的6项因素应该是在具备共同价值观基础上的设计。企业文化是思维方式，是氛围的营造者，是企业所有人认可的处事方法和风格。

麦肯锡“7S”理论模型对企业经营的具体内容进行了概括和总结，并把它们有机地结合在一起，形成了一个健全、成熟的概念架构。麦肯锡“7S”理论有助于营销体系的建设，可以作为营销创新的方法论之一。笔者在麦肯锡“7S”理论的基础上提出“七上拐点”营销模型，如图（1-10）所示。

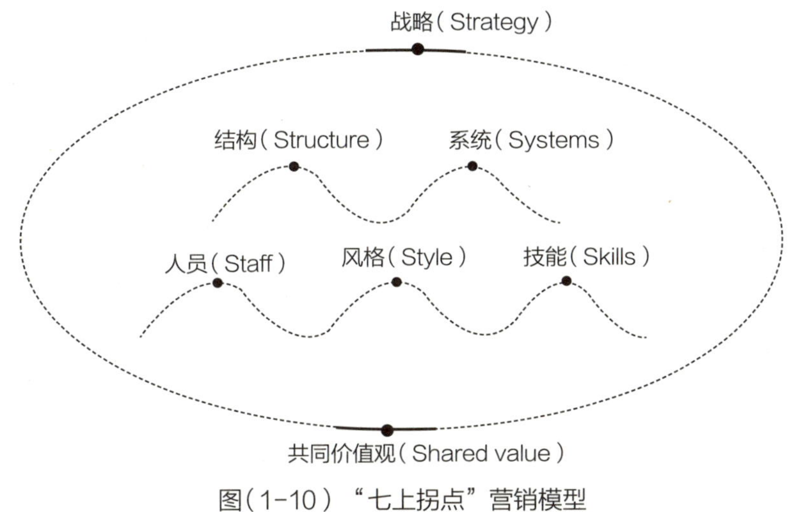

图（1-10）“七上拐点”营销模型

二、“八下拐点”营销理论

具备营销思维是职场人士职业素养成熟的表现。“八下拐点”营销理论可以让一名职场人士提升8个方面的管理技能，并强化营销思维。

“八下拐点”营销理论统筹了本书第三章以后的大部分内容，是本书的理论基础。

营销的“8P”切入点是对原有营销学中的“4P”理论进行了优化和升级。原有的“4P”理论是指：产品（Products）、价格（Price）、渠道（Places）和促销（Promotions）。在原有的“4P”基础上，再加上战略（Strategy）、客户/用户（Clients/Customers）、品牌（Brand）和服务（Service），共8个点。为方便记忆，用“8P”概括以上8个点，也可以用“4P2S1BC”模型来概括以上8个点。笔者在此基础上，提出“八下拐点”营销理论。

“八下拐点”营销理论可以让营销体系更加完善，它可以从8个方面来集中提升企业营销竞争力。

当然，我们不能要求企业在每一个方面都是长板。企业只要在某一个方面具备优势，并将优势发挥到极致，就可以在市场上立足，迎来3～5年的稳健快速发展期。管理者可以利用斜木桶理论，发挥企业的优势，让企业维持在市场竞争优势的高位上。

第一个是产品。产品创新是每家企业需要重点关注的话题。只有给客户带来价值的企业才能生存，而产品是实现企业价值的核心路径。

企业的产品不应该只是单个产品，还应该是产品系列，形成产品组合。企业要把以产品满足消费者需求变为以一系列产品满足消费者需求。满足用户需求是一家优秀企业的做法，而创造新需求是一家伟大的企业所做的事。例如，今日头条利用大数据算法，构建了一个精准、高效的内容分发模式，形成资讯生态体系，让内容获取者和生产者相融共生，让资讯内容的推送更加精准，挖掘出了让用户意想不到的资讯需求方式，创造了互联网时代移动新闻资讯用户的新需求。今日头条的产品创新就是一家伟大的企业所做的事。

第二个是价格。不同的产品定位有不同的定价策略。笔者总结了五种产品定价策略，分别是：自我定价法、成本定价法、竞争对手（竞品）跟踪法、剪刀法（狙击法）和垄断法。

在这五种定价策略里面，最有启发意义的是剪刀法（阻击法）。当竞品的销售势头非常好的时候，我方至少推出两款和竞品相似的产品，一个是高价产品，另一个是低价产品，高价产品比竞品的性能好，低价产品和竞品的性能基本相当。将高价产品和低价产品组合在一起，就形成了剪刀阵势，可以打压竞品的优势产品。

需要强调的是：我方的产品把竞品挤出市场后，过一段时间也要悄然下市，并立即推出储备产品，形成以储备产品为主的强劲销售势头。

剪刀法（阻击法）对具备强势销售势头的企业有非常大的借鉴和启发意义。非强势销售势头（不是数一数二）的企业慎用。如果企业没有产品储备和足够的品牌影响力，使用剪刀法（阻击法）就相当于杀敌一千，自损八百。

第三个是渠道，它是企业在市场上实现销售的路径。关于渠道拓展，笔者重点推荐一个渠道管理的“2557”原则，见图（1-11）。

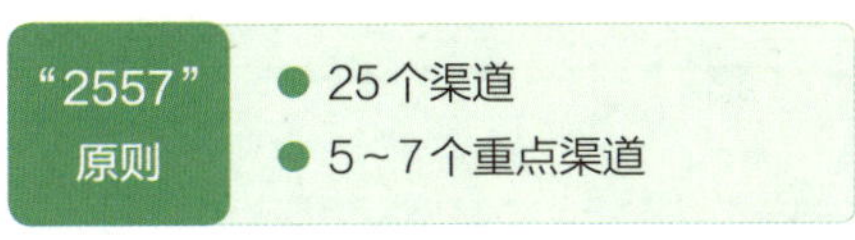

图（1-11）渠道管理的“2557”原则

依据渠道管理的“2557”原则，我们总可以找出25个销售渠道，再选择5～7个重点销售渠道。这意味着企业需要5～7个渠道主管，每个渠道主管负责一个重点渠道。

第四个是促销。笔者总结了七种促销方式：病毒营销、绿色营销、公益营销、会议营销、事件营销、造势营销和自媒体营销，见图（1-12）。

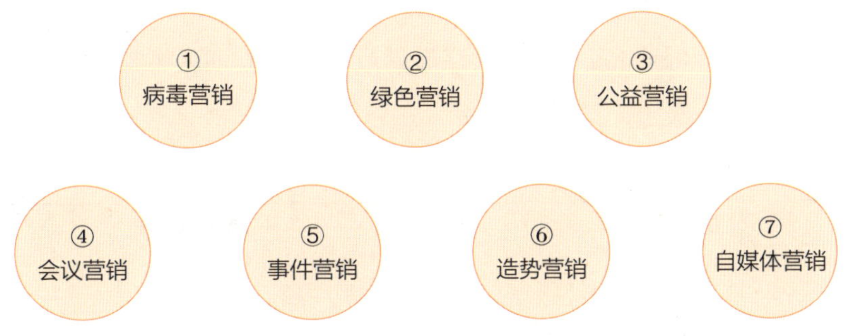

图（1-12）七种促销方式

第五个是战略。这里的战略不是指公司的整体战略，而是指业务战略，或者说是市场战略。企业在设计业务战略时需要考虑几个重要的指标：销售额、利润额、市场份额和客户满意度等。有的企业为了加强过程管控，还融入了新客户销售额占比等。一旦将这些指标确立下来，战略的承接和过程管控就显得尤为重要。

业务战略的设计需要“四情”分析：我情、行情、敌情和客情，见图（1-13）。

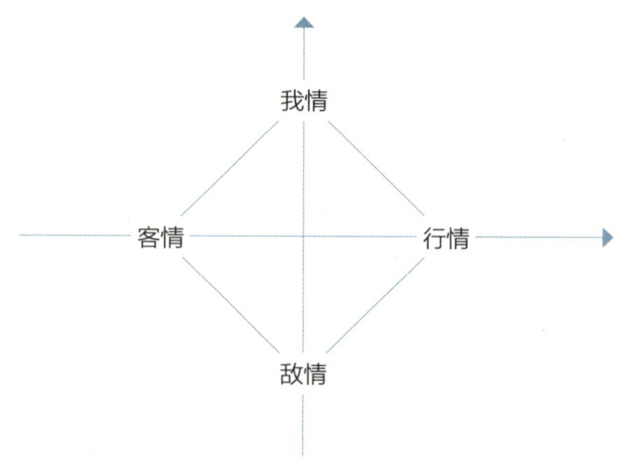

图（1-13）“四情”分析模型

第六个是客户/用户。本文所说的客户是购买者，非使用者，例如渠道商、代理商等。本文所说的用户是购买者和使用者，例如终端的用户，或者系统大用户。

企业要对客户进行分级管理和升级管理，要让客户最终升级成为战略客户（核心客户），并和战略客户一起共享市场成果。一般可以将客户按照分级与类别分为以下5个级别，见表（1–1）：

表（1-1） 客户分级与类别

客户分级	客户类别
A+	核心客户
A	优质客户
B	升级客户
C	淘汰客户
D	准客户

营销人员要让用户满意和感动，让用户产生四种购买：重复购买、相关购买、推荐购买和大额购买。在和用户的交互中，营销人员要注意6个关键点，分别是：审、问、隆、千、卖、安。“审”是指洞察用户的真实需求。“问”是指让用户说出自己的痛点。“隆”是指让用户看见购买产品后带来的便利。“千”是指营销人员给出的方案。“卖”是指具体的销售动作，包括产品的精准匹配和报价等。“安”是指购买产品之后的服务，让用户购买产品后没有后

顾之忧。本书第五章第一节将对以上6个关键点进行详细阐述。

第七个是品牌。品牌是非常重要的一个营销管理要素。品牌建设是一个系统的工程。从产品到品牌的转型已经上升到了国家战略层面。各国之间的经济竞争常以品牌作为竞争主体。

品牌建设是一个系统工程，牵扯到企业运营的方方面面。在本书中，笔者提出品牌建设五步法——品牌战略（含定位）、品牌设计、品牌管理、品牌传播和品牌优化（含危机公关），基本囊括了品牌建设的所有内容。可以将品牌建设五步法进行细化，形成制度，这样企业的品牌管理就有了标准和目标。

见图（1–14），品牌建设五步法是有先后顺序的。没有品牌战略，品牌设计就漫无目的；没有品牌设计，品牌管理就没有标准；没有品牌管理和品牌设计，也就无法选择品牌传播的方法和渠道，更不会有品牌优化（含危机公关）。

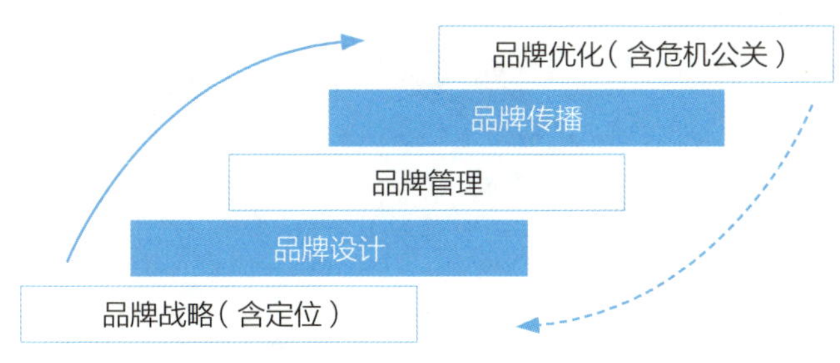

图（1–14） 品牌建设五步法

品牌战略（含定位）是品牌管理的开始。品牌定位的三级法则是：唯一、第一和为你。可以简单地用一句话来形容品牌定位：样样都好，不如一样独好。把独好的部分拿出来进行包装和设计，形成品牌传播的内容，树立自己的企业形象，让更多的人了解并找到企业。

可以将品牌分为三类：心智品牌、变现品牌和产品品牌。心智品牌的功能是占据消费者的心智，重塑消费习惯，强化社会责任，弱化产品功能。变现品牌的功能是号召消费者购买产品，并说明购买产品的目标群体特质，激发消费者购买产品的欲望。可以用产品品牌强调产品的功能。有的企业为了强化产品品牌，甚至推出产品子品牌，来突出某项产品的功能，例如海尔的小王子冰箱、广州白云机场的“春风服务”等等。不同的企业在不同的发展战略阶段，究竟采用哪一类品牌进行传播，是有技巧和方法的。

一般而言，中小企业多用变现品牌和产品品牌，大企业多用心智品牌。一些特殊的行业，诸如烟草行业、能源行业、大型的公共交通枢纽等行业，多用心智品牌。

第八个是服务。服务是营销的最后一个环节，也是第二轮销售的第一个环节。服务在整个营销系统中的地位越来越高。新营销的五个要素是：IP、场景、社群、体验和传播。每一个要素都需要服务环节参与其中。新营销的五个要素见图（1–15）。

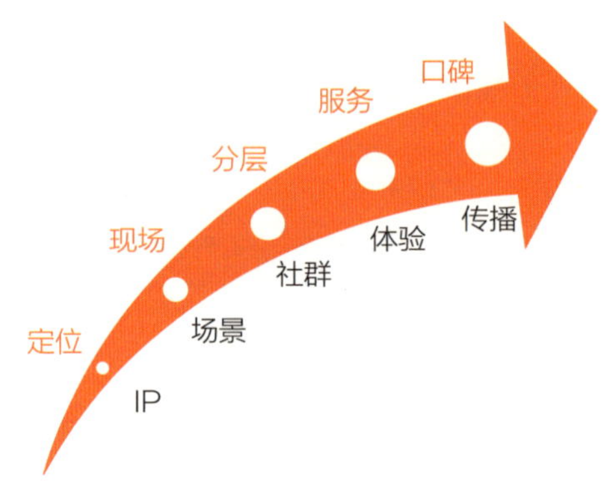

图（1–15） 新营销的五个要素

服务包是服务营销学中的一个概念。按照克里斯丁·格罗鲁斯的观点，服务包包含三个方面的内容：核心服务、便利服务和支持服务。我们可以简单地理解为基本服务、创新服务和增值服务。

基本服务就是企业在市场上存在的理由。例如，酒店提供的基本服务是住宿，航空公司提供的基本服务是把乘客安全运送到目的地。

创新服务是指为了更好地使用基本服务而使用的服务，例如，在酒店客房内放置关于健康睡眠方法的卡片等。

增值服务也是附加服务的一种，它不仅让基本服务的获得更加便利，而且让基本服务更有价值，可以使本企业的服务同其他竞争者的服务区分开来。可以将增值服务的设计和实施作为企业的差异化战略来使用，例如，海尔集团的感动服务，一盒痱子粉换来了顾客的认可；南方航空公司为乘客过生日；等等。

优质的服务是企业在“互联网+”时代非常容易打造的核心竞争力。企业要有使命、有愿景、有文化。只要全体员工怀揣梦想、不忘初心、牢记使命，以客户为中心，兢兢业业，珍惜每一位客户给予的机会，优化服务流程，创新服务方式，提升服务品质，企业就一定会赢在未来。

第五节 “AIDA”模型与“AISMDAS”模型

“AIDA”模型的具体含义是指一个成功的推销员必须把顾客的注意力吸引或转移到产品上，使顾客对产品产生兴趣并激发顾客的购买欲望，促使顾客购买产品，达成交易。对于“AIDA”模型的创立者，学术界存在争议。有学者认为“AIDA”模型是由国际推销专家海英兹·姆·戈得曼提出的。“AIDA”模型也被称为“爱达”公式。

“AIDA”模型通俗易懂，很容易被企业管理者接受，见图(1-16)。

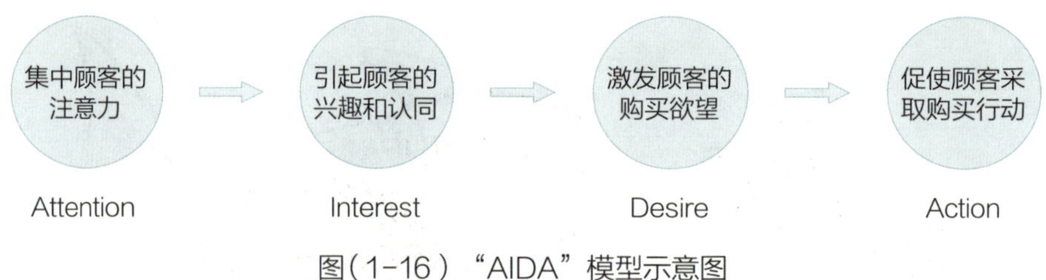

图(1-16)“AIDA”模型示意图

“A”(Attention)代表引起注意。我们首先要做的就是吸引目标群体的注意。比如，在商业街，我们可以看到一些挂满彩灯的橱窗。引起顾客注意的方式有很多，例如促销活动、网络的软文推广等等。直播、短视频也能引起目标客户群体的注意。

“I”(Interest)代表触发兴趣。在吸引客户的注意力之后，就要让客户对产品产生兴趣。进店之后，客户如果发现产品不是他自己所需要的，就不会产生兴趣，他会马上离开。想要引起客户的兴趣，营销人员必须想办法在很短的时间内留住客户。

美国传播学家艾伯特·梅拉比安曾提出一个沟通公式：沟通时信息的全部表达=7%语调+38%声音+55%肢体语言。这个公式也同样适用于今天的直播带货。在网络主播直播带货时，大部分的信息传播是由非语言——肢体语言传达的。肢体语言包括衣着、气质、仪态等等。

“D”（Desire）代表购买欲望。当顾客对产品产生兴趣之后，营销人员就要引导顾客产生购买欲望。营销人员可以通过痛点、痒点、兴奋点的“三点式”营销让顾客产生购买欲望，从而让顾客实现购买行为。对于“三点式”营销，笔者将在后面的章节中详细介绍。

“A”（Action)代表购买行动。顾客最终决定采取购买行动。完成这一步意味着本次营销的最终成功。“AIDA”模型的每一步都有相应的实操工具，详见表（1–2）：

表（1-2）“AIDA”模型实操工具表

项目	实操工具
A	①品牌定位 ②营销定位 ③造势法 ④VI/CI设计 ⑤品牌故事 ⑥故事营销……
I	①免费营销 ②价格战略 ③促销方法 ④病毒营销 ⑤O2O模式……
D	①感动营销 ②服务战略……
A	①渠道战略 ②手机支付 ③网上小店……

1925年，斯特朗将“AIDA”模型引入广告效果评价中。“AIDA”模型成为第一个广告效果测量模型。广告效果不是一个含混的概念，它可以被分解出不同的层次。在评价某一个广告的效果时，我们应该分别测量该广告是否或者在多大程度上引起了消费者的注意，激发了消费者的兴趣，刺激了消费者的欲望，改变了消费者的行为或者行为意向。

在现代社会，消费者的消费行为和方式发生了很大的变化。笔者将“AIDA”模型升级成了“AISMDAS”模型。在“AISMDAS”模型中，笔者增加了三个阶段：S阶段、M阶段和S阶段。对于这三个阶段，营销管理者要给予足够的关注和重视。

第一个“S”代表Search，是指网络检索。一些消费者对某一产品产生兴趣后，会在网络上检索该产品的用户评价，比较不同平台上的该产品的价格。对于方案类的产品或者服务，一些消费者还会去获取更多的信息，比如查找企业公开的明星客户，去甄别和筛选一下产品或服务的使用效果。网络检索在网络化时代是非常重要的一步，几乎成为不可逾越的环节。

图文传播的优势之一是可以实现全网检索。尽管当下已经进入短视频时代，视频的检索还要依赖文字的检索，而不是视频本身。因此，企业应加强网站的搜索引擎优化。

“M”代表Memory，是记住的意思。要让消费者记住某一产品的核心内容。消费者检索到了很多类似的产品信息，但唯独能记住该产品，这就是企业营销管理者应该关注的重点。例如：通俗易懂的产品名称，事件营销，有关产品的图文或者视频，都能让消费者记住我们的产品。

第二个“S”代表Share，是指消费者使用某一产品后，在朋友圈等社交媒体上分享使用感受。拼多多之所以成功，在很大程度上是因为用低价鼓励购买者分享自己的订单信息，激发购买者主动去拉朋友拼团——这其实也是另一种形式的分享。

“AIDA”模型升级为“AISMDAS”模型，见图(1–17)：

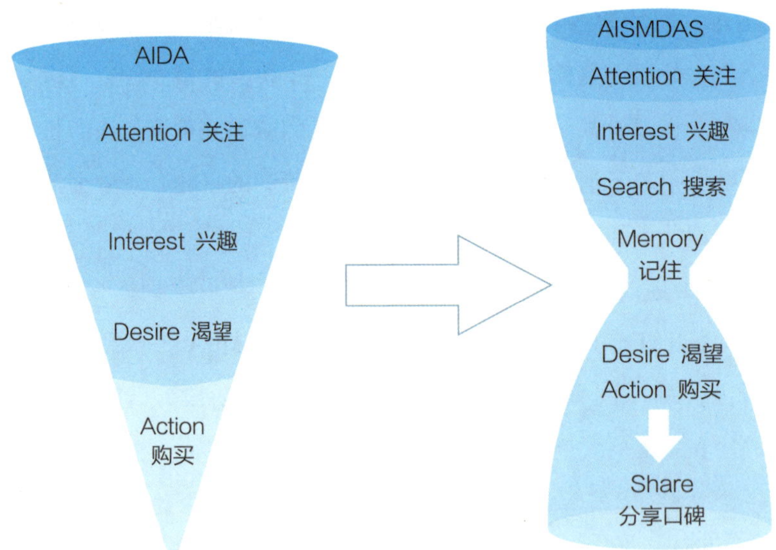

图(1–17) “AIDA”模型升级为“AISMDAS”模型示意图

还有一种适合网络营销的模型是“AARRR”模型，详见图(1–18)。

图(1-18)“AARRR”模型示意图

需要特别说明一下，“AARRR”模型主要针对互联网上的虚拟产品，例如某款APP产品。对线下产品的线上销售，笔者建议仍用“AISMDAS”模型。

大部分企业希望在公域流量中获得忠诚用户，也就是公域用户，并力求将其转化为私域用户，最好变成超级用户，背后的底层逻辑见图(1–19)：

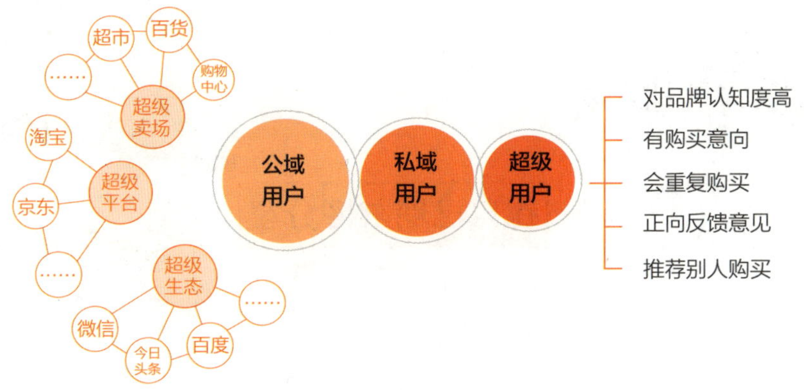

图(1-19) 公域用户转化为超级用户示意图

关注
兴趣
渴望
购买

网上搜索
记住你的产品
在自己朋友圈分享
关注
兴趣
搜索
记住
渴望
购买
分享口碑

第六节　“宅金经济”的诞生和生态布局

在新冠肺炎疫情暴发之前，“宅经济”就已经出现了。新冠肺炎疫情让“宅经济”效应更加明显，于是便有了“宅金经济”。

根据笔者的调查，“宅金经济”一词最早是由艺薯家创始人马达飞提出来的。笔者认为“宅金经济”是“宅经济”的升级版本。“宅金经济”能更加精准地描述“宅经济”的未来发展趋势。“宅经济”背后孕育着巨大的商机。谁能“宅金”（谐音“摘金”），谁就找到了新机遇。“宅金经济”的背后有一个生态环境系统。按图索骥，营销高管们可以找到风口行业并挖掘出更多的商机。

“宅经济”是在“互联网+”时代出现的一个新词，主要是指个体养成“宅”在家的习惯后，围绕“宅”习惯而产生的新的经济行为，在家中办公，在家中消费。在线餐饮、在线教育、在线购物、在线社交和在线医疗等等，都是“宅经济”的重要组成部分。

新冠肺炎疫情改变了消费者的消费行为和习惯，让“宅经济”效应更加明显，于是“宅金经济”呼之欲出。“宅金经济”无疑更加准确地传递了“宅经济”具有巨大潜力的信号，让更多的企业家，尤其是营销高管，更加关注“宅经济”的未来发展趋势。

“宅金经济”的背后是一个巨大的生态系统，它包括了在线办公、在线餐饮、在线购物、在线社交、在线医疗、在线教育、在线理财、在线娱乐（含网游）等。“宅金经济”的生态布局图可以用图（1-20）表示。

与以往的“宅经济”相比，“宅金经济”具有更强的主观能动性，更与时俱进。在市场需求倒逼的驱动下，“宅金经济”已经具备了比较成熟的生态环境。

各企业以线上APP、微官网等不同的形式在线上运营，满足线下消费者的需求，展示着在线中国的魅力。我们把线下经济搬到了线上，创造了线下经济

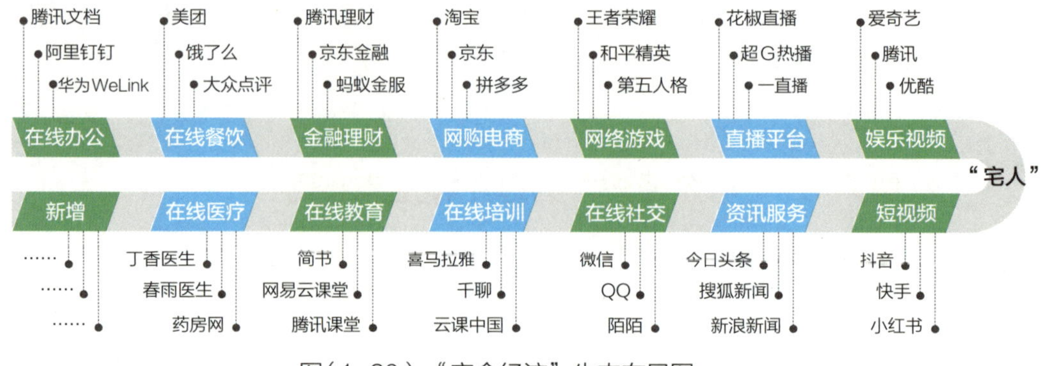

图(1-20) “宅金经济”生态布局图

向线上经济“史诗般迁徙”的壮举。

需要特别注意的是，这个生态布局图呈现矩阵式的架构，以品牌或者产品来填充内容。企业想转型，需要植入互联网的基因，还要思考一个问题：企业处在这个生态布局图中的什么位置？企业如果找不到自己的位置，就意味着错过了这一轮的转型红利期。

未来，我们有理由期待“宅金经济”在中国的市场上大有作为。“宅金经济”的背后推动者和创造者是那些富有创造力的“后浪”们，祝愿“后浪”们“乘风破浪会有时，直挂云帆济沧海”。

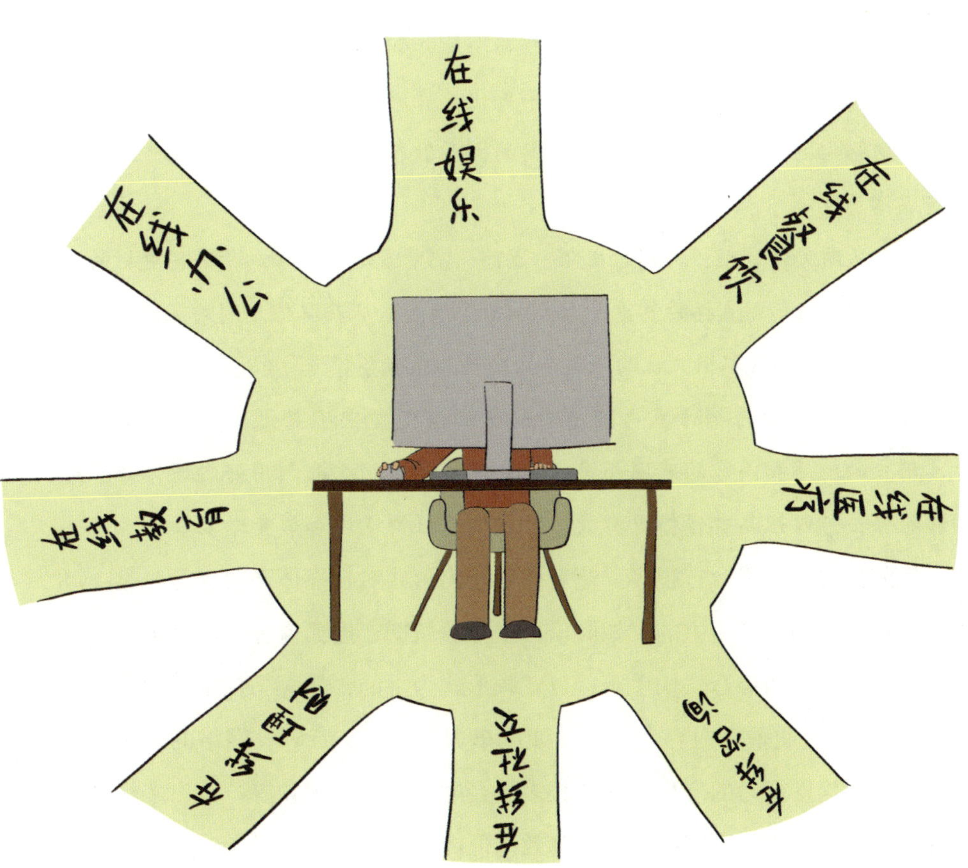
在线娱乐
在线餐饮
在线医疗
在线咨询
在线社交
在线理财
在线教育
在线办公

第七节 营销拐点突围下的自媒体矩阵与应用

自媒体是指普通大众经由数字科技与全球知识体系链接之后，可以自主分享资讯的传播平台，造就了私人化、平民化、普泛化、自主化的传播者，以电子化和网络化的现代化手段，向不特定的大多数人或者特定的单个人传递信息的新媒体总称。

营销从图文到音频，再到短视频、直播，消费者越来越倾向于利用更短的时间了解更多的信息。直播带货更是大大缩短了消费者从获取信息到购买产品的时间，让消费者能够足不出户就购买到企业的产品或服务。

营销中的品牌传播方式也随着自媒体的演变发生了变化，因自媒体的定位、用户的特质和内容的不同而呈现出矩阵式结构。企业利用好自媒体矩阵结构和组合，可以让品牌传播更有效，可以实现社群变现和裂变增长。

目前的自媒体平台有很多。笔者按照输出形式对自媒体平台进行分类，可以分为：以图文形式为主的，如微信公众号、微博、搜狐博客、简书等；以视频形式为主的，如抖音、快手等；以音频形式为主的，如喜马拉雅、荔枝、蜻蜓FM等；以专业垂直内容为主的，如汽车资讯、懂车帝等。网络的快速发展和用户获取信息行为的变化，促使很多平台融合图文、视频等，输出多样化的内容，让更多的人共享资讯平台的高效与便捷。

图（1-21）所列的自媒体平台只是常用自媒体的一部分。为方便读者了解更多的自媒体平台，笔者对目前互联网上活跃度较高的自媒体平台进行了整理和分类，对自媒体平台的传播优势和劣势进行了总结，见本书附录《95个自媒体平台传播优势和劣势对比表》。

5G时代的到来，让万物互联、万物皆媒成为现实，也将短视频、直播等形式的自媒体推上营销的新风口。企业应当利用当下的短视频流量红利快速实

图（1–21） 自媒体矩阵图

现线上引流获客和品牌打造，实现“品”与“效”的转化。比如抖音，日活跃用户已经超过6亿。作为一个用户快速增长的内容营销平台，抖音可以实现潜在用户的低成本广泛触达和更强的用户粉丝黏性，结合直播带货，完成从产品服务的推广到用户交易的快速转化。

面对如此众多的自媒体平台，企业该如何进行选择呢？

在图（1–21）中，笔者从企业运营的角度将自媒体分为三大类：热点平台、相关平台、重点运营平台。

第一类是热点平台，比如当下热度比较高的微博、微信、抖音、快手等平台，这些平台的粉丝群体几乎覆盖各行各业，是人们经常接触的平台。企业应该明确自己运营自媒体的目的。很多企业在一开始运营短视频平台时并不能直接变现。增加产品、品牌和服务的曝光度是间接性的变现。在粉丝经济的背景下，很多企业或个人都已经分上了一块短视频红利蛋糕。此时企业若从不太受关注或从日活跃量不高的平台做起，就会错失红利机会。笔者建议各企业应在热点平台占有一席之地，通过有效的社会化营销手段（详见本书第五章第七节、第八节），实现粉丝变现。

第二类是相关平台。企业应根据自身定位，广泛地运营与自身产品、品牌和服务等相关的自媒体平台，建立自媒体矩阵。建立自媒体矩阵的目的是类别不同的自媒体平台，用户资源互补，有利于产生更多的粉丝流量。企业利用传播矩阵中的自媒体相互引流或统一把粉丝引流到某个主要平台上来，最终实现传播效益最大化。

每个自媒体平台都有自己的用户群体，这些用户也有一定的差异化。比如抖音、快手的用户倾向于娱乐搞笑的视频内容，小红书粉丝更关注美妆时尚的内容。在地域分布上，微博的粉丝覆盖地域比较广，抖音在一线城市、二线城市的粉丝多，快手在三线城市、四线城市的粉丝多。企业要根据自身的定位，选择适合自己领域的自媒体进行深耕。只有这样，平台才会通过后台算法识别企业的产品定位，不断地给特定用户推荐，从而让企业获得粉丝的流量支持。化妆品行业可以倾向于小红书。在线教育行业可以考虑千聊和喜马拉雅。无论是图文、音频，还是视频、直播等形式，企业需要在多类平台上，用多种方法曝光自己的产品或服务，并通过自媒体矩阵多频道传播，增加产品或服务与用户的接触面。

第三类是重点运营平台，比如企业的官网、官方微博、官方微信、官方抖音等。企业通过热点平台和相关平台的引流、推流等方式，将公域流量转化为私域流量，将粉丝集中到自己重点运营的平台上。

无论是上述哪一类的平台，企业都需要通过定位、内容、运营三个方面实施操作。

首先，企业根据自身定位，明确要吸引的粉丝群体，从而确定与这些粉丝群体相匹配的自媒体平台。

其次，企业根据不同自媒体的特性选择合适的运营内容。图文类的平台倾向于企业原创的内容。企业通过文字或图片让自己的品牌、产品或服务给粉丝留下印象，或让粉丝通过图文信息获得较好的体验感。企业通过音视频类的平台，借助声音或画面展现自己的品牌、产品或服务，以便第一时间吸引粉丝的注意等。企业利用视频类的自媒体平台时，需要策划视频的内容，最好软植入产品。

企业需要分析产品的核心受众，了解核心受众的媒介接触习惯，比如核心受众会通过哪些渠道、平台获取产品或服务的相关信息。明确这些信息之后，企业才能找到相对应的自媒体平台。以抖音平台为例，它通过大数据分析用户的浏览喜好，推送相应内容的视频。企业在发布自己的产品信息时，可提前浏览和自己的产品相关的视频。抖音平台会根据企业的浏览习惯帮助企业聚焦一部分粉丝。企业通过持续浏览和发布内容，将粉丝最终定位在某一目标群体，同时获得平台推送的流量支持。

最后，企业需要建立自媒体矩阵，用不同的渠道来传播品牌并吸引粉丝；长期运营自媒体内容，增强粉丝黏性。企业可借助直播平台和粉丝直接互动；借助今日头条转播抖音内容和发布图文信息；在贴吧内展开有主题的讨论；在微信公众号平台预告直播时间和内容；在微博或抖音平台抽奖，到微信公众号平台领取奖品……

直播是让粉丝变现的一种途径。在新冠肺炎疫情期间，众多企业开拓了线上直播渠道。以罗永浩直播为例，他首先选择了目标粉丝群体较多的抖音直播平台。随后通过一系列爆点，如“老罗买奶茶”等视频进行宣传推广，这也是为直播进行造势（关于造势，详见本书第一章第九节和第二章第五节的内容）的过程。同时，罗永浩团队在其他自媒体平台（如微博等平台）进行造势引流，还通过明星推流的方式，让更多的人关注罗永浩的直播。通过这一系列蓄势、造势的过程，罗永浩团队最终赢得了首播产品销售额过亿的不俗战绩。

央视主持人也与时俱进，开始了主播带货。2020年5月1日20:00，“央视boys”康辉、朱广权、撒贝宁、尼格买提四位央视节目主持人变身带货“天团”，在多个直播平台现场带货。这场“权来康康，撒开了买”的直播，商品涵盖海尔、华为、格力、美的等知名品牌家电、数码产品等。当晚3个小时的直播，多款商品秒光，带货5.286亿元。2021年，碧桂园云“5爱5家直播购房节”来袭，开始“直播带房”。

人人皆可成为主播，
人人可以直播带货。
6.18!

第八节　任正非的营销拐点突围

笔者在攻读南开大学博士期间，通过研究华为的国际化路径，提炼和萃取了华为的底层成功基因，总结出了华为“平行四边形”法则，并概括为四个要素：股权激励、狼性文化、与时俱进、技术驱动。这四个要素是华为实现自我突破的四个点，能很好地说明华为是如何找到自己的突围点的。股权激励是“七上拐点”中的制度突围，狼性文化是“七上拐点”中的共享价值观突围，与时俱进是“七上拐点”中的风格突围，技术驱动则是“七上拐点”中的技能突围和“八下拐点”中的产品突围。

一、股权激励

股权激励是华为取得成功的重要因素之一，也是“七上拐点”中的制度突围。

2022年3月28日下午，华为举行2021年年度报告发布会。根据华为发布的报告，华为整体经营稳健，实现全球销售收入6368亿元人民币，同比下滑28.6%；净利润1137亿元人民币，同比增长75.9%。

2019年，华为员工平均薪酬近70万元。早在几年前，年薪超过500万元的华为员工有1000人以上，年薪超过100万元的员工有1万人以上。

截至2018年12月31日，华为集团创始人任正非占有华为集团约1.14%的股权，剩余的98.86%的股权都在华为9万多名员工手中，见图（1-22）。华为是一家100%由员工持有的民营企业，没有任何部门、机构持有华为股权。持股员工一股一票选举产生持股员工代表会，持股员工代表会选举产生的公司董事会、监事会对公司重大事项进行决策、管理和监督。

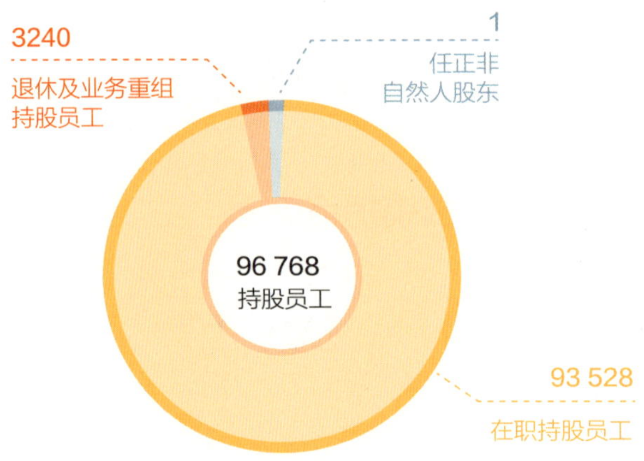

图（1-22） 华为的股权分布图

著名华为管理研究专家杨少龙先生认为，华为在国际范围内取得的成功归功于华为创始人任正非先生的不自私。任正非先生愿意通过激励体系来激励那些为华为做出重大贡献的员工，为华为留住了想留住的人。

在华为的激励体系中，有两个激励体系值得大家借鉴——一个是ESOP(员工持股计划)，另外一个是TUP(奖励期权计划)，见表（1–3）。

表（1-3） ESOP和TUP对比表

激励体系	释义	方法	属性	目的
ESOP	员工持股计划，也被称为饱和虚拟受限股	根据员工岗位、级别和绩效配股，需要按当期价格购买，享受股票增值与分红，在职有效，正常退休后依然享受4年分红	长期的激励模式，在职就分红	解决广大员工的长期激励问题
TUP	奖励期权计划，直译为时间单位计划	现金奖励的递延分配，相当于预先授予一个获取收益的权利，但收益需要在未来N年中逐步兑现（在华为，当前设置N=5），根据员工岗位、级别、绩效分配，不需要员工购买	中长期的激励模式（5年内分红，5年后退出）	解决后来员工的短期激励问题，留住5年，避免ESOP“一劳永逸，少劳多获”的弊端

ESOP（员工持股计划）也被称为饱和虚拟受限股，改变了原来只对少数高层经营者股票激励的局面。它是一种长期的激励模式，只要员工在职，就

可以分红。华为根据1997年制定的《员工持股计划（ESOP）》授予高绩效员工股票，按照该员工的工作水平和对公司的贡献决定其获得的股份数。拥有ESOP股的员工，每年获得一定比例的分红和虚拟股对应的公司净资产增值部分，但没有所有权、表决权，也不能转让和出售股份。在华为员工离职时，股票只能由华为控股工会回购。

例如，2010年，员工购买股票价格为每股5.42元，每股分红2.98元，收益率超过50%。2011年，每股分红为1.46元，对比前一年的每股分红有所下滑，但收益仍非常丰厚。这个员工只要在职，就一直会获得分红。

TUP（奖励期权计划）也被称为时间单位计划。在华为，这个时间单位设置为5年，也就是5年内分红，5年后退出。当然，员工退出后可以加入ESOP激励计划。TUP解决了ESOP“一劳永逸，少劳多获”的弊端。对刚加入华为的新员工来说，TUP是一个利好激励计划。

华为采取的是5年期的TUP，前4年递增分红股权收益，最后1年除了获得全额分红收益之外，还能获得5年中股本增值的收益。经过多年发展，自2017年起，华为的TUP除授予股票第一年无分红权以外，第二年起即可享有全额分红收益，第五年进行股票增值结算并清零处理。我们用表（1-4）来说明TUP的分红逻辑。

表（1-4）　TUP激励计划收益计算表

年份	当期股票价值/元	享有权益	当年行权TUP份数/万	当年分红总份数/万	当年分红价格/元
2014年（第一年）	5.85	没有分红权	无	无	2.01
2015年（第二年）	6.23	获取90万*1/3分红权	30	30	2.06
2016年（第三年）	6.53	获取90万*2/3分红权	30	60	1.64
2017年（第四年）	7.34	全额获取90万的100%分红权	30	90	1.13
2018年（第五年）	8.35	全额获取90万的100%分红权，同时进行股票增值收益结算	无	90	1.31

注：当期股票价格和当年分红价格只是模拟数据。

对于表格中的股权激励方法和收益计算方法，我们分三步来说明（假设员工A有90万股份数）：

（1）分红收益计算如下：

个人分红收益=当年分红总份数*当年分红价格

2014年分红收益=0（元）

2015年分红收益=90*⅓*2.06=61.8（万元）

2016年分红收益=90*⅔*1.64=98.4（万元）

2017年分红收益=90*1.13=101.7（万元）

2018年分红收益=90*1.31=117.9（万元）

5年总分红收益=0+61.8+98.4+101.7+117.9=379.8（万元）

（2）增值收益计算如下：

增值收益=当年行权TUP份数*（期末股票价值-期初股票价值）

注：1）员工工作满5年才享有增值收益，工作未满5年的不计算增值收益；

2）期末股票价值为第五年股票价值；

3）期初股票价值为第一年的股票价值。

5年总增值收益=30*（8.35-6.23）+30*（8.35-6.53）+30*（8.35-7.34）=148.5（万元）

（3）5年总收益=5年总分红收益+5年总增值收益=379.8+148.5=528.3（万元）

TUP是一种非常简单的现金递延激励计划，解决了新员工激励不足的难题。一些员工干满2～3年想离职的时候，会因为机会成本过高选择放弃离职。

营销总监应该学习华为的这种中长期的股权激励方法，通过股权激发团队成员的积极性。现在，华为的分公司遍布全球。华为成为全球5G通信标准制定者之一。无论你是在非洲的乞力马扎罗山，还是在珠穆朗玛峰的山顶，只要你打开手机，看到5G信号的时候，都有华为的功劳所在。华为正在构建一个万物互联的智能世界。

ESOP激励计划
TUP激励计划

二、狼性文化

华为的狼性文化在华为的发展过程中起到了至关重要的作用。具备狼性基因的华为人，凭借对市场变化的高灵敏度，对目标的执着追求，团结协作，勠力同心，进军国际市场，谱写出了一曲赞歌。

在华为内部流传着这样一首诗："啸苍天，没日月，孤单影只，忍地寒，耐绝境，经熔炼，将成大业。"

这首诗充满沧桑却不乏大气，表达了对狼能够在天寒地冻的极端环境中生存的赞美和欣赏。对于狼性，我们可以从以下三个要素进行理解：

狼对周围环境的变化非常敏感；

狼有一种不达目的不罢休的、不屈不挠的精神；

狼会团队作战，协同完成每一次出击。

营销人员应该怎么学习狼性三要素？

首先，营销人员要具备"两力一度"——洞察力、联想力和敏感度。营销人员要有"风起于青萍之末"的洞察力，能够根据市场的微妙变化来探究变化的本质。如果一个人对市场变化的反应是迟钝的，那他就难以胜任营销工作。任正非说，任何一只狼都能在西伯利亚白茫茫的荒野里寻觅到一块食物，首先靠的是灵敏的嗅觉。

其次，营销人员要具备坚持不懈的精神，通过持续不断地努力，扭转不利的营销局面。这种坚持不懈的精神是一种韧性：不屈不挠，奋不顾身，勇往直前，即使屡战屡败，也要屡败屡战。

最后，营销人员要做到团队协作和技能互补。华为在开拓海外市场的过程中，有人负责产品技术，有人负责客户沟通，有人负责产品方案的交付。华为通过这种角色和技能互补共同满足客户的需求。这就是华为的"铁三角"团队。营销总监在组建团队和搭班子时，可以学习华为的这种团队组织模式。

需要特别说明的是：华为的狼性文化是"图腾中的狼"，容纳了狼性中的灵敏、执着、协作精神，剔除了狼性中的残忍冷酷、不择手段和贪婪无度。有学者认为华为的狼性文化已经过时，需要修正。对此，笔者不敢苟同。笔者认为，华为狼性文化本身就是与时俱进的。在推崇狼性文化的同时，华为一直强调，反对像“薇甘菊”那样不给周围的植物留取生存空间的做法。同时，在很多场合，任正非都强调，不要做“黑寡妇”。任正非说，以前华为跟别的公司合作一两年后，华为就把这些公司吃了或甩了。华为跟别人合作，不能再做“黑寡妇”，要开放、合作，实现共赢，多把困难留给自己，多把利益让给别人。尤其是对供应商，华为要实施“做厚供应商”战略，与他们形成战略合作伙伴关系。这些思想在华为的“深淘滩，低作堰”的管理哲学中也有体现。

现在的华为，已经由原来的狼性文化升级到狮子文化，又升级到大象文化，思想的格局进一步变大。华为的包容性不断增强。华为称竞争对手为友商。在整个价值链中，企业帮助上下游的合作伙伴成功，甚至帮助竞争对手成功，都是在成就自己的未来。

创业者应该让狼性文化成为营销团队的重要文化基因。狼性的主动性、进攻性和协作性可以帮助创业者渡过艰难的创业期。狼性文化是包容其他文化的基础。

2020年5月15日，距离华为被美国列入出口管制实体清单一周年之际，美国商务部产业安全局再一次在其官网宣布，计划限制华为使用美国技术和软件在海外设计和制造半导体。无论是否为美国公司，只要用美国技术、软件、设备等给华为生产芯片就会受到管制，需要先得到美国批准。

华为不言放弃的狼性精神再次体现。2020年5月16日，华为“心声社区”发布一篇题为“没有伤痕累累，哪来皮糙肉厚，英雄自古多磨难”的文章。这篇文章的配图就是那架在二战期间被打得如同筛子一样、浑身伤痕累累的战斗机，依然坚持飞行并安全返回。

因为华为狼性文化的底子打得好，所以一些苦难只会让华为人愈挫愈勇。滔天巨浪方显英雄本色，艰难困苦铸造希望之舟。

三、技术驱动

大国重器是中国复兴的基石。中国企业在夯实基石中所扮演的角色永远是开拓者和实践者。华为无疑是这些实践者中的成功者。华为的成功是因自身对研发和技术的不吝投入，是因自身对技术研发人员的尊重。因此，华为成为全球5G通信标准的制定者之一。技术驱动是华为营销拐点突围的重要驱动器。

华为持续加大研发投入，2021年研发投入达1427亿元人民币，占全年收入的22.4%，近十年累计投入的研发费用超过8450亿元人民币。2021年华为从事研究与开发的人员约10.7万名，约占公司总人数的54.8%。截至2021年底，华为在全球共持有有效授权专利4.5万余族（超过11万件）。90%以上专利为发明专利。

只有自己才能救自己。中国要发展，必须靠自强。

科教兴国是我们开启新时代的曙光。

华为在创业之初就意识到研发和技术的重要性。创始人任正非坚持每年的研发投入要占到销售额的10%以上。曾经长期主管研发的常务董事丁耘说："低于10%，我是要被砍头的。"

华为的研发和技术投入始终与市场的需求场景紧密结合。2020年，华为消费者业务CEO余承东表示：华为坚持围绕"1+8+N"战略，其中"1"是以手机为主入口；"8"是以"平板、PC（电脑）、穿戴、HD（高清图像/视频）、AI（智能）音箱、耳机、VR（虚拟现实技术）、车机"等为辅入口；"N"是泛IoT[①]硬件，包括照明、安防、环境、清扫等，以实现覆盖多个场景。

华为从2019年开始受到美国的技术封锁。2020年5月15日，美国在单方面的"新规则"中，重点打击华为的芯片上游供应链，包括晶圆代工在内的芯片生产制造流程中的多个环节。也就是说，华为需要的每一枚芯片都必须经过美国政府的核准，不管是手机芯片、服务器芯片，还是电源管理芯片、机顶盒芯片；不管是在中国、韩国，还是在日本。

华为海思是芯片设计行业中的佼佼者。目前中国的半导体产业在设计、封装与整机上达到了较高的水平，但底层的高端装备、EDA（电子设计自动化）软件、材料还是以西方的产品为主。

从终端到芯片，再到芯片设计工具，然后到芯片制造和制造设备的材料，走到最后才发现设备和材料底层的材料、物理、化学、数学的原创理论基础都是中国半导体产业要补的"课"。

华为创始人任正非曾表示，要重视基础科学的教育，只有长期重视基础研究，才有国家和工业的强大。没有基础研究，产业就会被架空。换言之，有理工科的基础科学，才有半导体设备和材料的底层突破，才有代工、存储的工艺突破，才有华为等企业的上层创新。

华为所面临的技术瓶颈就是"天花板效应"——最先触到天花板的手指一定是那个最长的手指。华为的遭遇是企业在国际市场上有立足之地的必经阶

①IoT为Internet of Things的缩写，即物联网。

段。华为的技术驱动战略让中国的乃至世界的企业在营销拐点突围中有了新的借鉴范本。

四、与时俱进

华为有很多营销拐点突围案例，这些案例大都具备个性化，在华为的运营环境中适用，未必适用于其他的企业。但是，华为有一点和其他企业的营销拐点突围重合度很高，那就是与时俱进。根据市场的变化而改变自己的运营策略，这就是俗称的“变者生存”。

笔者在博士论文《基于扎根理论的海尔、华为公司国际化成长路径对比研究》中，通过扎根理论来提炼、萃取华为和海尔的成功基因。华为有四个成功要素：股权激励、狼性文化、与时俱进、技术驱动。海尔也有四个成功要素：组织创新、品牌驱动、文化基因和与时俱进。见图（1–23）。

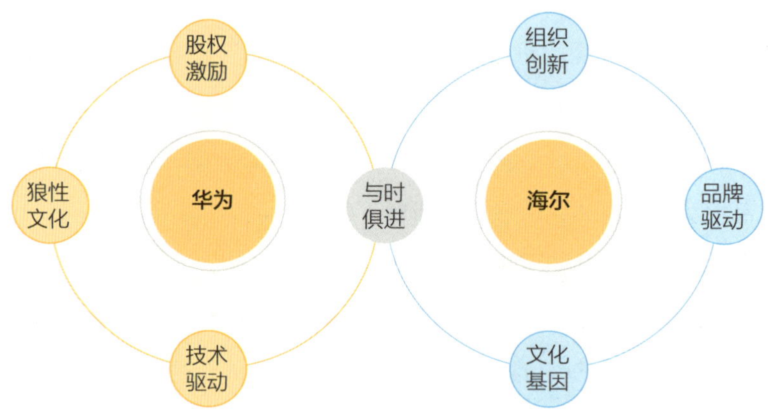

图（1–23） 华为与海尔的成功基因对比图

与时俱进的背后是企业根据环境的变化随时调整自己的战略，要求内部员工具有对市场的灵敏度和创新性，以便快速地适应环境。

张瑞敏先生曾说：“没有成功的企业，只有时代的企业。”笔者将张瑞敏先生的这句话总结为四个“与时”，分别是与时俱进、与时偕同、与时俯仰、与时舒卷。企业应该和时代保持一样的节奏，应该时刻站在时代的前沿，成为弄潮儿。

华为与时俱进的精神在市场上展现得淋漓尽致。华为产品矩阵在不断地变化，从最早的B2B领域程控交换机和基站建设，到B2C智能终端领域。截至2019年底，华为全球手机市场的份额持续增长，占据第2名的位置，智能手机出货量达到2.4亿部。另外，华为的平板、PC、穿戴、HD、AI音箱、耳机、VR、车机等产品都有非常好的市场表现。2020年上半年，华为消费者业务收入为2558亿元，约占总体销售额的56.34%。

随着通信技术的快速发展，终端消费者和企业需求发生了变化，网络功能也发生了变化。终端消费者对不同智能场景（如照明、安防等）的需求，企业对云平台和云计算的需求等，都发生了巨大的变化。华为公司为了应对通信技术的发展，调整内部的组织架构，建立了三大业务部门——消费者业务、企业业务和运营商业务，以便于更好地服务不同需求的客户。华为内部的组织架构根据市场的变化而变化。2020年1月，华为的“Cloud&AI”升级为BG部门，意味着华为第四大业务部门的诞生。

华为的营销也是与时俱进的。例如，华为适时推出手机子品牌荣耀，其代言人也换成新生代消费者的偶像。华为的商标也随之发生了变化。

我们可以通过雷鸟的案例来证明与时俱进的重要性。雷鸟是一种主要生长在寒冷地区的鸟类。在天寒地冻的地区，雷鸟为了适应环境，羽毛的颜色会随着环境的变化而变化。冬天，雷鸟的羽毛会变成雪白色，这样它就不容易被天敌发现。正因如此，雷鸟得到了生存和繁衍的机会。随着生态环境的变化，某一年的冬天来得稍微晚一些。在冬天还未来临时，雷鸟的羽毛就如期变成了白色。雷鸟最终因为没有及时适应环境的新变化，极易被天敌发现，数量急剧下降，几乎濒临灭绝。雷鸟的案例告诉我们：在与时俱进的同时，还要与时偕同，否则“成也变化，败也变化”。

反观华为。华为不仅做到了与时俱进，还做到了与时偕同和与时俯仰。华为在拥有5G标准话语权后，就没有了退路。维持这种领先优势的唯一方法是不断地自我否定、自我超越、持续领航。

世界唯一不变化的就是永远在变化。如何以变治变是企业管理人员和营销人员关注的永恒话题。

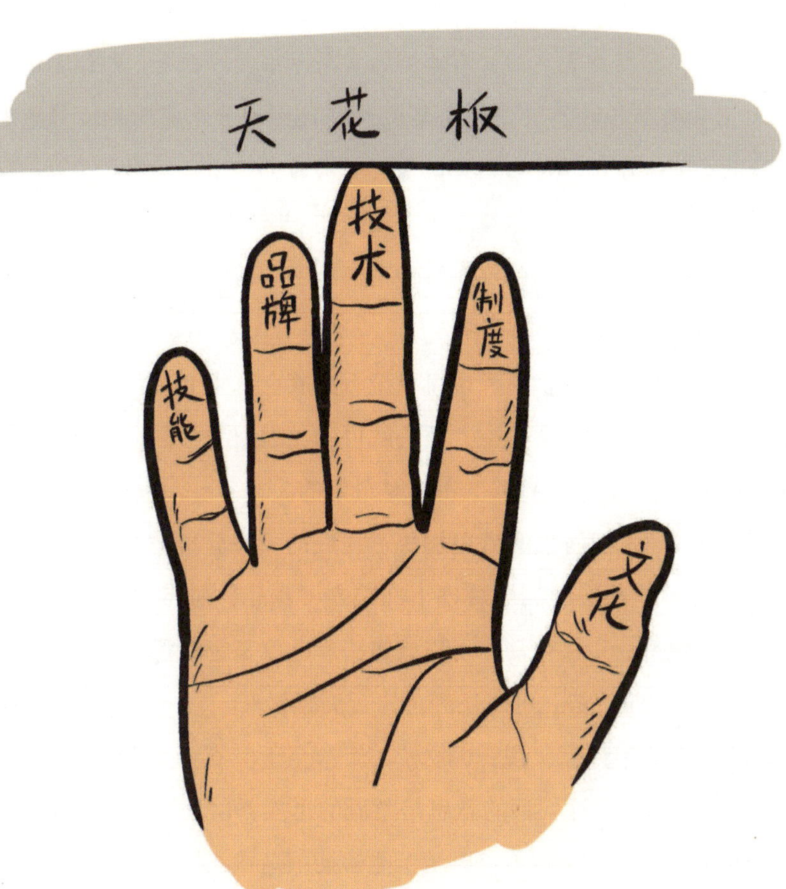
天花板
技能
品牌
技术
制度
文化

第九节　张瑞敏的营销拐点突围

海尔集团的营销拐点突围，有典型的四个方法，分别是：组织创新、品牌驱动、文化基因和与时俱进。海尔集团最有特色的营销突围是造势。笔者认为：三流的企业做事，二流的企业做市，一流的企业“做势”。

大概是二十多年前，海尔集团董事局名誉主席张瑞敏先生在海尔大学每周六的高层调频会上，给现场的高层管理干部出了一道思考题：如何让河底的石头漂起来？

当时，大家众说纷纭。有人说可以把石头放在木头上。有人说可以把水抽干。还有的人说可以把石头凿空，石头就可以漂起来。

张瑞敏摇头，说：“这些答案都不是最好的。”

“最好的答案是把河水的流速加快，河底的石头就能漂起来了。”张瑞敏给出的最终答案让现场的高层管理干部陷入了深思。思考之后，大家恍然大悟：原来以动制静，以动带动，可以成势头。这就是企业管理中的造势。利用水来造成“势”，而“势”可以让静止的石头漂起来。

《孙子兵法·兵势篇》说：“激水之疾，至于漂石者，势也；鸷鸟之疾，至于毁折者，节也。”这句话的意思是急流的迅疾，以至于能够漂起石头，是因为它的气势；鸷鸟高飞猛击，以至于能够捕杀鸟雀，是因为它的节奏。

《孙子兵法·兵势篇》中所提到的“势”对营销的启发是企业要善于蓄势和造势。想让河底的石头漂起来，首先把原来缓缓流动的水拦住，像葛洲坝水电站一样，然后等水位慢慢上升，待水位达到一定高度时，突然把水放掉，石头瞬间就会漂起来。这就是蓄势和造势的过程。

《孙子兵法·兵势篇》中说：“故善战者，其势险，其节短。”这句话的意思是凡会带兵打仗的人，都会营造一种非常险的势，进攻的节奏是短促有力的。比如在打仗攻山头的时候，如果我们站在一个制高点上，胜算就大一点。“势如扩弩，节如发机。”这句话的意思是蓄积的势就像拉弓一样，时间短如搏动弩机的一瞬。“造势”和“节短”是非常重要的。营销总监要理解蓄势待发和造势借力的深层含义。

蓄势或者造势有内外之分。对内要造氛围，对外要造声势，其实就是内塑文化，外树品牌。海尔集团在做项目变革时，首先召开动员会。先把内部员工的积极性调动起来，然后再在外部形成声势，让更多的消费者关注。营销高管应该掌握这种营销拐点突围的方法。营销创新本身就是一个项目。如果企业不会蓄势和造势，不能让内部员工树立必胜的信心，不能在外部形成气势如虹的社会效应，最终任何的营销创新都很难奏效。

关于“势”的详细解读，可以用五个词概括，分别是谋势、蓄势、借势、造势和发势，具体内容将在本书的第二章第五节讲述。

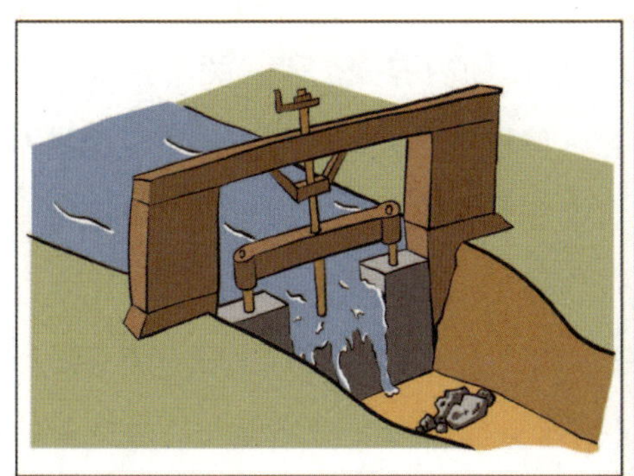

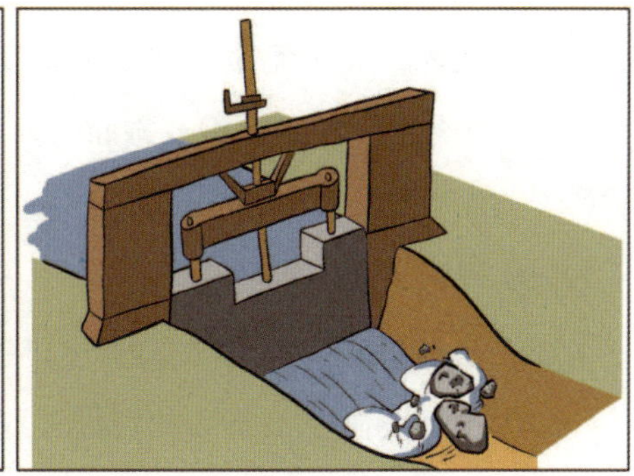

第十节 营销若有道，便可以被创造性复制和借鉴

营销学的科学性反映出营销管理的定式，透过现象可以抽离出背后的方法论。如此，成功的营销便可以被内部复制、外部借鉴。

企业家精神既不是自然拥有的，也不是创造性的，而是培养出来的。营销管理也是如此，它的一半是艺术，另一半是科学。艺术是个性的发挥和悟道，科学是共性的知识和规律。科学与艺术的成分比重没有定论，“一半”这个词只是说明营销管理有两种特性。对于营销管理，我们需要灵活运用和实践。

首先，我们需要找到营销拐点突围的普遍适用规律，然后在这个基础上，结合企业的具体实践，实现营销管理的创新性复制。

笔者认为营销管理难以学习和模仿的原因是：很多人难以辨别哪些是营销管理的艺术，哪些是营销管理的科学。

笔者认为，关于使命、文化和态度等方面的内容偏艺术，关于技术、流程、考核、角色、必备知识等方面的内容则偏科学。营销人员的素质则是艺术和科学兼而有之。以华为营销管理中人员素养模型设计为案例，我们来探讨一下如何实现营销管理的复制。

在“七上拐点”中，有员工的拐点突围。那么营销人员需要具备哪些素养呢？

华为根据美国合益集团的咨询建议，列举了优秀营销高管人员所具备的18个职业素质：

①成就导向：要把工作做得更好的企图和行为。

②思维能力：明确事物之间的关系，用新方法、新角度看待事物。

③服务精神：能设身处地为用户着想、行事。

④培养人才：具有长期培养人才的特点。

⑤监控能力：设立严格的行为标准并指派人去完成。

⑥灵活性：在需要的时候改变策略或放弃原定目标，最终是为了完成公司的大目标。

⑦影响力：为了特定目的，特意采用具有影响力的策略或战术，有具体行动。

⑧收集信息：用特殊的方式搜集信息。

⑨主动性：有前瞻性，能对未来的需求和机会主动做出反应。

⑩诚实、正直：行为与价值观一致，能坚持正义。

⑪人际理解能力：在别人没有直接用语言表达的情况下，能知道别人在想什么。

⑫组织意识：对组织的政治和结果非常敏感，理解组织中的不成文的约定。

⑬献身组织精神：能与组织标准、需要和目标保持一致。

⑭关系建立：能在工作中主动建立人际关系。

⑮自信：勇于冒险接受任务或敢于提出与上级领导不同的意见，对自己充满信心。

⑯领导能力：能领导人们在一起高效工作，主要目的是促进团队协作。

⑰团队合作精神：强调融入团队，以团队利益作为思考的出发点。

⑱坚韧性：在艰苦条件下表现出乐观的态度和坚持不懈的精神。

在这18个职业素质的基础上，华为又提炼出营销人员应该具备的7个重要素质：成就导向、适应能力、主动性、人际理解、关系建立、服务精神和收集信息。笔者以“人际理解”为例来做详细说明。对于人际理解的概念界定，华为认为：没有接收到的信息如同没有信息。没有让客户正确地理解你的意图，就说明你的人际理解技能没有达到预期的能力标准。

那么我们如何做才能有效传递信息呢？有以下几个关键节点：

信息：在沟通发生之前，一定存在一个要被传递的信息。

通道：由发送者选择传递信息的媒介。

解码：接收者在接收信息后，将符号化的信息还原为思想，并理解信息的含义。

噪声：妨碍信息沟通的任何因素，噪声存在于沟通过程中的各个环节，并有可能造成信息失真。

反馈：接收者把信息返回给发送者，并对信息是否被理解进行说明。

交流是生意成交的基础，是建立感情的基本途径。语言是交流的重要手段。因此，掌握语言交流的方法尤为重要。

为了精准把握人际理解的技能，华为又做了更深层次的界定和解释。

见一叶落，而知岁之将暮；睹瓶中之冰，而知天下之寒。见微知著，以小见大。人际理解不仅是“听言”，还要“察色”“读心”。

人际理解：想去理解他人的愿望，是对没有表达出或部分表达出的想法、感觉、关切点的准确认识与理解。

人际理解：强调对他人理解的深度，包括理解明确的想法或明显的情感，理解他人行为背后复杂的、隐藏的动机等。

人际理解：重视倾听并反馈给他人，根据他人对行为与事件的描述，帮助他人解决难题等。

人际交往的基础是相互理解，能通过交往对他人潜在的问题有所理解，理解他人持续的或长期的感觉、行为及原因，知道他人所思、所想等，以期顺利、圆满地完成工作任务。

人际交往贵在“神交”。营销人员对客户内心价值主张的有效洞察，是发现客户痛点、痒点和兴奋点的能力体现。

华为把人际理解作为市场部人员和销售人员的基本素质，并对人际理解做了详细的界定，这就让人际理解有了科学层面的依据，像法规一样进行了固化。笔者在所著的《华为营销基本法》一书中，对角色与工作、考核与评价、技能与绩效、行为规范与职业道德等做了界定。这样，营销管理就上升到了标准和规则层面。华为的营销在一定程度上可以被创造性模仿和复制。

世界上没有完全相同的两片叶子。营销管理也是如此。在模仿和借鉴营销管理的过程中，企业管理者一定要结合企业自身的情况，懂得创新。正如近代书画大师齐白石先生所讲：“学我者生，似我者死。”

可以学营销，但
必须创造性借鉴。

第二章

营销拐点突围的思维模式

2

思维决定行为，行为决定效果。营销拐点突围需要正确的思维模式。

营销拐点突围所需要的思维模式有很多。笔者结合营销学的理论知识和企业实践，择取了一些重要的、常用的思维模式，例如结构性思维、引导性思维和分层性思维等。

思维模式的解读需要具体的应用场景。例如在本章的第五节《营销总监应该具备的思维》中，笔者结合具体的应用场景，解读营销总监应该具备的思维模式。

本章对“鸡立鹤群”和“鹤立鸡群”的心态进行了分析，对显性竞争力和隐性竞争力进行了界定，对接受批评和应用批评进行了阐述，对日本四个“经营之圣”的营销智慧进行了总结，对阿里巴巴的“北斗七星”选人法、帅康集团的“天气预报情节”和“三力合一”营销模型进行了解读，有案例、有思维、有方法、有工具，让读者一看就明白，一读就记住，一想就认同。

为了契合营销管理热点，本章所使用的案例力求新颖、与时俱进。大部分案例来自笔者的实践，部分观察案例则是营销经典案例。

第一节　“SCCT”模型

在介绍“SCCT”模型之前，笔者先送给大家一首唐朝刘禹锡的诗：“自古逢秋悲寂寥，我言秋日胜春朝。晴空一鹤排云上，便引诗情到碧霄。”

这首诗的意境非常好。“晴空一鹤排云上”——万里晴空，一只孤独的鹤凌云而飞起。这只鹤必有凌云之志，可以被称为“一鹤凌云”。“便引诗情到碧霄”——诗情画意油然而生。

营销总监是将帅之才，带领诸多区域市场大将，引领大团队冲锋陷阵。在刀光剑影的市场竞争中，一个人必须做好成为“孤臣”的准备。营销总监只有忍受孤独，才能带领出像雁一样的团队。华为人用“啸苍天，没日月，孤单影只”形容这种奋斗者的“孤独”。

营销总监必须对自己的职业定位有清晰的认知，想众人之所想，能够修己安人，在滚石上山、爬坡过坎的关键时期带领大家完成既定目标。否则，当营销总监遇到越来越多的市场困难时，当营销总监发现团队中没有符合企业价值观的人才时，营销总监会迷茫：“我为什么要选择营销这条路？”营销总监如果在此时才发现自己选错了路，那么修改自己职业规划的成本就会非常高。

笔者将给大家介绍一种社会认知职业理论模型，这个模型的英文简称是“SCCT”。关于“SCCT”模型，众说纷纭。职业总监（将企业高管暂定为总监级别）要有自己的职业定位，在成为一名优秀的职业总监前知道做什么准备，知道怎么优化和固化自己的职业素养。

“SCCT”模型有两个核心要素，分别是自我效能与结果预期，见图（2-1）。

第一个变量是自我效能。要学会问自己：“我能胜任营销总监的身份吗？为了成为一名优秀的营销总监，我做了什么样的准备？”

第二个变量是结果预期。学会问自己：“我做这个职业能得到什么？”

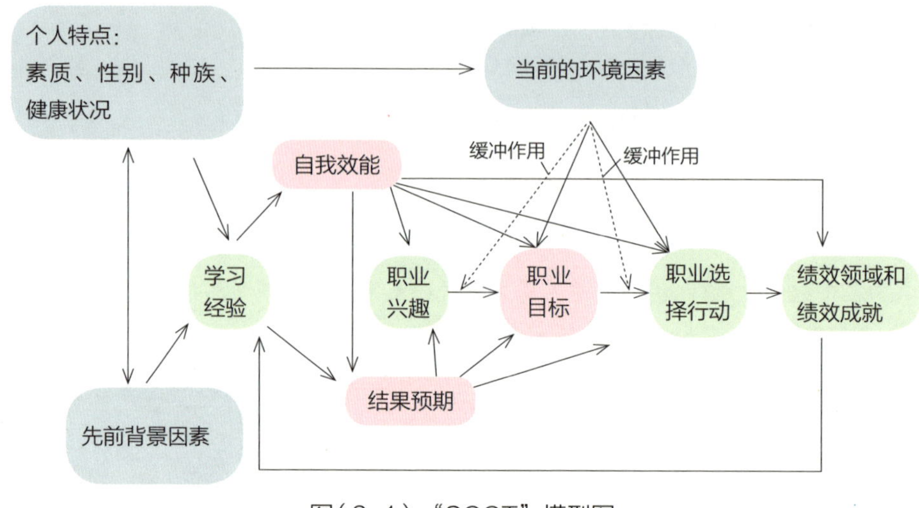

图(2-1)“SCCT”模型图

预期目标决定动机。学会问自己:“我有多大的动机、信念和兴趣来做这个职业?”

自我效能和结果预期互相作用,使得职业规划更加清晰。大部分人主要关注个人对待工作的态度,比较容易忽略自我效能和结果预期。

自我效能的影响因素包括个人特点、先前背景因素等内容,还包括自身的观察和思考。社会劝说是指身边人对一个人的影响。现在的职业有“世袭”的发展迹象,比如医生的孩子往往也是医生,教授的孩子往往也做研究,形成了职业的路径依赖。社会劝说和家庭教育影响一个人的职业路经。

“SCCT”模型让我们更加关注家庭教育对孩子的影响。想让孩子成为什么样的人,家长首先应该成为这样的人,做孩子的模仿对象。同样,营销总监要学习优秀营销总监的做法。

海尔集团董事局主席、首席执行官周云杰先生就是一个自我效能认知特别清晰的人。周云杰刚到海尔工厂实习时,就立志成为一名优秀的营销人员。在周末的时候,别的实习生都在休息,周云杰主动到崂山百货站柜台,帮助售货员卖货。卖场的售货员非常感动,问周云杰是从哪里来的。据传,周云杰说:“我就是一名海尔的实习生,来了解一下客户的消费心理和海尔产品的卖点。”

据说，海尔集团的张瑞敏有一次到崂山百货买东西时，发现了周云杰，就默默地记住了周云杰的名字。当时张瑞敏就断言：周云杰一定有未来。

有自我效能认知的人一定有未来，这是任何一个高级管理者的角色认知基础。

第二个变量是结果预期。张瑞敏先生就是结果预期特别清晰的人，他在1984年进入青岛电冰箱总厂（海尔集团前身）。当时青岛电冰箱总厂的内部管理混乱，工厂院内衰草连天。

张瑞敏先生当时的信念是：要么不做，要做就做第一。这个结果预期是：海尔未来要成为冰箱行业的No.1，要成为白色家电的No.1。一旦把这个结果预期定下来，一个人就能很快找到自己的方法和工具，所有为实现目标而产生的强劲驱动力就会源源不断。海尔在创业初期以“敬业报国，追求卓越”作为自己的企业精神，将成为中国人自己的世界500强品牌作为目标，以此作为凝心聚力的结果预期，最终成就了一个让世人称赞的国际知名品牌。

营销总监将“SCCT”模型使用得好，可以加速企业在营销领域的步伐，让自己早日成为优秀的营销专家，实现“晴空一鹤排云上”的梦想。

选择什么职业是我个人的事情，主要考虑两个要素：自我效能和结果预期。
其实你忽略了先前背景因素和当前的环境因素的影响。

第二节　商务交流的“SCQA”结构性思维

商务交流贯穿整个营销过程。在实践中，我们发现：资历较深的营销高管在进行商务沟通时，如行云流水、步步为营，让客户如沐春风。反之，不谙此道的营销人员在与客户沟通交流时，往往说话含糊不清、晦涩难懂，让客户不知所言，产生歧义。

两种迥然不同的结果，差别在于营销人员是否具备结构性思维。有结构性思维的商务交流能够让客户快速了解交流重点，减少沟通成本，提升沟通效率。

商务交流非常考验营销人员的沟通能力和随机应变能力。想要提高这些能力，营销人员首先要具备结构性思维，并掌握“SCQA”结构性思维的使用方法。

“SCQA”结构性思维是麦肯锡咨询顾问芭芭拉·明托在《金字塔原理》中提出的。

S（Situation），情景——从大家都熟悉和关注的情景、事实引入。

C（Complication），冲突——实际情况往往和我们的要求有冲突。

Q（Question），疑问——提出疑问，我们该怎么办？

A（Answer），回答——我们的解决方案是……

“SCQA”结构性思维的四个要素之间是递进关系，见图（2-2）。

“S”（情景）通常是指我们所熟悉的事，可以理解为事情发生的背景和现状。先做背景介绍，再引出问题“C”（冲突），或者现在的困难和瓶颈，随之提出“Q”（疑问）。这里需要注意的是，我们需要结合“C”（冲突）环节从对方的角度提出对方所关心的问题。最后，“A”（回答）是解决方法，也是最终我们想要表达的中心思想。

以笔者的微课“中国式优秀营销总监108招”为例，首先设计一个场景。一家教育培训机构想代理刘春华老师的“中国式优秀营销总监108招”线上大

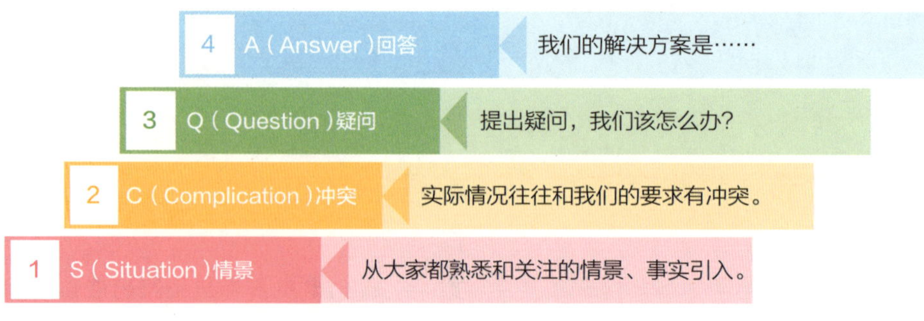

图（2-2）“SCQA”结构性思维递进图

型系列微课。如果你是营销总监，你该怎么表述这个大型系列微课的卖点和优势呢？

按照“SCQA”结构性思维，你可以这样表达：

S（背景）：当下知识付费产品层出不穷。随着时间的碎片化和培训方式的多样化，线上知识付费产品也迎来井喷式发展。由于线上课程众多，因此选择一门实用有效的课程作为培训机构的主要经营产品就比较困难。

C（冲突）：在面对这一问题时，培训机构面临两种窘况：一是如何选择内容系统，理论和实践结合，讲解方式深入浅出的课程；二是如何让学员在听完一两节的试听课后就喜欢上这门课程，进而购买全部课程。

Q（疑问）：如何才能解决以上的两个问题呢？有没有把这两个问题合在一起解决的方式？

A（回答）：当然有。将这两个问题合在一起就是如何选择网上学员喜欢的知识付费产品。主要看三个方面：

1.授课专家的背景：必须是教学经验丰富的老师。

2.授课内容丰富，但单个模块简短：内容系统有体系，每节课程不超过15分钟。

3.课程要具备六有原则：有序、有料、有理、有趣、有情、有文。

“中国式优秀营销总监108招”恰恰符合以上的三个要求。

“SCQA”结构性思维也常被用于广告设计、方案讲解、招标现场的答疑等场景。我们可以通过众所周知的背景与客户建立关系，接着引发客户共鸣，最后提出问题，输出解决方案。

要在生活、工作中随时使用“SCQA”结构性思维，多次使用之后，就具备了结构性思维。例如，本书《营销拐点突围》的推荐语也可以使用“SCQA”结构性思维法，表述如下：

在新冠肺炎疫情发生之后，企业营销的环境和消费者的消费模式发生了很大变化。营销创新成为企业家亟待解决的首要问题。那么企业如何做才是营销创新，才能实现纾困突围呢?《营销拐点突围》是一本值得企业家细心研读的书。

纸上得来终觉浅，绝知此事要躬行。“SCQA”结构性思维的理论内涵很简单。但是，想要将“SCQA”结构性思维使用娴熟，信手拈来，却不是一件简单的事情。我们需要不断地观察、练习、修正和再实践，才能最终将“SCQA”结构性思维内化为自己的营销智慧。

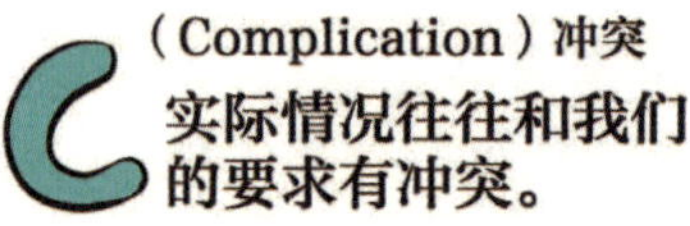

（Question）疑问

提出疑问，我们该怎么办？

Q

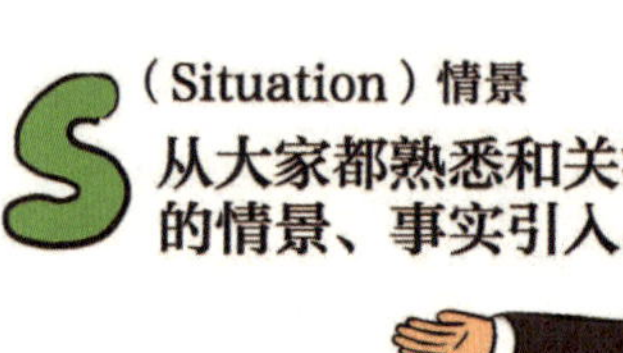

（Answer）回答

我们的解决方案是……

A

第三节　“SPIN”销售模型

营销人员需要通过提问的方式，了解用户的内心需求，并把用户的需求放在实际场景中去，才能给出符合用户需求的产品或服务。“SPIN”销售模型中的引导性提问法是洞察用户的内心需求，为用户个性化匹配适合产品的好方法。

如果说“SCQA”模型是用“结构性”让表达和交流更顺畅，那么“SPIN”销售模型则是用“引导性”提问并匹配合适的方案，让用户了解产品或者服务，进而让用户认可，实现销售。

“SPIN”销售模型是由全球著名销售大师尼尔·雷克汉姆创立。提出这一模型后，在IBM和施乐等公司的赞助下，尼尔·雷克汉姆进行跟踪式调查，最终完成验证和修正。实践证明，“SPIN”销售模型是西方营销学中为数不多的适合中国营销场景的有效方法。在运用“SPIN”销售模型时，我们不可生搬硬套，而要活学活用，未必需要四步，有时候只需要两步或三步就能解决问题。要以结果为导向，结合实际使用“SPIN”销售模型。

“SPIN”销售模型的具体释义如下，见图（2-3）。

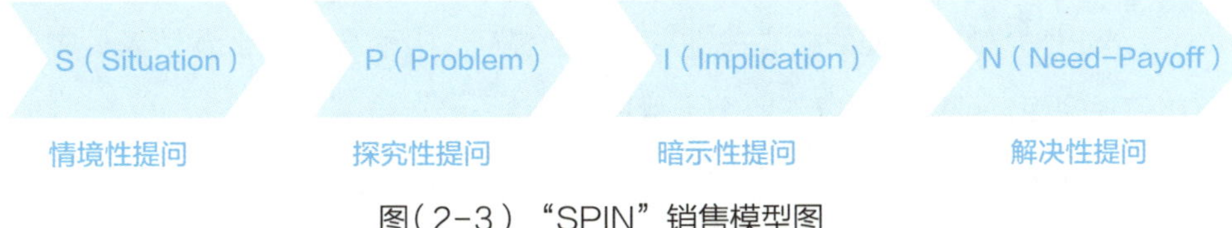

图（2-3）“SPIN”销售模型图

“SPIN”销售模型的核心是建立一种有层次、有递进、有逻辑的思维流程。第一阶段是需求不明确阶段，需要进行情境性提问。在进行情境性提问时，话题要轻松，话题内容可包括企业的历史、规模、员工人数等等。这些内容在访问用户之前就可以完成，但还需要在现场确认一下，目的是为了打破沉默的局面，算是以寒暄的方式进入交流的状态。

第二阶段是探究隐性需求阶段，需要进行探究性提问。在这个阶段，要发现用户的痛点和痒点，也就是用户的关心点。

第三阶段是隐性需求阶段，也就是用暗示性提问的方式，把方案巧妙地融入问题中，对于用户的难题感同身受，为下一步提出解决方案做好准备。例如，如果你的产品优势在于售后服务，那就要多挖掘用户因产品服务不到位而带来的问题。最好在见用户之前，你就准备好这些问题。否则你会被用户牵着鼻子走，无法使用暗示性提问。

第四阶段是发起讨论，给出解决案。销售人员和用户一起探讨，并给出解决方案，描述采取这些方案之后的效果。

从这四个阶段出发，“SPIN”销售模型也可被分为四个实施步骤，分别是提问（寒暄）、聆听（寻找）、理解（验证）、明确（愿景），见图（2-4）。

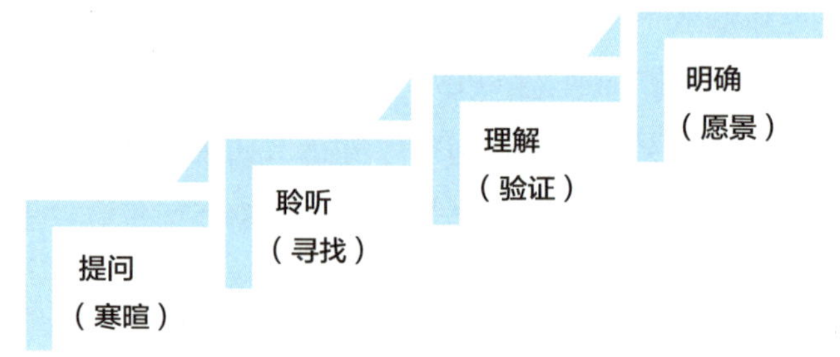

图（2-4）“SPIN”销售模型实施步骤

“SPIN”销售模型的核心关键点就是会提问、会引导。那么营销人员应该如何提问呢？可以按照以下四个步骤进行：

询问基本情况，了解用户的职业、年龄、家庭情况等等，建立初级的用户画像。在这一阶段，营销人员需要注意的是提问要适可而止，不要引起用户反感。（提问——寒暄阶段）

聆听难点问题。营销人员需要了解用户使用产品的情况，是否对产品满意，等等，从而探究用户的隐性需求，由此引发用户的兴趣，从而获得沟通的主动权。（聆听——寻找阶段）

验证隐喻性问题。营销人员通过上一步的提问，暗示这种隐性需求的重要性，刺激用户对产品的购买欲望。（理解——验证阶段）

明确代价性问题。引导用户产生明确的需求，最终让用户将关注重点放在解决方案上。明确解决问题的好处，描绘使用新产品后的愿景。（明确——愿景阶段）

笔者用一个案例示范。还是向培训机构推荐“中国式优秀营销总监108招”的线上系列微课，每个阶段提问的问题如下。

S（Situation），情境性提问：机构成立的时间、员工人数、全国的市场开拓情况、对线上课程的看法等等。——提问（寒暄）

P（Problem），探究性提问：您对未来线上课程有哪些看法？有哪些线上获客的方法？价格对目标群体有什么影响？选择线上合作课程的方法有哪些？是否有失败或者成功的合作模式？——聆听（寻找）

I（Implication），暗示性提问：针对探究性问题的答案，以提问的方式将关注点转移到产品或者方案上去。问题有：学员是否反馈课程理论丰富而落地难？作为案例讲解的企业背景和学员企业的背景是否差距大？每节课时长太长，学员是否听得进去？虽然课程内容丰富，但是学员听不进去。后台大数据显示，听课完成率很低。——理解（验证，匹配）

N（Need-Payoff），解决性提问，以探讨和互动的方式给出“中国式优秀营销总监108招”的三个优势：

①授课专家刘春华是理论和实践充分结合的老师。

②授课内容丰富，共计108节，每节课时长不超过15分钟。

③课程具备六有原则：有序、有料、有理、有趣、有情、有文。——明确（愿景）

以上就是“SPIN”销售模型的四个实施步骤，每一步都需要营销人员具备良好的洞察力、较强的现场应变能力。营销人员通过挖掘用户的痛点、痒点、兴奋点，找出用户的隐性需求或者显性需求，最后形成方案，完成销售任务。

笔者将“SPIN”销售模型简单描述为：寒暄式提问、探寻式引导、暗示性鼓励、前瞻式方案。这部分内容与笔者提出的结构性营销工具“审、问、隆、千、卖、安”六步法中的逻辑相似，详见本书第五章第一节内容。

第四节　“三点式”营销

营销总监应该建立的底层思维是用户思维，需要了解用户的痛点、痒点和兴奋点，从用户的角度出发，为用户匹配适合的产品或者方案。

“三点式”营销是笔者结合传统经典管理学理论而提出的营销管理工具，用分层的思维来洞察用户的需求。可以将用户需求分为三类：显性需求、隐性需求、创造需求。这三类需求也可以被说成是用户的痛点、痒点和兴奋点，见图（2–5）。

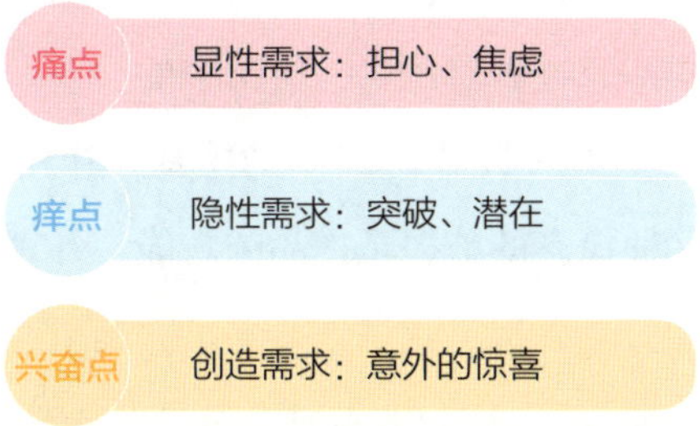

痛点　显性需求：担心、焦虑

痒点　隐性需求：突破、潜在

兴奋点　创造需求：意外的惊喜

图（2–5）“三点式”营销图

营销人员在制定营销策略时，需要从用户需求出发，找到用户的“三点式”需求，从而精准地分析和制定营销策略。

痛点，就是解决用户在产品体验中遇到的显而易见的难题，也被称为显性需求。营销人员想要寻找用户的显性需求，需要分析用户的消费习惯，从共性的问题中找到用户真正的痛点或者迫切需要解决的难题。用户的需求痛点通常表现为担心、焦虑、抱怨等心理。

很多坚果厂家都生产销售巴西松子。良品铺子的手剥“巴松”（巴西松子简称）更为特别，手剥容易，口感也不错。在这之前，一些消费者抱怨巴西松子难剥皮。对于这个痛点，没有几个厂家关心。但良品铺子为了解决这一难题，将销售的“巴松”提高规格，如此，良品铺子销售的“巴松”果径更大，手剥更容易，肉质更饱满，销量自然也一路飙升。

再如，海尔集团在疫情期间推出的消毒机器人，解决了现场消毒人员的防疫难题，降低了病毒传播的风险。

痒点，就是解决用户的隐性需求，通常表现为对原有需求的突破。如何找到用户的需求痒点，可以考虑三个问题：怎么满足用户需求？还有没有更好的解决方案让用户更满意？在用户没有更好的建议的前提下，如何创造和其他同类产品的差异？

良品铺子的香辣卤藕，年销售额逾8000万元。这款卤藕使用的原料九孔藕来自创始人杨红春的家乡——位于江汉平原的荆州。选用新鲜的九孔藕，掐头去尾，只要藕中间的那几节。香辣卤藕不是用户提出来的改良产品，用户也没有更好的建议让卤藕的口感更好，而是创始人和品质部的人一起研究，结合用户的购买行为大数据，通过做对比实验得出来的。

兴奋点，就是让用户有一种“哇！”的感觉，让用户有一种兴奋感，从而完成最终的签单。这种惊喜的前提是产品的功能、外观或服务达到极致，给用户一种超乎想象的体验。兴奋点就是创造需求，制造意外的惊喜。

例如淘宝品牌阿芙精油，通过24小时客服轮流上班，使用Thinkpad的小红帽快速切换窗口，让客户少等几秒钟；通过设置首席惊喜官，在留言客户中寻找潜在专家，给对方寄出产品，为可能的KOL（关键意见领袖）制造惊喜，形成口碑营销。

宁夏银川河东国际机场推出二十四小时营业的“胶囊酒店”，可以供旅客临时休息。外形酷似太空舱的“胶囊酒店”分上下两层，每一个“胶囊”大约长2米、宽1米、高1.25米，能满足一个人休息的需求。令人眼前一亮的是，“胶囊”内电视、照明灯、电源插座、耳机、闹钟、镜子、灭火器等物品齐全，还设有3个通风口和换气系统。这种“胶囊酒店”自上市以来就非常受欢迎。尤其是乘坐夜班飞机或转机的乘客，非常喜欢在“胶囊酒店”休息。在2019年，该“胶囊酒店”能达到70%的入住率，在旅游旺季则会出现供不应求的状况。

“胶囊酒店”的价格也不贵，白天入住4小时60元，从下午2时到第二天中午12时是120元。“胶囊酒店”超越了用户的预期，就是兴奋点产品。

海尔集团推出的“防老鼠咬”的洗衣机、手持式洗衣机，都属于兴奋点产品。

当然，产品和服务组合起来，也可以触碰到用户的兴奋点。例如“做轿子”的冰箱，可以看视频的抽油烟机，赠送爱奇艺会员的电视机等。

“三点式”营销通过解决用户痛点，探索用户痒点，创造用户兴奋点，来满足用户的分层需求。

第五节　营销总监应该具备的思维

一、左手“五势”，右手“一机”

在本书的第一章第九节，笔者已经给大家阐述了造势理论。“势”是营销的重要工具和方法。造势只是“五势”中的一环，而“五势”是为最后“一机”做准备的。因此，在营销中谋势的过程就是左手“五势”，右手“一机”。

营销总监要具备能够掌控局势的能力，形成自己的“势场”。

造势只是成势的一种方法，还有其他方法：谋势、蓄势、借势、造势、发势，最后才可以“节如发机”，展现万军不可挡之势，见图(2-6)。

图(2-6)“五势一机”示意图

谋势是指精耕细作，谋划势头。“不谋万世者，不足谋一时；不谋全局者，不足谋一域。”营销高管要有谋势的思维。

华为在创业初期是做交换机的，它的营销模式是B2B模式。华为最初的客户是电信、联通和移动三个通信运营商。任正非认为不能只盯着国内，还要放眼全球，积累技术势能。华为创始人任正非在二十多年前就做过一个决策：雷打不动地将每年销售收入的10%～15%投入研发。华为能够成为全球5G通信标准的制定者之一与华为在技术领域谋势的思维密切相关。先储备世界级人才，运用“谋子”，兼并世界级企业。然后“谋局”，把产业链延伸到全球。最后“谋势”，成为世界级IT设备供应商。

蓄势是指积累实力，等待时机。“势”的来临不是一蹴而就，更不是一触即发，而是厚积薄发的过程。

华为从1998年开始就蓄势内部管理。2003年“非典”疫情之后，华为的蓄势开始起作用了，逐渐超越当时的爱立信、诺基亚、朗讯、西门子、阿尔卡特等世界级电信设备供应商。

2022年3月28日，华为公司发布2021年年度报告。华为公司副董事长、CFO孟晚舟在最后发言中强调：“华为的最大财富是人才存储、思想存储、理论存储、工程存储和方法存储，以及华为内部流程管理的高效有序的存储。这些才是我们靓丽财报背后华为真正的价值。”华为公司的蓄势战略思维从来就没有停止过。

海尔集团把每个战略阶段设计成7年，目的是为了有足够的时间积累实力和寻找变革中“势”的触发点。企业的产品储备、技术储备、人才储备等等，都是一种蓄势的过程。

在2020年疫情期间上市的良品铺子，曾经提出“用三年的慢，换七年的快”。从2017年开始，一直到2019年，良品铺子开始了整整三年的系统调整期，不再追求过去十年突飞猛进似的快增长，而是相对慢下来，从“要素经营”转到“系统经营”，为二次腾飞做蓄势准备。

高端零食的企业定位并非现在良品铺子发展阶段中的转型，而是战略聚焦和蓄势的再强化。高端零食定位要求企业将所有的经营行为全部量化标准，减少无效、低效行为，减少错误行为，减少浪费，深耕细作，积累二次腾飞的势头。

也有蓄势失败的案例。比如乐视的贾跃亭，本来应该把乐视主产业深耕细作，做好蓄势过程，等到快成势、发势的时候，他却转行进入了电动汽车行业。贾跃亭没有蓄势乐视，没有固化自己的优势，以至于蓄势后没有找到时机发势而失败。

借势是指通过借助外力实现“势”的积累。著名的“草船借箭”就是借势的经典案例。

荀子在《劝学》中说：“南方有鸟焉，名曰蒙鸠，以羽为巢，而编之以发，系之苇苕，风至苕折，卵破子死。巢非不完也，所系者然也。西方有木焉，名曰射干，茎长四寸，生于高山之上，而临百仞之渊，木茎非能长也，所立者然也。”引文前两句话的意思是：南方有一种鸟，名字叫作蒙鸠。它用羽毛做窝，用毛发来编织，把窝筑在芦苇上。一阵风吹来，就把芦苇吹断了，鸟窝就坠落了，鸟蛋破了，小鸟死了。这并不是因为鸟窝不完美，而是因为鸟窝建造的地方不对。借势要借对，否则可能后患无穷。引文第三句话的意思是：西方有一种树木，唤作射干，只有十几厘米高，因为长在高山上，所以能俯瞰深渊。并非树干长的缘故，而是它站的位置高罢了。射干选对了地方，就可以借高山之势俯瞰深渊。

造势，可以理解为创造势头。没有“势”可以借，就只能靠自己去创造。比如淘宝推出的“双十一”购物节和“双十二”购物节，京东的“618”购物节，苏宁易购的“818”购物节，这些“造”来的节日，都是造势的结果。

发势，就是待“势”形成之后“泄势”，继而形成一种动能。万科地产兼并新加坡物流地产巨头普洛斯，开始做物流地产。京东实施物流新战略，布局农村，在四川和陕西，建立了近百个无人机机场，这样就可以把那些藏在深山

老林、犄角旮旯里的农副产品卖到“北上广深”这些大城市。这些都是“势”在“谋、蓄、借、造”之后和时机的融合。企业根据市场变化择机“发势”，发挥出“势”的作用。

“一机”就是扣动扳机，让“势”变为外力的过程，和“发势”对应。因此，《孙子兵法·兵势篇》说：“势如扩弩，节如发机。”“一机”的扣动，需要把握节奏和时机。对这个微妙时间的把握，我们称为“一机”。

《孙子兵法·兵势篇》把“势”的作用上升到了“谋先事”的境界，也就是战略的高度。“故善战者，求之于势，不责于人，故能择人而任势。”这句话的意思是：善于指挥作战的人追求的是如何形成有利的作战态势，而不是去苛求部下。行军打仗不是靠人，而是靠营造有利的作战态势。“五势”加“一机”，把握局势，寻找商机，就可以决胜长远。

二、“六字箴言”

优秀营销总监要具备哪些能力呢？从操作层面来看，尤其在团队经验复制和提升执行力方面，优秀营销总监需要做到“六字箴言”。

营销总监需要具备的底层管理技能就是“总结、演绎、执行”的“六字箴言”。

“总结”是指从纷杂的个案中抽离出普遍适用的规律，抽象为共性的且可以复制的行动计划，供其他人参考使用。很多营销总监善于睹冰知寒，一叶知秋，这就是“总结”能力。

帅康集团曾在全国各地有2600多家店、3000多名销售人员。帅康集团是如何快速地复制优秀营销人员的促销技能的呢？

帅康集团通过观察和总结销售业绩排在前10%的销售人员的经验，发现这些销售人员都善于创新和使用道具。比如在卖大吸力抽油烟机时，为展示大吸力的效果，一些销售人员尝试在抽油烟机下方放报纸，报纸很快就被吸上去了，但这种做法很容易被模仿。后来，一些销售人员又用了其他方法，例如在抽油烟机吸烟口放丝带、干冰等。这些做法要么不足以演示出抽油烟机大吸力的功能，要么受环境所限不能操作演示。

有一名来自广州的女销售人员在帅康卖场的演示效果非常好，大吸力抽油烟机的现场成交率相对较高。原来她的老公是一名木匠，帮她想到了一个演示方法：把一块大概10千克重的表面光滑的木板放在抽油烟机下方，瞬间就被吸上去，不能被轻易拽下来。这种演示非常有说服力。

在演示的过程中，消费者还可以参与互动。凡是能在5秒内把木板拽下来的消费者，就可以用三折的价格购买这款抽油烟机。这是非常好的聚拢人气的活动，吸引了很多人驻足观望。帅康卖场内人气大增，产品销量自然就提升了。

帅康集团马上把这个演示道具进行总结和优化，在全国推广。在南方卖场和北方卖场使用的木板重量不一样，南方卖场使用的木板轻一些，北方卖场使用的木板重一些，因为南方潮气大，木板容易受潮变重，在吸力演示过程中南方卖场的木板重量不能高于9.5千克。

将个案中的共性规律抽离和复制，摒弃掉个性的东西，就是“总结”能力的体现。在每一个帅康卖场都派发一个大吸力抽油烟机的演示木板是共性，在南方卖场和北方卖场分别使用重量不一样的木板就是优化个性。“总结”能力强的营销总监可以快速复制成功经验，并能够在细节管理方面有所突破。

“演绎法”是指从共性回到个性，从一般规律导出特殊规律。“演绎法”也可以是一种推理方法，由一般原理推出关于特殊情况下的结论。有些营销总监善于讲故事、讲案例，用树标杆、打比方的方式教育营销人员。

例如，在2020年新冠肺炎疫情期间，海尔空调安装工胡云川在四川自贡富顺县安装空调时，遇到一个紧急事件。一名女童因家中无人（妈妈外出去市场买菜），翻到6楼窗户外侧，随时都有掉落的危险。胡云川看到这一幕后，凭借多年高空作业经验，从5楼住户家的阳台徒手攀爬至6楼，仅仅用时十几秒，就将女童成功解救。

这个视频被网友上传网站发布后，在社会上引起了极大的反响。海尔集团为了弘扬这种见义勇为的精神，奖励胡云川一套总价60万元的房产，并授予“人单合一见义勇为奖”。

海尔集团通过奖励员工，让社会更加认同海尔员工的品德和企业文化，这是一个隐性的广告宣传，也是一个显性的公益传播。显然，这种个案在实际生活中并不常见，但海尔集团把这种闪光的个案演绎开来，变成一种社会效应。

在“非典”疫情期间，阿里巴巴有一例感染员工，全部员工在家隔离办公。阿里巴巴顺势而为，“化危为机”，倒逼内部管理，实现了线上办公。疫情过后，阿里巴巴把每年5月10日定为“阿里日”，来纪念阿里巴巴在那段时间里的激情和信念。在“阿里日”这一天，阿里巴巴会有庆祝活动，举行集体婚礼，开放公司，让阿里人的亲属和朋友走进阿里巴巴，感受阿里精神。阿里巴巴的这种做法也是一种演绎法。

“执行”是指最终的落地，可以概括为八个字：因事修人，以人为本。这句话的意思是任何的营销活动都是通过人来做，最终通过做事情来持续修正人

的技能和素养。营销的核心是执行，是落实，是在现场。

企业需要反复抓、抓反复、抓重点、抓总结、抓演绎，最后形成固化的平台，塑造不断优化的执行氛围，让全员具备事不过夜的执行力和速战速决的战斗力。

“因人成事,其功不难。”内部对员工，外部对客户。对内抓忠诚度，对外抓黏度。只有黏住用户才可以“借事修人”。

营销总监的六字箴言：总结、演绎、执行——总结共性，演绎经典，速战速决。

三、“三业”修为

营销总监必须具备敬业、职业和专业的素养，这三个素养被称为“三业”修为。

人才的职业素养包括知识结构、人格魅力等等。对于这些特质，我们用“三业”修为来概括一下，见图(2-7)。

图(2-7)“三业”修为模型

敬业是一切事业成功的必要条件。可以分两个方面来理解敬业：一方面是天道酬勤，付出不亚于任何人的努力；另一方面是对事业的敬畏、对行业的尊重和发自内心的热爱。

稻盛和夫能在27岁创办京都陶瓷株式会社，靠的就是自己的敬业。据说，对于大学毕业后的第一份工作，与稻盛和夫一起入职的几个大学生因对公司没有信心全部离职，稻盛和夫却吃住都在实验室，沉浸在技术攻关中，不断地推演和实验，最终攻克了技术上的难题。

比尔·盖茨不只是赶上了计算机蓬勃发展的好时代，他的敬业精神最终成就了自己。比尔·盖茨在创业初期，除了出差以外，就是在公司通宵达旦地工作。比尔·盖茨的导师曾预言：比尔·盖茨的勤奋让他自己在任何行业都能出类拔萃、卓尔不凡。

科比曾反问记者："你见过凌晨4点的洛杉矶吗？"科比坦言，早上4点正是一个人睡得最舒服、床铺最温暖的时候，但他需要起床去训练。一个人必须有足够的毅力，才能从床上爬起来去做这些事。

据说，Twitter（推特）和Square（美国软件公司名）两家公司的联合创始人杰克·多西，每天早晨准时起床，静坐后慢跑10千米。已经实现财富自由的杰克·多西每天工作满16个小时，他坦言自己没有实现时间自由。

小米科技创始人雷军曾说，如果你出身草根，你成功的唯一出路是勤奋和忠诚。

无论是国内外的商业传奇，还是从古至今的商贾经历，都有一个共同的底层逻辑，就如曾国藩所言："天下古今之庸人，皆以一惰字致败；天下古今之才人，皆以一傲字致败。"

职业化是一个人在职场中成熟度高的表现。职业化素养决定了一个人未来职场的高度。通过调查显示，一些企业管理者认为，制约公司发展的因素是员工缺乏高职业素养。在正常情况下，一个普通员工只能发挥自身能力的40%～50%，但如果受到专业的职业化培养，就可以发挥自身能力的80%～90%。

如何提升职业化能力呢？可以通过五个阶段（也被称为五步法）进行系统提升，分别是观察、思考、学习、实践、修正，待完成修正后再进行重复循环。笔者在《华为营销基本法》一书中所提及的学习方法"N+1+M"模型①，也适用于职业化培养。

动物们也有职业和非职业之分。比如，狼在伏击羚羊的过程中，如果跑得

① "N+1+M"模型：在《华为营销基本法》中提出的知识运用模型。"N"是指对市场现象和行为的观察。"1"是指解决问题的方法。找到"1"后，还要将"1"还原到真实的市场"M"中进行验证和修正。

比较慢或者捕食技术不到位的话，很容易被羚羊踢到。然而，狼也懂得培养自身的职业化，比如在捕食羚羊的时候，等到羚羊吃得足够饱之后立即发动攻击。吃饱之后的羚羊奔跑速度变慢，自然成为狼的口中食。狼在捕食的过程中逐渐培养起来的职业化值得我们学习。

另外，职业化还表现在外表和态度层面。比如职业化的人要穿职业装，说职业话，这就是行业的行头。从事服务行业的人永远要微笑和以客为尊，这是行规。从事医药行业的人，要记得悬壶济世、慈悲为怀，这是行风。

专业是一个人工作能力的综合体现。一个人是否专业，在他的谈吐之间就可以显示出来。一个人想要做到专业化，就应该持续学习专业知识，同时提升自己的学历，增加阅历。

宋代禅宗大师青原行思提出参禅的三重境界：看山是山，看水是水；看山不是山，看水不是水；看山还是山，看水还是水。作为普通人，想要达到第三层境界，需要时间的历练。一个人想要具备专业的能力，就需要先达到第二层境界——看山不是山，看水不是水。这种敢于探索、敢于挑战、敢于追寻“是否还可以或者为什么不可以？”的质疑精神是专业精神的表现，也是达到专业水准该有的态度。

例如，对于可口可乐的弧形瓶，普通人看到的是一个瓶子，而具备专业素养的人看到的是可口可乐不断追求品牌迭代升级。再比如普通人看到满街奔跑的快递小哥，而职业化的人看到的是LBS系统驱动的客户评价机制。普通人看到餐饮和旅游行业在新冠肺炎疫情期间生意惨淡，而职业化的人看到的是企业背后的转型机会——企业应该择机快速植入互联网的基因。普通人看到拼多多的崛起，立刻跟风去买便宜货，而职业化的人看到的是背后的底层逻辑——分享和消费者激励计划。

对一些营销总监来说，阅读是高效提升专业素养的方法之一。可以阅读世界级营销专家所著经典书籍。可参考本书《营销总监必读经典书籍推荐》。

阅读的目的是掌握专业领域的基础理论，为以后构建自己的专业知识体系打好基础。

专业素养的养成需要时间。如果你把一件事情重复做无数次，每次都力求创新，那么最后你就成了专家。能把一件简单的事情无数次地做好而不出差错，就叫不简单。这种不简单就是平凡的积累、渺小的汇集、枯燥的坚持，功不唐捐，终成专业化的伟大。

《菜根谭》里说，文章做到极处，无有他奇，只是恰好；人品做到极处，无有他异，只是本然。达到专业化水准的秘诀正是卖油翁的感悟——“我亦无他，惟手熟尔”。

营销总监的“三业”修为和十六字箴言（神仙手眼、英雄肝胆、儿女性情、菩萨心肠）所指代的职场素养，有很多相通的地方。“三业”修为让营销管理者修为在今天，赢在未来；历练在职场，赢在商场。

四、“三性”素养

高级营销人员应该具备“三性”素养——灵性、悟性和韧性，能够察觉客户的潜在需求，领先客户的需求，并且持之以恒地为持续创造客户价值而努力。灵性在第一现场，悟性在第二现场，韧性在第三现场，如图（2-8）所示。

图（2-8）“三性”素养示意图

灵性是指营销人员在和客户沟通的过程中，能够根据现场的情景及时做出判断和快速反应。这个响应的过程要快速地契合客户的需求，同时还要契合领导的要求。这里特别说明一下：为什么要契合领导的要求？因为营销人员在营销工作的初始阶段，往往是从直线领导的指令性工作开始的。

我们可以在工作中充分展现灵性素养。例如，笔者在帅康工作的时候，有一次帅康要召开新闻发布会。一位小伙子的灵性素养就体现得淋漓尽致。他在主席台旁边摆放了两个特殊的物件，一个是垫脚凳，另一个是非常袖珍的时间提示器。后来才知道，这个小伙子提前了解到最重要的发言嘉宾个子比较矮，而且时间比较赶，最多发言15分钟，就得立马赶赴飞机场，于是这个小伙子就在主席台旁边放了那两个特殊的物件。后来，那位发言嘉宾对帅康称赞不已，说帅康的细节管理做得非常好。

悟性是指一个人对一件事情的领悟能力和理解能力。通常灵性在第一现场，而悟性在第二现场。一个人通过观察第一现场，总结出共性的规律，一旦在今后的工作中遇到相关的工作情景，就可以灵活应用共性的规律。这一步被叫作实践和修正的过程。

当然，悟性中的顿悟是尝试多遍之后的豁然开朗，是苦练十载之后的无招胜有招。顿悟就是骑车摔了无数次之后，突然控制住平衡的那一刻。正如明朝一位著名的禅僧所言“如片片斫木，轰然倒之，顿时迥然——此为顿悟”。没有

“片片斫木”的基本功，永远不会有“轰然倒之”后的顿悟。

联想集团的杨元庆就是一位悟性极高的人。为什么杨元庆会成为联想集团的董事长呢？因为杨庆元悟性高，对电脑有感觉和学习能力强。杨元庆从最初热衷文学，到后来成为电脑行业的销售奇才，再到成功主持收购IBM电脑业务，靠的是他自己极高的悟性。

韧性代表一种不达目的不罢休的态度和精神，用阿里巴巴的北斗七星选人法来对照，就是“又猛又持久”。这里的“持久”就是坚韧不拔、不达目的不罢休的韧性。

19世纪初，有一位英国将军吃了败仗，落荒而逃，躲在一间破旧的草房

里避风雨，内心痛苦，沮丧至极。此时他看到草房墙角处有一只蜘蛛在冷风中拼尽全力结网，但蛛丝一次又一次地被吹断。可蜘蛛毫不气馁，“屡败屡织”，终于凭着执着的毅力把网结成了。这位将军领悟出了一个道理：韧性和毅力是军人的魂，不能轻言放弃。于是他重振精神，开始鼓舞士气，把蜘蛛的故事讲给战士们听，后来终于打败了自己的竞争对手。

商场如战场。具备韧性的营销人员会有更多成功的机会。

五、打好四张牌，扔掉三张牌

职场无常，犹如打牌，每个人手中的牌有好，也有坏。优秀的人善于运用手中的资源，把一手烂牌打成好牌。你如果不能理解营销职场中“牌”的含义，即使有一副好牌，也可能会打成烂牌，变为末位。

职场上有四张牌，这四张牌分别是铜牌、银牌、金牌，外加一张王牌，见图(2-9)。我们要打好这四张牌。

图(2-9) 职场四张牌示意图

第一张牌是铜牌，代表学lì。对于学lì有两种理解，一种是学历，另一种是学力。学历是你进入职场的敲门砖，而学力能让你持续成长。

格力电器董事长董明珠，她的第一学历并不高，但是学力非常高。董明珠毕业于安徽芜湖干部教育学院(现称为芜湖职业技术学院)，专业是统计学，后来她攻读了中南财经政法大学EMBA、中欧国际工商学院EMBA。

我们可以在事业发展过程中持续提升学力，不要因为第一学历不高而灰心丧气。“千秋邈矣独留我，百战归来再读书。”

第二张牌是银牌，代表个人能力。知识最终通过个人能力变为生产力。

管理的本质不在于知，而在于行，其验证不在于逻辑，而在于成果。营销总监通过整合资源和运营团队，把市场效果发挥到最大，就是能力的体现。

可通过五步法[①]逐步提升能力，并持续优化能力。对于学习能力、思维能力、创新能力、总结能力、演绎能力等，我们都可以尝试利用五步法进行提升。

第三张牌是金牌，代表人脉。人脉是我们能够利用和使用的社会资源的综合。

在碎片化时代，我们更看重的是如何把支离破碎的离散资源进行整合。人脉是经营出来的。人脉不是你认识多少人，而是有多少人可以和你发生深度连接，实现资源的互补。

在芸芸众生中，山外有山，人外有人，有很多人的水平比我们高，资源比我们多。有时我们无须创造资源，只须通过人脉整合、利用资源。

最后一张牌是王牌，代表思维。一个人的思维决定态度，态度决定行为，行为决定最后的效果。

在“稻盛哲学”里面有一个非常重要的成功方程式，这个方程式是这样表述的：成功=思维方式（−100～+100）×热情（0～100）×能力（0～100）。在这个公式里面，思维方式的分值是−100～+100。拥有错误思维方式的人，即使工作热情再高，能力再强，结果也是悲剧。一个人只有思维方式是正确的，热情和能力齐头并进，才会有良好的结局。

与时俱进的思维方式让企业有顺势而为的管理模式，使企业立于不败之地。例如，海尔集团在“互联网+”时代推出的卡奥斯，它的使命是成为工业互联网的生态品牌，为中国工业化和信息化的融合提供解决方案。这种由原来的电器公司变为“网器”公司的做法，就是思维方式的成功。海尔集团六个

① 五步法是指观察、思考、总结（学习）、实践和修正。

发展战略阶段的设计也证明了思维方式的重要性。

同时，商场上还有“J”“Q”“K”三张牌，应该扔掉这三张牌。“J”是指在招商洽谈阶段，企业承诺得天花乱坠，先把渠道商“勾（J）”住；“Q”是指企业将渠道商放到某个区域“圈（Q）”起来，始终不兑现之前的承诺；“K”是指一旦渠道商做得不好，就被其他渠道商替代，被品牌商“击倒（K）”。“JQK”现象暴露出企业失信、渠道服务的质量差、政策因人而异等诸多问题。企业应该在渠道运营中避免这三张牌。

六、人生五种人：高人、贵人、贤人、敌人、小人

和不一样的人在一起，就会有不一样的人生。一个人的事业成功水平，取决于周围人事业成功的平均值。有时，我们无法决定与谁为伍，但我们可以决定与谁同行。

在职场中，我们可以将身边的人分为五种：第一种人是高人，第二种人是贵人，第三种人是贤人，第四种人是敌人，第五种人是小人。

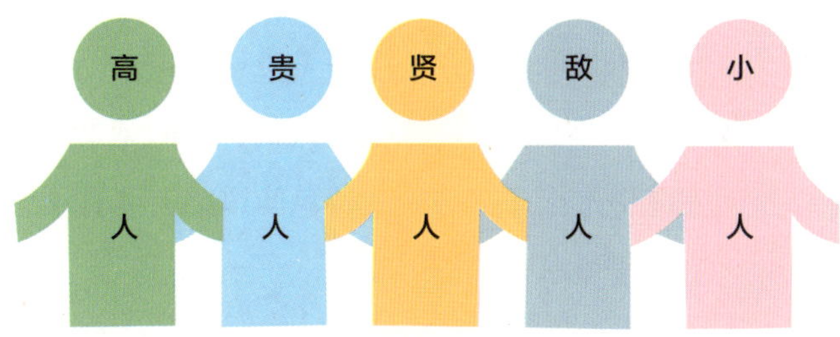

高人具体是指在学术造诣、技能等方面技高一筹的人。在职场或商场中，我们经常会遇到一些自己不能解决的问题，这个时候就需要借助外部的力量。有时高人的几句话就能够为我们拨开云雾，指点迷津。我们每个人都应该结交几个高人，以便随时为我们释疑解惑。

如何寻找身边的高人呢？要用眼睛向上看，敢于向比自己能力高的人借力。“用师者王，用友者霸，用徒者亡。”刘备在打天下的时候找到了高人诸葛亮。曹操在《短歌行》中说：“月明星稀，乌鹊南飞。绕树三匝，何枝可依？山不厌高，海不厌深。周公吐哺，天下归心。”这充分体现了曹操对高人的渴望。

贵人是指当你遇到困难或者在人生的关键时刻，能够及时拉你一把、帮你一把的人。字节跳动创始人张一鸣出生在福建省龙岩市的一个普通家庭，2005年从南开大学本科毕业后，开始做一款办公协同软件，失败后加入酷讯。2008年，003号员工张一鸣决定离职，加入微软。在微软干了半年之后，张一鸣觉得自己只做后端工作，离用户太远，遂决定离职。离职后，张一鸣以技术合伙人的身份加入美团创始人王兴的公司，负责饭否网和海内网的搜索技术问题。但好景不长，2009年7月，饭否网因为对敏感信息处理不当，一夜之间被封站。

一波三折的创业旅程让张一鸣感受到了创业的艰难。天无绝人之路。张一鸣的贵人出现了。这个贵人就是资本界的女强人王琼。当时王琼是海纳亚洲创投基金的董事总经理。赋闲在家的张一鸣跟王琼见面了。王琼想做房产搜索引擎，张一鸣对此非常感兴趣，于是两个人技术加资本，立即开始行动。张一鸣离开王兴的团队，自立门户，成为九九房的CEO。

张一鸣是“不安分”的，他不想做枝头的燕雀，只想做凌空的鸿鹄。在王琼的资本支持下，张一鸣的宏伟蓝图有了落笔点。

有了贵人的相助，张一鸣在创业路上信心百倍，团队竞争力不断提升。字节跳动在“BAT”的夹缝中走出了一条颇具特色的道路，才有了后来的今日头条和抖音。

如何找到生命中的贵人呢？其实贵人随时都在，只不过你需要让贵人相信你是值得帮助的人。良好的言行、品格、处世风格都是让你遇到贵人的根本。供应商、分销商、公共管理人员、用户等都有可能成为你事业上的贵人。

这里需要特别说明一点，贵人不一定身份比你高，不一定资源比你多，他有可能只是在某一个专业领域中比你更有话语权。“鸡鸣狗盗”的典故就说明了这一点——帮助孟尝君的贵人大多是草根出身。

贤人也叫贤内助，可以是家庭的贤内助，也可以是企业的贤内助。虽然这两者所处的场景不同，角色和分工也不同，但本质是相同的，都是能够在背后默默付出的贤达之人。

笔者认为，阿里巴巴能够取得今天这般成就，要感谢4个人，蔡崇信、孙正义、金庸、杨致远，他们分别为阿里巴巴带来智慧、周转资金、侠骨精神和发展资金，他们都是阿里巴巴的贤内助。

孙亚芳可以说是华为的贤内助。在1998年，华为遇到市场低迷、营销战略亟待调整等一系列问题的时候，孙亚芳协助任正非重建了华为的市场营销体系，让华为渡过了一次危机。

如何发现身边的贤内助呢？从企业的角度来看，贤内助要有开放的思维和眼光，能够随时发现问题并能够解决问题。从家庭的角度来看，贤内助善于解决婚姻、家庭问题。双方以诚相待，方能举案齐眉，琴瑟和鸣。

敌人是指同行或自己。把同行当成敌人是为了让自己不懈怠。把自己当成敌人是为了让自己更强大。正如老子所言：“胜人者有力，自胜者强。”

王阳明也说："擒山中之贼易，捉心中之贼难。"这句话的意思是：对付心外的敌人容易，降服心中的敌人难。例如，在2011年的"千团大战"中，5000多家团购网站纷纷崛起，几乎所有的团购网站都把目光放在了竞争对手身上，通过大量烧钱投放广告等形式，期待在这场大战中赢得胜利。

但美团网王兴在这场大战中逆道而行，他没有把目光放在竞争对手身上，反而从内部进行反省和优化。当其他的团购网站在烧钱打广告的时候，王兴却在搭建内部的数据系统，最终美团笑到了最后，赢得了这场战争。

同行既是敌人，也是我们的激励者。从这个层面上讲，敌人也是我们最好的老师。孟子也说："出则无敌国外患者，国恒亡。"

小人是指在交往过程中无故横生事端，在背后做小动作的人。君子坦荡荡，小人长戚戚。

道人是非者必为是非之人。首先我们不要成为小人。静坐常思己过，闲谈莫论人非。风起于青萍之末，浪成于微澜之间。对于小人的非议，我们需要反求诸己，有则改之，无则加勉。如此，只要我们不断地反思自省，改进完善，小人就成就了我们。

有这样一句话：想成功，你需要朋友；需要巨大的成功，你需要敌人；如果达到让人仰望的成就，你需要小人。小人在背后以一种特殊的方式激励并成就你。

最后，笔者要提醒大家注意：身边的这五种人是可以互相转换的，今天的贵人有可能成为明天的小人，今天的小人或许就能成为明天的高人。不管这五种人怎么转换，我们都要记住：个人的修身才是最重要的。

高人指路，贵人相助，贤人内助，敌人激励，小人成就。这些人都是外部因素。想要成功，还要靠自己自悟、自律、自省、自驱。自己悟到，五种人都可以帮你，是你的贵人；自己悟不到，或许五种人都会成为你的拦路虎。

高人
贵人
敌人
贤人
小人

第六节　没有“鹤立鸡群”，只有“鸡立鹤群”

营销离客户最近，是企业的一线岗位，在企业里备受关注。随着营销的权重日益提高，营销管理者容易滋生骄傲、自满的情绪，会错把平台当成能力。营销管理者需要避开身份的光环，具备一种谦卑的心态，避免外部环境的干扰，成为商场中的常胜将军。

为了取得更好的品牌传播效果，营销人员需要具备一定的创新能力，在品牌、产品和服务等方面做到标新立异。

本文所说的“鹤立鸡群”不是为了市场效果而做的差异化营销，而是特指一些营销管理人员在心态上的“鹤立鸡群”。

“鹤立鸡群”的心态是自以为是、孤芳自赏、自命不凡。这种心态是营销人员的大忌。营销如战场。《汉书·魏相传》中有“骄兵必败”的典故，老子在《道德经》中有“哀兵必胜”的判断。冰心也有一句经典的名言：“墙角的花，你孤芳自赏时，天地便小了。”

“鹤立鸡群”的心态会让一个人不思进取，思想麻痹，滋生骄傲情绪。其实，你即使是鹤，也不能低估鸡的力量和优势。鹤有鹤的洒脱自由，而鸡有鸡的简单朴素。

“鹤立鸡群”的心态容易让人大意。曾经红极一时的开心网，因为“开心农场”让网上社交变得家喻户晓。但是自命不凡的“鹤”心态没有让开心网在互联网上再进一步。于是浅层次的线上社交止步不前。博客网也曾经“鹤立鸡群”，最后的结局是走向没落。

“鹤立鸡群”的心态本质是高估自己，低估对手，最后的结局不言而喻。正确的心态应该是“鸡立鹤群”，谦卑一些。你即便是“鹤”，也要清醒地认识到自己不如那只表面看起来傻傻的“鸡”更接地气。

如何才能有“鸡立鹤群”的心态呢？要牢记三个字：谦、清、勤。

“谦”是指谦虚。谦虚有四个境界：谦卑、谦恭、谦逊、谦和。谦虚是对自我的韬光养晦，是对他人的理解与包容。谦虚是营销人员预防骄傲的防线。越是成熟的稻穗，越懂得弯腰。

“清”是指清廉。在商场中，“清”能够让你平步青云。君子爱财，取之有道。在复杂的市场竞争环境中，营销管理人员在面对来自采购端、供应端等方面的诱惑时，务必“清”字当头，和客户建立“亲清”关系。企业应加强廉政教育，建立监督机制，让营商环境变得风清气正。

“勤”是指勤奋。天道酬勤。一些人虽然不具备天资聪慧的先天条件，却可以通过后天的勤奋改变自己的命运，最终取得一鸣惊人的成绩。

由此，营销人员的心态字典里，应该没有“鹤立鸡群”，只有“鸡立鹤群”。承认自己是一只“鸡”，而别人皆是“鹤”，你就会“三更灯火五更鸡”“一寸光阴不可轻”。那么，你这只“鸡”，迟早也会飞上天空，绝不逊色于那只孤傲的“鹤”。

第七节 把隐性竞争力变为显性竞争力

营销如莲。莲花的婀娜多姿引众人观赏，但很多人忽略了水面下的莲藕。如果我们将莲花表述为营销的显性竞争力，那么莲藕则是营销的隐性竞争力。

营销的高级管理者要善于把隐性竞争力变为显性竞争力，以莲花引人，以莲藕留人。

1973年，美国著名心理学家麦克利兰提出了一个著名的人员素质模型，被称为“冰山”模型。该模型将人员个体素质的不同表现方式划分为表面的“冰山以上部分”和深藏的“冰山以下部分”，见图（2-10）。

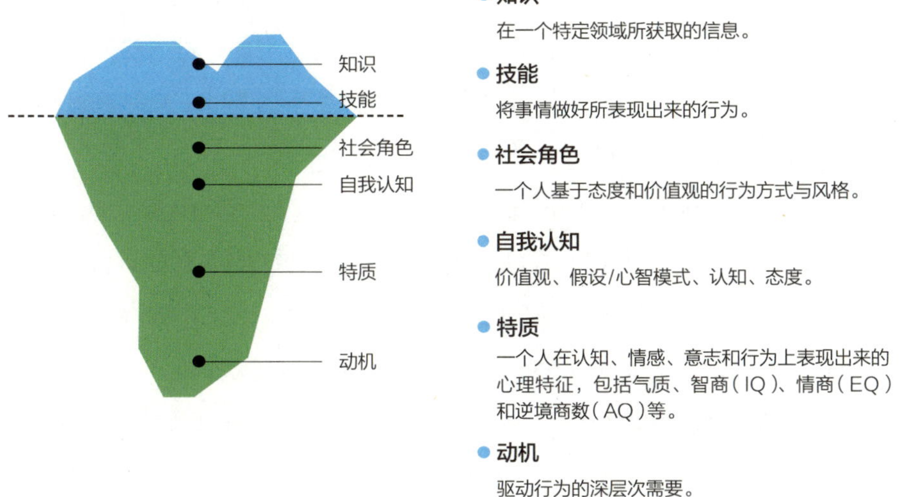

图（2-10）“冰山”模型示意图

从图（2-10）中可以看出，显性因素包括知识和技能，而隐性因素包括社会角色、自我认知、特质和动机。可以将显性因素称为显性竞争力，将隐性因素称为隐性竞争力。

将隐性竞争力变为显性竞争力的过程，就是通过动作、语言等可视化的一系列综合行为来传达不可视的社会角色、自我认知、特质和动机等隐性素质。

例如，在面试的时候，应试人员的外在形象和沟通技巧都是显性的。面试官可以通过应试人员的形象和行为来了解应试人员的自我意识、个性和动机。

可以将这个模型继续延展。也就是说，我们可以通过看得见的行为来呈现隐性竞争力。例如，海尔人通过“五个一”工程（递上一张资格证、穿上一副鞋套、配备一块垫布、自带一块抹布、提供一站式通检服务等）来呈现隐形竞争力。

在具体的服务过程中，海尔人巧妙地把隐性服务、无形服务进行了外显表达，例如：服务人员统一着职业装，让消费者产生深刻的第一印象。服务人员上门服务前都会提前到，但是提前到达后，并不会主动敲门，而是在门外等待，等到约定的时间再敲门进行服务。

用户开门后，服务人员说的第一句话是：“您好，我是海尔的星级服务兵，专门为您定制空调安装服务。”服务人员不主动进门，而是先出示一张资格证，等用户验明服务人员身份之后才穿好鞋套进入房内，进入房内后，先铺一块无尘安装垫布，垫布上写着“带走尘土，留下温馨——海尔真诚到永远”，这是海尔无尘安装服务的再次有形表达。

完成安装后，服务人员给用户讲清楚使用方法，最后用随身携带的抹布把地板擦拭干净。然后经过用户允许后，服务人员对海尔的其他产品进行免费通检服务……海尔的服务人员就是通过这些服务细节大大地提升了用户的满意度。

再比如海底捞，是公认的以精益服务为导向的头部餐饮企业，该企业的运营特色也是擅长把隐性竞争力变为显性竞争力。海底捞在解决顾客排队这件事情上，通过提供零食等方式，将枯燥的等待时间变为享受幸福的时刻。最终海底捞成为行业内的翘楚。

阿里巴巴在面试的最终环节，“闻味官”起到了将求职者的隐性素质显性化的作用，“嗅”出求职者的价值观，并且根据经验，选出那些和阿里巴巴的价值观相匹配的求职者。阿里巴巴曾经规定，凡是来淘宝工作的人，无论胖瘦、高矮，都必须在三个月内学会靠墙倒立。阿里巴巴为什么会将“倒立”

作为企业的一种行为文化呢？因为通过这种有形的行为，员工可以学着从不同的视角看待问题。企业用这种行为来树立员工的行为准则。

找到将隐性竞争力变成显性行为的表达方式，是营销高管必须具备的能力。把隐性竞争力变为显性竞争力的方法之一是对产品卖点的系统提炼。企业产品本身是存在竞争力的，但因为没有形成表达风格，没有被继续挖掘和塑造，减弱了市场的传播效果。关于产品卖点的提炼，笔者提出了“135”原则：1个产品形象定位，3个用户实惠点，5个技术支撑点，具体可参考本书第六章第十五节《产品卖点的提炼方法》。

第八节　接受批评的五个原则

如果表扬是鼓励先进、激励成长、赞美优点、肯定成绩，那么批评则是鞭策后进、抑制消极、纠正错误。两者是从不同侧面来培养和提高营销人员的营销能力。

如果你是一位被上级批评的下属，你该如何接受上级的批评呢？

上级批评下级，是职场中常见的场景。在对待批评这件事情上，不同的人会有不同的反应。有的人会因为接受不了批评而恼羞成怒；有的人就会坦然接受批评，并且反思自己的问题，找到自己的不足，从而使自己快速成长。不能接受批评的人大都有固定型思维，能坦然接受批评的人大都有成长型思维。营销人员需要具备成长型思维。

一个人想要具备成长型思维，就需要掌握五个原则：逆商原则、情商原则、换位原则、优化原则、清零原则。

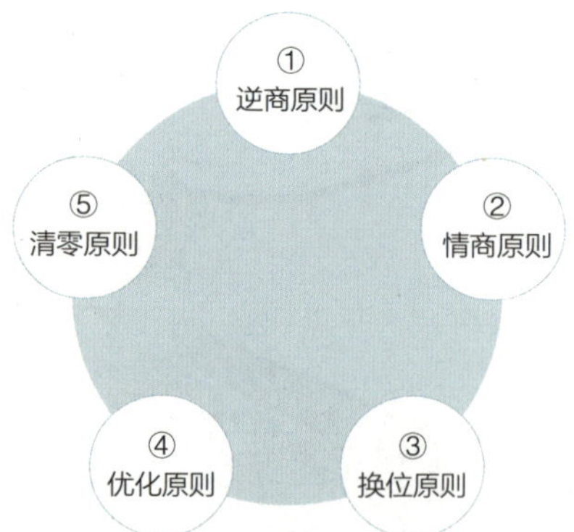

逆商是指一个人面对逆境时的反应方式，它反映了一个人面对挫折、摆脱困境的能力。一个人遇事不抱怨，敢于承担责任，积极面对批评，就有助于培养逆商。逆商是指一个人对批评的钝感力。一个人要对批评钝感，而要在行为修正上敏感。

褚时健就是具备高逆商的典型代表。他在51岁时接手一个濒临倒闭的县城小卷烟厂，并将其打造为亚洲第一、世界前列的现代化大型烟草企业。他在71岁时因贪污和巨额财产来源不明被判处无期徒刑、剥夺政治权利终身。他在73岁时保外就医，在74岁时，与老伴一起承包荒山开始种橙子。10余年后，褚橙年产10 000吨，利润超6000万元。"励志橙"风靡全国。《孟子·告子下》中说："故天将降大任于斯人也，必先苦其心志，劳其筋骨，饿其体肤，空乏其身。"一个人在逆境中不断思考，不言放弃，逆势前进，就能逐渐培养绝处逢生的逆商素养。

1995年，哈佛大学心理学教授丹尼尔·戈尔曼在其著作《情商》中详细阐述情商，从而引起广泛关注。从定义上来看，情商是指人们感知、理解自己及他人情绪，并利用这种理解调节和调动他人情绪的能力。

换位原则是指一个人在处理任何事情时，能够站在对方的角度进行思考，为对方着想。当受到上级的批评时，你先不要急着反驳，要反观自己的行为是否存在问题。如果自己的行为确实存在问题，你应该马上虚心接受批评并立即改正。如果自己的行为不存在问题，你也不要立即辩解，可以在合适的场合与领导坦诚沟通，说明背后的原因。通过观察你处理问题的方式，领导能看到你的心胸和格局。

能够换位思考的人因为拥有同理心，在接受批评时会更加坦然和释然。

优化原则是指一个人积极接受领导的批评，在面对批评的时候能够把批评当作财富来对待。在海尔集团有这样一种说法："不把批评当包袱，要把批评当财富。"某位领导批评你较多，有时候并不是因为这位领导讨厌你，而是因为这位领导对你的期望值高，希望你更加快速地成长。在职场中，我们可以看到一种现象：领导越是信任谁，对谁的批评就越多。勇于接受批评是一种能力。

一个人接受批评后，应该立即修正自己的行为，而不是当面接受，背后不行动。

清零原则是指我们在被他人批评时，先把自己原有的观点清零，接受批评，再分析，后改正。清零原则也被称为“空杯心态”。只有杯子是空的，大家才会说它是一个杯子。装满了茶水的杯子，别人会说它是一杯茶水；装满了可乐的杯子，大家会说它是一杯可乐；装满了咖啡的杯子，大家会说它是一杯咖啡。

清零原则让我们更加清醒地认识自我。一阵狂风暴雨似的批评往往能让人清醒。如果你的领导常常能“骂醒”你，那他一定是你人生中难得的贵人和高人。

批评是一种非常好的修正错误行为的方式或工具。阿里人接受批评的态度是自省，海尔人接受批评的态度是自我否定，华为人接受批评的态度是自我批判，腾讯人接受批评的态度是自我蜕变。

能谦虚地接受他人的批评，就是一个人格局变大的表现。有时候不是因为世界小了，而是因为我们的格局小了。不能接受他人的批评，只能说明我们的修养还不够。心态一变，天地皆宽。

我们如果利用好批评的5个原则，就可以把批评变为成长的垫脚石。正确对待别人的批评，改正自己的行为。如果一个人被他人批评后依然不改正自己的行为，那么这个人就是冥顽不灵、屡教不改。

自省
阿里巴巴
自我否定
海尔
自我批判
华为
自我蜕变
腾讯

第九节 巧用批评的七个技巧

批评是一把双刃剑，使用得当可以事半功倍，使用不当就会适得其反。批评是一门管理艺术。用得好批评手段，让人如沐春风；用不好批评手段，让人内心郁结。

尤其是对于年轻员工的管理，管理者如果使用不好批评手段，往往适得其反。

如何正确地使用批评手段呢？笔者总结了七个技巧，分别是感情、示范、责己、一致、事实、场合、差异。

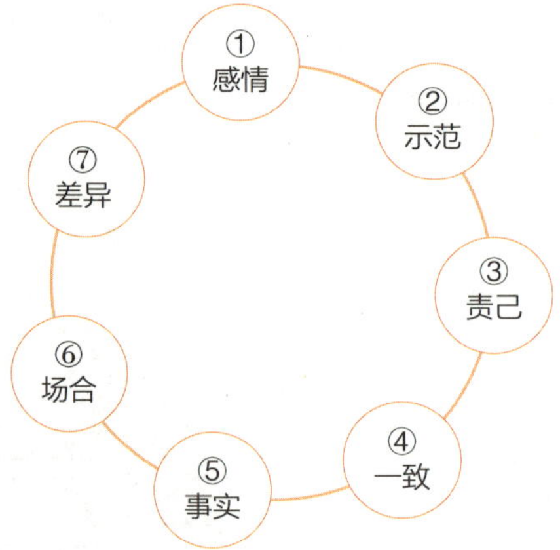

第一个技巧是感情原则。在批评对方的时候，出发点一定是发自肺腑地为对方好，这个立场不能变。带着感情批评不是感情用事，而是真诚地从对方的立场出发。对于真诚的批评，对方能感觉到。如果批评是对人不对事，批评也是一时兴起，那么被批评的人就很难接受。

第二个技巧是示范原则。在批评别人的同时要严于律己，自己做到后再要求别人做到。比如批评别人迟到，你首先要做到不迟到，否则就很难服众。其身正，不令而行；其身不正，虽令不从。

第三个技巧是责己原则。在批评别人之前，怀着“我是一切问题的根源”的态度，首先反思自己的问题：“他人执行时出错，是否因为我号令不清，是否因为我指导和检查不及时？搭建的平台是否容易让人出错？”先自我批评，再来批评别人，这就是责己原则。

第四个技巧是一致原则。一定要做到一视同仁，对犯错的A，B和C都是一样的要求。假如你对A进行了批评，对B和C也要提出警告，这样才会公平公正。

第五个技巧是事实原则。批评要以事实为基础，用数据或者证据说话，让对方发现他自己的错误。这样的批评才是有效、有力且能让人接受的。如果批评者只是含糊其词，甚至捕风捉影，会引起被批评人心理上的反感，产生逆反效应。

第六个技巧是场合原则。在公开场合批评他人时，要做到点到为止，不可咄咄逼人。批评是为了达到教育和改正的目的。面对面交流更能有效地达到批评的预期效果。有时候批评对方，会让对方恶语相向，大多是因为批评的场合和时机选择不当。

第七个技巧是差异化原则。差异化是指不同的人对批评的接受程度是不一样的。比如外向的男生可能比较容易接受批评，而内向的女生就不太容易接受批评。在这种情况下，批评发起者要把握好批评的度。对于这种度的把握，管理者需要不断摸索，阅人识人。

孔子曾说：“中上之人，可以语上（“语上”是指告诉其深奥的学问，这里可以理解为批评指导）也；中下之人，不可语上也。”老子也说：“上士闻道，勤而行之；中士闻道，若存若亡；下士闻道，大笑之。”《庄子·秋水》中说：“井蛙不可以语于海者，拘于虚也；夏虫不可以语于冰者，笃于时也；曲士不可以语于道者，束于教也。”根据先贤哲人的观点，我们可以这样理解：不是所有人都能听懂别人说的话。

在职场上，有人戏言，有四种人是不能被批评的。第一种人是朽木，因为朽木不可雕也。第二种人是烂泥，因为烂泥扶不上墙。第三种人是咸鱼，因为咸鱼很难翻身。第四种人是“烫死猪”，因为死猪不怕开水烫。这些话虽是戏言，但是话糙理不糙。

营销管理者要学会将七个批评原则组合使用。如此，批评的艺术水平就上升到一定的高度。对于这种批评的艺术，营销管理者需要在职业生涯中不断修炼。

第十节　向四位日本"经营之圣"学习营销智慧

一、"松下"下雨打伞，"稻盛"敬天爱人

诚如杂交水稻之父、中国工程院院士袁隆平在《华为营销基本法》中的推荐语所言：营销和科技一样，是没有国界的。营销管理是世界企业家智慧的结晶。

在日本，有四位被称为"经营之圣"的企业家泰斗，他们分别是：松下幸之助、稻盛和夫、本田宗一郎和盛田昭夫。这四位企业家除了对世界经济的贡献以外，更重要的是他们的思想财富、经营哲学和营销智慧对其他企业家的影响。本节先讲松下幸之助、稻盛和夫的管理哲学与营销智慧。

日本是拥有百年企业最多的国家。在日本，超过一百年历史的长寿企业有2.5万多家，这与日本企业的经营管理模式有关。你如果想要探索日本企业的管理之道，就应该深入了解日本四大"经营之圣"。

松下幸之助（1894年11月27日—1989年4月27日）作为日本商业的领袖、松下电器的创始人，经历了明治、大正、昭和、平成四个时代。

松下幸之助的经营哲学给我们的启发是：下雨打伞和沟通。

有一位记者问松下幸之助："什么是经营？"松下幸之助脱口而出："下雨打伞就是经营。"

简单的一句话却蕴含了很深的经营哲学：下雨是一种状态。企业管理者如何才能知道天要下雨呢？这就需要企业管理者做出预判，具有前瞻性。企业家如果具备前瞻性，就可以在企业战略选择上做到趋利避害。

松下幸之助给我们的第二点启发是沟通。松下幸之助有一句名言："企业管理过去是沟通，现在是沟通，未来还是沟通。"管理者真正的工作就是沟通。在任何时候，企业管理都离不开沟通。

营销总监要做好主动沟通。主动和客户沟通，随时了解客户的需求和动态；主动和友商沟通，及时了解行业发展的态势。沟通在企业管理中所占的权重很大。无沟通，不管理。

稻盛和夫在27岁时创办京都陶瓷株式会社，在52岁时创办第二电信。2010年，78岁高龄的他又临危受命，出任日本航空公司（简称日航）CEO，只用了一年时间，就让日航扭亏为盈，成为盈利世界第一、准点率世界第一、服务水平世界第一的企业。稻盛和夫一生打造了三个世界五百强公司，而他的经营哲学只有四个字：敬天爱人。

稻盛和夫认为只有把员工的幸福放在第一位，大家团结一心，经营者与员工的心灵产生共鸣，企业才能健康、稳健地发展并做到永续经营。

“敬天”是指尊重自然、尊重科学、尊重法律和社会伦理。“爱人”是指企业要造福人类，促进人类的进步和发展，要至善，要利他。

对于企业管理者来说，敬天爱人就是对外以客户为尊，让客户满意；对内让员工有获得感、安全感和幸福感。稻盛和夫将追求员工及其家庭幸福作为第一目标，将合作商的员工及其家庭幸福作为第二目标，将客户作为第三目标，将社区作为第四目标，将股东作为第五目标，打造了敬天爱人的企业使命。

二、“本田”拒绝模仿，“盛田”工匠精神

企业家想要做到极致，首先是哲学家，然后才是企业家。本田宗一郎和盛田昭夫的治企哲学、营销智慧值得我们学习。

本田宗一郎是日本战后经济奇迹的创造者之一，被现代工业界誉为“亨利·福特以来唯一的最杰出、最成功的机械工程企业家”。

本田宗一郎作为本田汽车的创始人，从最初的摩托车，到F1赛车，再到汽车，创造出了世界知名汽车品牌——本田。可以将本田宗一郎的营销管理智慧概括为两点：第一点是永远不说不可能；第二点是从不模仿。

敬天爱人
下雨打伞

本田宗一郎有一句名言：“不为99次失败气馁，一心为第100次成功努力。”从第一辆摩托车的诞生到第一台汽车出售，再到定义高性能发动机，本田创造了一次又一次别人认为的不可能。其实，营销管理的本质也是把看似不可能的市场机会抓住，把它变为可能。优秀的营销人员应该坚信：天下没有拿不下来的订单。

本田宗一郎的第二个成功哲学就是永远不模仿别人。据说，他经常对科研人员说：“我讨厌模仿。我们公司是以自己的创新方式去探索的，为此我们也吃尽了苦头。虽然在赶超竞品之前我们花了不少时间，但是在赶超竞品之后，我们在技术上的领先优势形成了彼此之间的差距。”

本田在产品研发上始终秉持“吸纳万国之长，不步他人后尘”的精神，把“创造世界第一技术水准”作为自己企业的使命。从不模仿是本田宗一郎的经营哲学。虽然本田宗一郎走这条道路有些苦，但却独辟蹊径，创业路上的风光也格外旖旎。

盛田昭夫作为索尼公司创始人之一，被《时代周刊》评选为20世纪20位最有影响力的商业人士之一。

盛田昭夫作为一名工程师，在25岁时创办了东京通信工业股份有限公司，也就是后来的索尼公司。可以将盛田昭夫的经营哲学总结为两点：第一点是深入洞察用户需求；第二点是工匠精神。

盛田昭夫说：“消费者并不知道他们要的是什么，但我们应该知道。”他一手创造的磁带录音机、电池式便携收音机和Walkman（随身听）曾经在日本乃至全球掀起了一股便携式电器流行的风潮。

盛田昭夫洞察到美国市场的巨大需求，于是前往美国寻找合作伙伴。正是在开拓美国市场的过程中，盛田昭夫洞察到了更多的用户细分需求，最终开发出了70多种不同型号的Walkman来满足不同细分群体的需求。

盛田昭夫工匠精神的萌芽来自在德国访问期间遭遇的一次尴尬。二战后，大众汽车公司、奔驰汽车公司和西门子等公司的崛起让德国的经济迅速恢复。据说，在德国杜塞尔多夫的一家餐馆里，服务生给盛田昭夫端来了一盘冰激凌，旁边用极其微小的太阳伞做装饰。服务生殷勤地告诉盛田昭夫这个纸质的小玩意儿产自日本。这令盛田昭夫颇为懊恼，以致终生难忘。盛田昭夫认为：要改变日本制造等同于廉价伪劣品和小饰品的印记，唯有靠日本的工匠精神。

盛田昭夫所倡导的工匠精神是：哪怕在一个小面馆里工作的人们，他们也从来不打算通过改行去做更高级的工作，从而改变自己的命运、改变家族的命运，成为人生的赢家。他们的想法是：自己本来就是做面的，世世代代就是做面的，就是要把做面这件事情做好。

盛田昭夫用享誉全球的索尼告诉人们，具备工匠精神的人必须耐住诱惑和寂寞，去掉一切功利之心，将全部热情投入到工作上，即便疲劳从指间传到身体，也不会有丝毫精神上的疲惫。

从本田宗一郎的拒绝模仿到盛田昭夫的工匠精神，我们看到了日本制造的“死磕”精神。在营销管理中，这种“死磕”精神也同样被需要。

第十一节 阿里巴巴的“北斗七星”选人法

可以将阿里巴巴推行“北斗七星”选人法的原因总结为两个需求：一是公司业务发展的需求。2003年“非典”过后，阿里巴巴的各个业务版块高速发展，对人才的需求变大。公司的业务经理需要一位有管理经验的人来辅助，以便公司更快、更稳地发展。二是公司战略发展的需求。阿里巴巴的企业愿景是希望自己能够走102年。

随着阿里巴巴对于人才的需求不断扩大，结合阿里巴巴的企业文化特色和岗位特色，打造了具有阿里巴巴特色的“北斗七星”选人法，见图(2–11)。

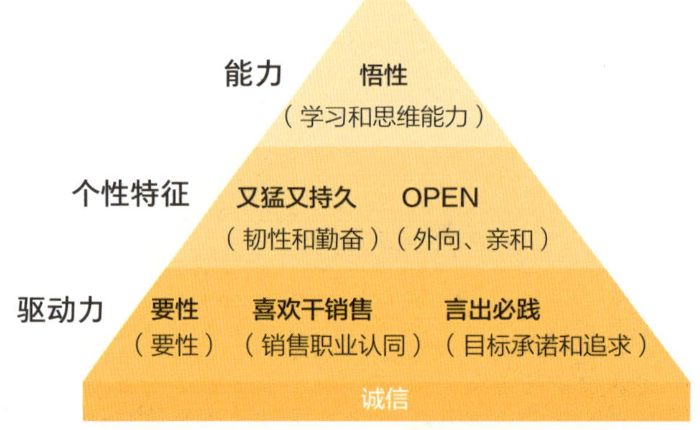

图(2–11）“北斗七星”选人法模型图

图(2–11)将人才筛选分为四个层次，分别是诚信、驱动力、个性特征和能力。

第一个层次是诚信。孟子曾有言：“诚者，天之道也；思诚者，人之道也。”诚信是天道。追求诚信是为人之道。诚信是企业的第一个人才考核标准。只有真正做到诚信正直、言行坦荡的人才能够在事业上有所作为，才能对企业的发展有积极作用。诚信是对人才的最基本要求。

第二个层次是对驱动力的要求。驱动力包含三个要素，分别是要性，喜欢干销售，言出必践。“要性”是指一个人对成就的渴求度。一个人有了对目标的渴望之后才会驱动自己定立目标。“喜欢干销售”是指员工认为销售工作有意义、有价值，值得投入，视销售为自己的职业和事业；对销售工作有兴趣，能在销售工作中体验到乐趣；认为自己适合从事销售工作，并做了相应准备。“言出必践”是指一个人设置具有挑战性、可行性的短期目标或长期目标，保持对目标的忠诚和专注，通过踏实工作致力于目标的实现。

第三个层次是从个性特征出发，对职业素养进行考核，包括对韧性和勤奋的考量以及工作中的“OPEN”度。韧性与勤奋是克服工作难题的重要因素。一个人只有具备坚韧不拔的品质才能够在遇到挫折与困难的时候积极应对。“OPEN”是指一个人性格外向，亲和度高。对于销售行业的人员来说，“OPEN”是至关重要的因素，因为销售工作需要善于沟通交际、对待客户热情真诚的人。具备了这些要素的人往往能够做好自己的工作，成为优秀的员工。

第四个层次是金字塔顶端的要求——能力，指的是悟性，拥有学习能力和思维能力。阿里巴巴往往会在实习期花费大量精力培训新员工。如果一个人的悟性不够，即使受到再优质的培训也达不到想要的效果。悟性高的人善于在日常工作中总结经验，学习处世的技巧，在总结提炼的过程中不断完善自我，提升工作能力，增强在工作中处理复杂问题的能力。

阿里巴巴的“北斗七星”选人法就是通过以上七个要素对人才进行层层筛选，最终选到与企业愿景、价值观相符合，可以与企业共同发展、稳健前进的高素质人才。这对营销系统人才的甄别和选拔有非常现实的借鉴意义。

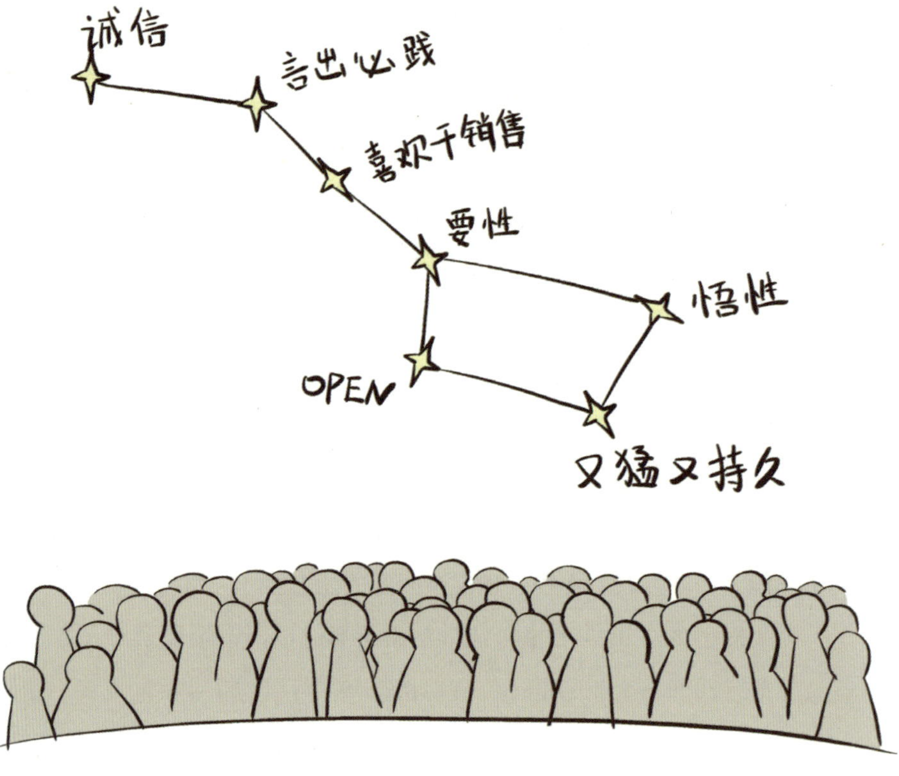
诚信
言出必践
喜欢干销售
要性
悟性
OPEN
又猛又持久

第十二节　帅康集团创始人邹国营的天气预报情结

如果把一个企业比作一个国家的话，那么营销总监就犹如军队的总司令。一名优秀营销总监的快速、健康成长对一个企业来说意义重大，这也是营销类培训一直备受企业家推崇的重要原因。

营销思维应该是全员具备的。例如人力资源总监、财务总监、供应链总监、行政总监等高管都应该拥有营销思维。这些高管如果没有营销实践，就容易远离市场，缺乏客户思维，在与客户沟通的时候就容易力不从心。因此，营销这门课程是企业高管们的必修课程。

本节送给读者8个字：圣贤若愚，大人小心。从表面上看圣贤都是大智若愚的样子，大人物做起事情来反而更加小心谨慎。营销总监在企业中的地位是相对比较高的，做人做事要懂得灵活变通，切忌太刚烈。“诸葛一生唯谨慎，吕端大事不糊涂。”在小事上要谨慎，在大事上不糊涂，营销总监才能胜任工作。

古语说得好：“峣峣者易折，皎皎者易污。”审慎的处事风格、谦虚通达的为人原则可以让营销总监成为市场上的常胜将军。

笔者在职场生涯中，遇到了两位贵人：张瑞敏先生和邹国营先生。张瑞敏先生是海尔家电的缔造者，邹国营先生是帅康集团的创始人。笔者将在本节给大家讲述帅康集团创始人邹国营先生的创业故事。

帅康集团在1993年之前并不是做厨电的，而是做调谐器配件的，它的前身是余姚市调谐器配件厂。

1993年，帅康集团开始转型做抽油烟机。当第一台抽油烟机被生产出来后，邹国营先生就开始“蓄势”了。这种“蓄势”就是品牌造势。

在二十世纪九十年代初，大家对品牌造势的理解相对比较简单，就是打广告。邹国营先生借了一些钱，准备去中央电视台投广告。因为那个时候中央电视台只有一个频道，所以央视广告部火热的程度可想而知。当邹国营先生敲开央视广告部的门，怯怯地问工作人员是否还有广告位时，那位工作人员连头都不抬地说，早就没了。无奈之下，邹国营先生还是毕恭毕敬地把名片递给那位工作人员。据说那位工作人员也不看名片，用两个指头将名片夹过来以后，就放在一边，说："等有广告空位的时候，我再通知你。"

一个月之后，一些广告位被腾出来了。大的广告位很快就被抢走了，只剩下小的广告位。央视广告部的人通知邹国营先生，说："你如果不马上定，就让给后面排队等广告位的其他企业了。"

这是一个什么样的广告位呢？这个广告位就是《天气预报》。当年大家看《天气预报》时，在画面底侧的长方形空间里，画面与文字同时一闪，"帅康牌油烟机"，但没有声音。

那个时候邹国营先生也没有更好的宣传渠道，就立马把广告费打给了央视广告部。广告是做了，但是效果怎么样呢？

一个月过去了，没有任何的消息。大家都非常担心投入的广告费打了水漂。一些参与集资广告费的股东开始有了不同意见，他们希望赶紧停掉广告，立即止损。邹国营先生说，再等等看看。

帅康集团在持续投放广告两个月以后，市场效果还不是特别好。希望撤回广告费的呼声越来越高。邹国营先生的企业家精神这时就体现出来了，他说再等等，毕竟开始有咨询电话了。

坚持到了第三个月后，就几乎可以用火爆来形容市场的反应了。

广告被投放以后，从没有市场效果到有显著市场效果，大概经历了90天的时间。90天的时间对投放广告的决策人来讲是一个备受煎熬的过程。

三个月之后的第一笔订单来自天津劝业场——三台试销的帅康抽油烟机。试销成功后，天津劝业场又购买了大批的帅康抽油烟机。其他销售卖场也纷纷与帅康联系，购买大量的抽油烟机。据说，当时要货的传真接连不断，一天能够烧掉三个传真机。在余姚帅康集团的门口，等待拉货的汽车都能排成一千多米的长队，场面蔚为壮观。

帅康投放《天气预报》栏目广告的成功，得益于有效的投放渠道和投放时间——那个时候中央电视台只有一个频道，《新闻联播》之后就是《天气预报》，投放广告的时间选择得非常好。

因为在那个年代，关于天气预报的信息来源非常少，所以《天气预报》栏目的收视率特别高。大家看完《新闻联播》后，就坐等《天气预报》。由此，帅康牌高档抽油烟机几乎家喻户晓。

后来，在相当长的一段时间内，帅康的高层管理人员都有一个天气预报情结，一直在各种频道的《天气预报》栏目投放广告。

为什么帅康集团的广告在三个月之后才体现出来效果？我们可以用一个“倒三角”模型来说明广告宣传的效果。企业在投放广告、软文、海报等宣传资源的时候，是不能马上见效的，必须经历一个蓄势的过程，见图（2–12）。

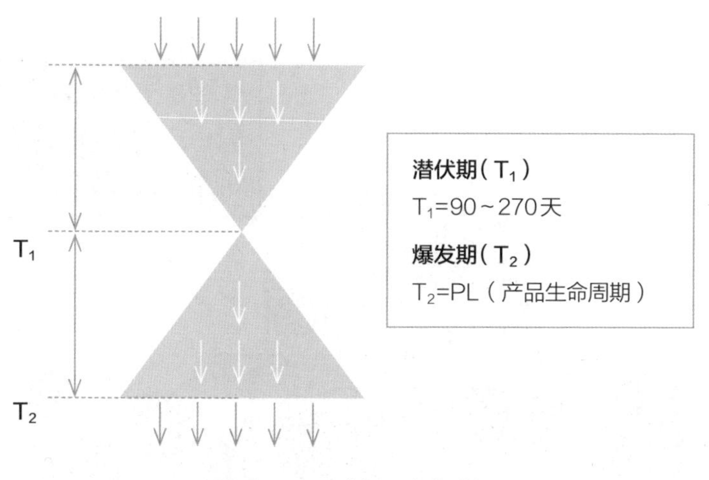

图(2–12) “倒三角”模型图

两个对立的三角形形成了一个类似沙漏的结构。从投入资源到开始产生市场效果，需要一段时间，这个时间可以用T_1来表示，它有一个经验值，就是90～270天。比如现在是夏天，企业要举办服装潮流趋势的发布会，那么现在发布的时装一定不是当年夏天的，也不是当年秋天的，甚至也不是当年冬天的，往往是明年春天的，这个时间差距大概是90～270天。

T_1结束，产品的销售突破一个点（T_1和T_2的接触点，称为拐点）后，在战略方向正确的前提下，就开始快速增长，进入市场的成长期，这个时间是T_2。T_2就是产品在市场上的生命周期，T_2所持续的时间遵循产品生命周期的发展规律。

从“倒三角”模型出发，我们再来审视帅康集团的广告投放效果，就不难理解广告被投放三个月后才有市场效果的原因了。这个阶段就是“蓄势”，只为厚积薄发，一飞冲天。

对于“蓄势”，如果我们驾轻就熟，未来一定是面朝大海，春暖花开；如果我们掌握得不好，未来很可能就是一场空幻。

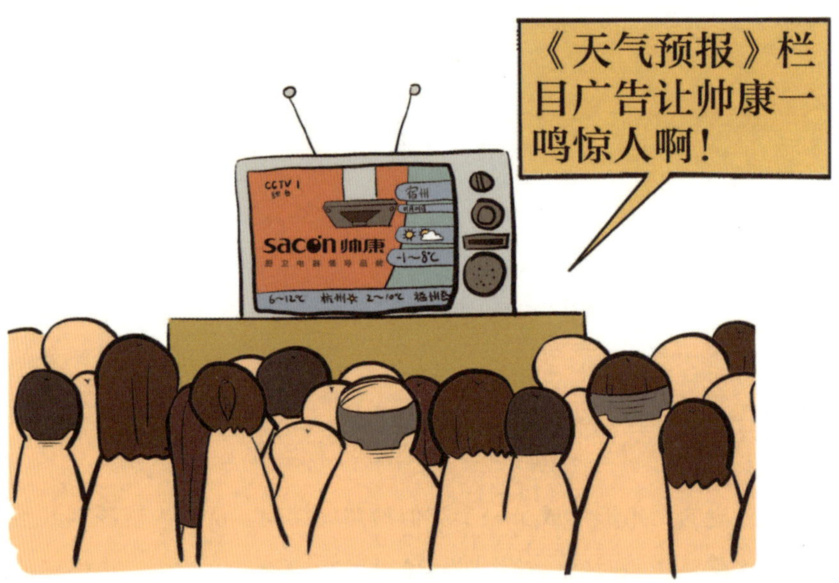

第十三节　帅康集团独有的“三力合一”营销模型

帅康集团总部在浙江宁波余姚，笔者曾在那儿工作近五年时间。余姚是一个美丽的江南小城。余姚在明朝时出了一位哲学圣人，叫王守仁，也叫王阳明。王阳明有一首诗是这样写的：“人人自有定盘针，万化根源总在心。却笑从前颠倒见，枝枝叶叶外头寻。”这首诗饱含哲理，值得企业管理者细细品味。有时候我们总是去外面寻找问题的根源，实际上我们自身才是真正的问题本源，就像“不识庐山真面目，只缘身在此山中”。

从自身来寻找问题的根源，叫作内归因。营销总监应该记住以下几句话：“我是一切问题的根源。我的产品之所以销售不好，不是因为产品不行，不是因为客户不优，也不是因为我们的员工不努力，而是因为我自己的战略有问题，在执行方面有问题，在管理方面有问题，在运营方面有问题……”从自身寻找问题的根源，你很可能会因为改变自己的心境而改变一切。

营销总监应该随心而转镜——只要内心有个定盘针，一切都可以咬定青山不放松。

帅康集团营销总监咬定的“青山”就是营销“三力合一”。

2000年左右的时候，因为在品牌宣传战略方面的成功，帅康集团的抽油烟机在市场上已经非常畅销了。帅康当时的广告语是“扫尽万家油烟，帅康一马当先”。这句广告语曾经风靡一时。许多人因为记住了这句广告语认识了帅康，选择了帅康，也因为选择了帅康，知道了余姚。

任何事情都是不断发展变化的。企业的形象定位和品牌升级也要与时俱进。例如，浙江的另外一个品牌农夫山泉，曾经的定位是“农夫山泉有点甜”，后来转型升级为“我们不生产水，我们只是大自然的搬运工”。现在的帅康集团是一个多元化的企业，它不仅生产抽油烟机，也生产灶具、微波炉、蒸汽炉、电烤箱等等。

质量再好的产品也需要被别人知道，别人才有可能购买。一个成功企业的背后，一定不光是品牌和产品，还有营销。这就是帅康集团在经营过程中总结出来的“三力合一”：营销力、品牌力和产品力，见图（2-13）。

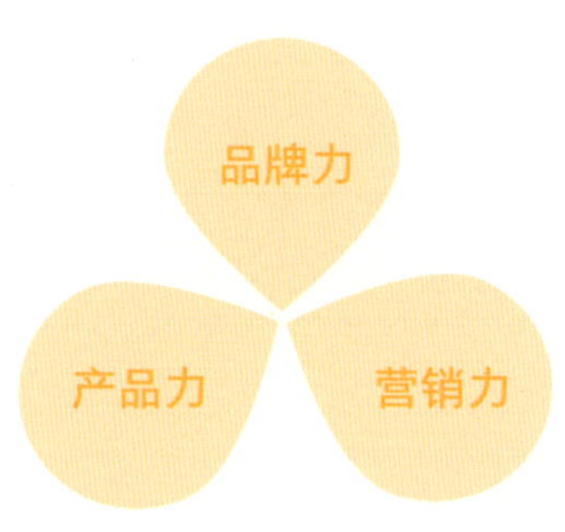

图（2-13）“三力合一”营销模型图

先看帅康集团的营销力。帅康集团要求所有的营销人员必须进入帅康英才学院，进行系统、科学的脱产培训。这些准营销人员必须经过市场思维的洗涤后才能上岗。这一阶段提升的就是营销人员的营销力。

接下来就是品牌力。帅康集团的品牌是比较低调的，广告做得比较少。但这并不代表帅康集团不重视品牌。相反，帅康集团董事长邹国营先生非常重视品牌，他的天气预报情结充分说明了这一点。邹国营先生始终坚持将产品做精，将工作做细，让每一个产品、每一个帅康人都成为品牌的传播者。

最后一个是产品力。帅康集团的大部分研发骨干人员都在帅康工作多年，兢兢业业，务实创新，非常朴实。笔者在那儿工作近五年，发现帅康的家电研发人员队伍是比较稳定的。

产品力和品牌力组成了营销力的两个翼。“三力合一”助推帅康集团迅速腾飞。

帅康曾经是家电行业的抽油烟机大王，连续数年保持抽油烟机市场销售份额全国第一，这与营销“三力合一”均衡发力密不可分。

营销有三力，
君可知否？
营销力、品牌
力和产品力。

第三章

营销拐点突围的四大素养

3

你要想成为一名优秀的营销总监，就必须在道、法、术、器各个层面修炼到相当高的水准。

营销学既是一门实践性较强的学科，又是一门对理论要求较高的学科。营销学既是一门科学，又是一门艺术。

神仙手眼、英雄肝胆、儿女性情、菩萨心肠，就是一名营销总监应该具备的四大素养。素养是道和法的融合，方法、工具则是术和器的匹配。

素养是一个人外在的行为、气质与内在思维、素质的融合。你如果具备了营销总监应该具备的素养，就如同掌握了庄子所说的“通于一而万事毕”。任何事情都是隔行不隔理。如果你抓住了营销总监的成功之“道”，那么你就可以超越别人。

用帕累托法则来解释一下：掌握了营销总监的“道”，就是掌握了“80/20”法则。“20”是指共性的东西。“80”是指一些个性的东西。“80”的部分要由“20”的部分来决定。

营销总监所应具备的素养，就是营销管理的“道”。

第一节　神仙手眼

一、看见别人“看不见的手”

营销不同于其他学科，它对人的素养要求较高。有人形容营销人的特质是：鹰眼、虎爪、狼速、豹胆、雁队。鹰眼是第一位的。营销人，尤其是营销总监，必须具备一双洞察万物、见微知著的眼睛，这双眼睛不仅视力要好，而且视野要宽、要广。

什么是“神仙手眼”呢？

本文的“神仙手眼”是指一个人发现问题并创造性地解决问题的能力。给大家举个例子：你如果经常出差，就会发现一家航空公司在自己的内刊上宣称自己是“世界领先，最高效、低成本航空”。这家航空公司的定位是符合“第一、唯一和为你”的三级法则的。但是这家航空公司存在两个风险。第一个风险是：“最”字在新广告法中是不允许出现的，如此宣传是违法的。第二个风险是：虽然宣传成本低，乘客购买的机票也确实便宜，但是容易让一些乘客产生不好的联想——低成本带来低质量。

这个时候，笔者作为乘客要继续体验这家航空公司提供的服务，并开始查人知己、举一反三，排查自己的公司是否有类似的营销问题。最终笔者体验的结果是：该航空公司的飞机晚点四个多小时，在晚点过程中，连一份盒饭和一瓶矿泉水都不给乘客提供，在飞行过程中也几乎没有提供额外服务。如此，乘客就把该航空公司的低成本等同于低质服务了。

飞机落地后，笔者去网站检索其他乘客的评价，发现自己的乘坐体验与其他乘客一样，都是不满意。笔者在官微善意地给这家航空公司私信时，却没有得到任何反馈。如此可以判断，这家航空公司经营不善，亏损是必然的，未来要么倒闭，要么被兼并。

“神仙手眼”的能力是发现问题的能力。你不能只发现别人的问题，更要发现自身的问题。看了上述案例，你要进行反思：你的品牌定位是否准确并遵守了广告法中的相关条款？你的服务流程是否做到了全流程的优化？你是否定期检索网友对本公司的评价并及时进行纠偏工作？公司对降低成本的要求就是降低顾客体验效果吗？公司对顾客或者利益攸关方提出的建议反馈周期是多长？……

上述发现问题、洞察问题、举一反三的过程说明你基本具备了“神仙手眼”。想要具备“神仙手眼”，就先要具备“两力一度”，见图(3-1)。

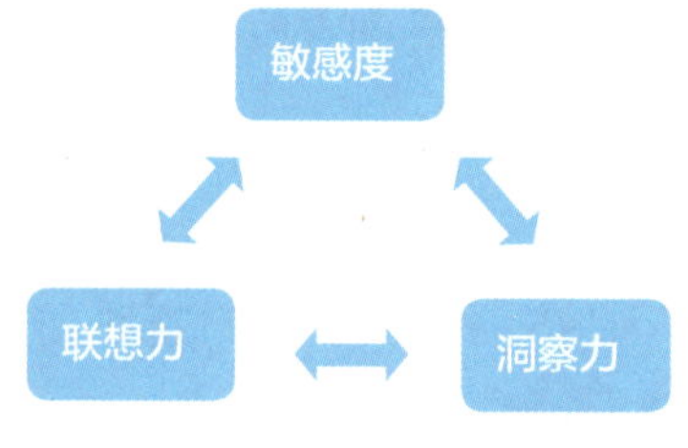

图(3-1)“两力一度”模型图

“两力”分别是指洞察力、联想力，“一度”是指敏感度。洞察力就是指一个人能透过现象看到问题的本质，看到别人看不到的东西，能够发现200多年前亚当·斯密在《国富论》中提到的“看不见的手”。你要“左眼盯现场，右眼盯市场，还有第三只眼睛盯趋势”。正所谓看山不是山，看水不是水，而是看到山水背后的暗流涌动。广东省佛山市工业发达，企业经营规范，市场活跃，市场内生性增长动力十足。有专家评价，那是因为佛山的企业家善用“市场无形的手、政府有形的手、社会和谐的手”。这种善用“第三只手”的能力也是具备洞察力和“三只眼”的具体表现。

联想力就是由此及彼的能力，可以一叶知秋、窥斑见豹、见微知著。这是一个假设、验证、去伪存真，并不停地补充观察资料的过程。

敏感度是指一个人要对发现的问题有一种敏锐性，有继续探索的兴趣。一个营销人员如果对任何市场现象都非常钝感，说明缺失敏感度，需要加强练习，提升对市场的敏感度，否则在市场开拓方面会力不从心，与客户的心理距离也会比较远。

再举个例子，笔者在给京东高管授课时提出现场配备拆包裹的工具“京东剪”，得到了京东管理层的高度认可。这个创新也是来自“神仙手眼”。

具备了“神仙手眼”，你就可以随时随地用一双“火眼金睛”看问题，随时洞察客户的内心需求，让后续的市场行为更加契合市场的需求，大大提高营销成功的概率。营销人员想要练就“神仙手眼”，需要“两力一度”。

二、海尔的一封信带来1.3亿元订单

“神仙手眼”要求营销人员洞察客户的价值主张，了解客户的显性需求和隐性需求。满足客户需求的产品和方案只要“非凡手眼”，而创造客户新需求必需“神仙手眼”。

笔者在担任海尔空调品牌营销总监的时候，想与国内非常有名的某地产公司合作，配套海尔的中央空调。

这个营销工程是大客户营销，也就是大家常说的B2B营销模式。在营销工作开展之前，营销人员除了要收集信息和筛选信息之外，还要洞察客户的价值主张。在这个过程中，营销人员需要用到“神仙手眼”的素养。

笔者马上组织了一个项目团队，从一些现有的资料来探索、洞察客户的隐性需求和潜在需求。营销人员可以与客户的采购部门沟通，直接了解客户的显性需求。想要了解客户的隐性需求，营销人员就必须对现有资料进行检索，从中萃取、抽离出有用的信息，并最终变为行动计划。

笔者从该地产公司的一篇内刊中，看到一篇倡导全员阳光工程的文章，而类似的文章在该地产公司内刊中出现的频率最高。我们马上联想到海尔集团也在倡导阳光工程。大工程必须做到“三个零”：零送礼、零尾款、零回扣。

这只是“神仙手眼”的第一步。发现两家企业的共同契合点以后，我们就开始思考：该地产公司和海尔集团对廉政文化都有共同的要求，而且权重非常大，高层非常重视，这对下一步设计个性化营销方案来说是一个很好的切入点。为了进一步了解客户需求，我们还派了一支小分队驻扎在该地产公司总部旁边的宾馆，一待就是近半个月。

除了拜访渠道商之外，还要拜访该地产公司的相关负责人，比如决策者、影响者、使用者等等，把拟进行的招标项目决策流程梳理清楚，设计出决策地图，让团队内不同角色的人找对应的人同步进行沟通，实现营销的并行工程，把控好整个投标过程的关键点。

考虑到参与沟通的营销人员比较多，为了统一商务口径，海尔的团队针对

该地产公司专门设计了一本产品样册。这本产品样册的一部分内容是将海尔的廉政文化与该地产公司的阳光工程进行了对比。海尔愿意将产品型号和价格等信息公开，而且部分产品是专门针对该地产公司设计的，报价也非常透明。

这本专门设计的产品样册就是一块敲门砖。究竟先敲谁的门呢？我们想到了两家企业的掌门人。

我们立即给张瑞敏首席执行官汇报。张首席非常支持我们给该地产公司董事长写一封信的想法。信函的主要内容是汇报海尔的发展情况，并将目前该地产公司在全国各地的楼盘和海尔在全国各地的工业园进行对比，说明两家企业的发展轨迹很相似，价值观也很相似。海尔在全国各地的工业园可以为该地产在全国各地的项目实现同城化空调产品配套，希望双方有进一步交流和沟通的机会，形成战略合作关系，为该地产公司的发展做出贡献。信函的内容很朴实，言简意赅，层次分明，主要谈如何在战略层面达成合作，并建议双方建立各自负责联络沟通的项目小组。

考虑到这封信发出后，该地产公司董事长看完信函后会做批示，我们团队专门设计了“您的批示”一栏留白。信函的页脚是海尔总裁办的联系电话和项目负责人的联系方式。当然，随同这封信寄出的还有那本产品样册。

该地产公司的工作效率非常高，不到5天时间，该地产公司的负责人给我们打电话说董事长已经做出重要批示，专门让一个部门来和我们对接合作事宜。

后来的营销过程就如行云流水。最后海尔和该地产公司签订了年度1.3亿元的空调配套合作意向协议。

三、执行订单大于合同订单的秘密

订单签订是营销的开始，而不是结束。订单的执行过程也是重要的营销过程。在执行过程中，执行订单额度大于合同约定额度，就实现了订单增值。这个过程需要营销人员随时发现机遇，并采取有效行动抓住机遇。

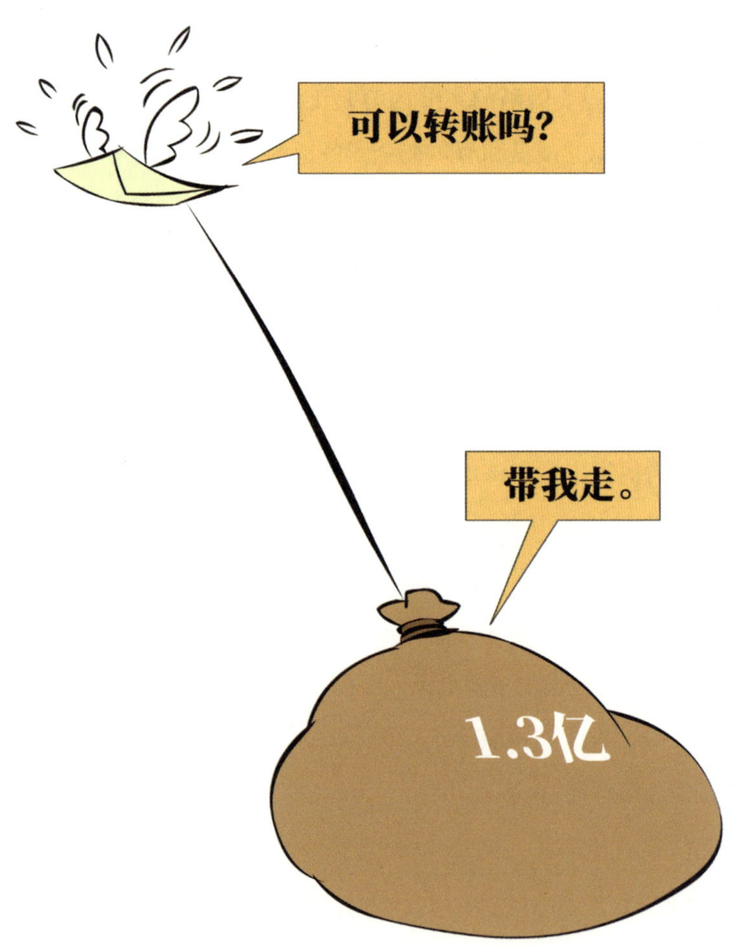
可以转账吗？
带我走。
1.3亿

海尔和该地产公司的合作始于我们的“神仙手眼”和该地产公司董事长对海尔的价值观、产品价格透明化和产品设计个性化的认可。

双方的交流非常顺畅，方案组、商务组、技术组的人员同时展开谈判，最终签订了年度1.3亿元的空调（含家用和商用中央空调）一揽子采购合作协议。

这个协议合同只是意向订单框架，因为中标空调采购目录的企业不止海尔一家，还有其他的空调生产企业。订单履约的过程也是非常重要的。如果海尔的履约过程不顺畅，各地的地产负责人仍然可以采购目录中的其他品牌空调。这个时候，“神仙手眼”的素养仍然派得上用场。

工程履单部（也就是工程施工部门）专门去该地产公司的项目现场进行考察，和此项目的总包方和分包方沟通，了解他们在施工过程中遇到的痛点。

地产施工方的痛点是工程工期紧张，大型中央空调的安装在整个建筑施工的中后期，在楼盘交付验收时往往是验收整改的对象，会影响整个楼盘的交付。

为了弥补空调工程交付的短板，并找出根治措施，海尔专门形成了大型工程的“铁四角”组织架构：客户经理、方案经理、履单经理和服务经理，见图（3-2）。

图（3-2） 海尔空调“铁四角”组织架构

一般的空调工程交付只要交付团队在现场就可以了。海尔在给该地产公司交付空调时，交付团队和服务团队同时在现场。交付团队负责安装调试，重视预案和安装过程。服务团队负责安装后的设备维保和解决随时发生的任何问题，注重后期空调设备的使用和故障排除。

在装修施工队没进场之前，海尔中央空调的交付团队就需要先去打孔和布线。为了能够让整个工程进度可视化，海尔还用到了看板管理。每个楼层的施工进度和负责人的联系方式都在看板上标注。这样海尔中央空调的交付团队在哪几层，在哪个房间，进展到了什么程度，都是可视化的。中央空调的进场安装需要其他设备公司、装修公司配合。无疑，海尔和其他工程商的配合度是最高的。最终，海尔中央空调的交付团队得到了总包方的高度认可。

组织流程、管理体系的优化让海尔中央空调的交付团队与其他公司高度配合，施工非常顺畅，全力保障了后期硬装修阶段的工程进度。交付团队每天在正式施工之前，都要组织员工整理仪表，调整仪态，穿好海尔工装，整整齐齐排好队入场，入场时还喊着口号："服务无极限，真诚到永远……敬业报国，追求卓越。"这种颇具仪式感的做法既能鼓舞员工的工作士气，让员工有归属感和荣誉感，又能彰显企业的竞争力。

有一次，该地产公司的一位高级管理者在现场检查工作的时候，恰恰遇到了海尔的入场仪式，他非常感慨："海尔把基层的安装团队都做得这么好，产品质量和后期的增值服务肯定也差不了！"

海尔给了客户高预期的服务。后期的售后服务必须做成感动服务。海尔践行"与客户的需求赛跑"的服务理念，让每一个服务人员定期回访客户，及时去现场检查设备的运转情况，防患于未然，绝不让产品在运行过程中出现故障。

海尔的这些做法来自"神仙手眼"。海尔人提前了解客户的痛点，并把这些痛点融入产品方案、交付方案和售后服务中去，提高了客户满意度和忠诚度，增强了客户黏度。因此，海尔与该地产公司1.3亿元的空调采购订单，在执行过程中提升到了1.7亿元，这在中标的空调品牌中是绝无仅有的。

第二节 英雄肝胆

一、华为重奖投标迟到的女客户经理

“神仙手眼”是指一个人发现核心问题并创新性地解决问题的能力。而“英雄肝胆”则是指一个人在执行既定目标任务的时候，要有不遗余力地解决问题的偏执。哪怕最后失败了，这个人的专注与决心也值得喝彩。

有“英雄肝胆”的人大都不达目的决不罢休，百折不挠。有“英雄肝胆”的人大都信奉一句话：“我之所以不成功，是因为我失败的次数还不够多。”在电影《夺冠》中，助理问中国女排教练郎平：“试了十四个阵容，输了十三场，还要再试吗？”郎平回答：“我们还可以再输。”暗透了，更能看得见星光。

“英雄肝胆”是一种魄力，爱憎分明、敢爱敢恨，又具备成就导向——失败也不言放弃，直到有结果为止。

如果把刘邦比作总经理的话，营销总监应该是项羽。“江东子弟多才俊，卷土重来未可知。”笔者认为：项羽之所以选择在乌江自刎，是因为他不愿意让江东父老继续卷入天下纷争，遂以死来平息天下战乱。营销总监应该有这样的“英雄肝胆”，失败了就是失败了，哪怕以“死”谢罪，也绝对不强调客观的理由，绝不“苟且偷生”。

有人认为：如果项羽以退为进，韬光养晦，卷土重来，东山再起，不是更好吗？大丈夫能屈能伸嘛！刚柔并济的职业素养确实是营销总监需要具备的，但是它一定在“英雄肝胆”之后。如果一个人内心无“刚”，唯唯诺诺，缺乏杀伐果断的刚毅，“柔”就发挥不出作用来。

华为某区域的客户经理是一位刚刚结婚不久的女士。为了能够拿下某省通信运营商的一个标段，她为此准备了近两个月的时间。

投标那天，这位女客户经理提前出发，但是途中大雨倾注而下，一个必经的小桥被大水冲垮了，别处无路可绕，她在警察的帮助之下艰难过河。

虽然这位女客户经理最终到达了目的地，但她还是错过了投标的时间。运营商拒绝接受华为的标书。这位女客户经理为了说服运营商，在大雨里待了整整一个小时。无奈之下，运营商答应请示上级部门，为华为争取了一次投标的机会。

因为各种原因，华为并没有中标这个项目。华为创始人任正非知道这件事情后，大力赞赏这种敢于承担责任、不言放弃的工作态度，给予这位客户经理一万元的奖励。

这个故事曾经在华为内部广为流传，它是华为人敢于承担责任、专注目标的有力佐证。在这种行为规范和工作态度的指引下，类似的案例在华为比比皆是。

二、刘强东和雷军的“英雄肝胆”

“英雄肝胆”是沿着既定方向，笃定前行，是敢于清除前进道路上的所有障碍；“英雄肝胆”是谋后而定，行且坚毅；“英雄肝胆”是众谋独断，详虑力行；“英雄肝胆”是“将军赶路，不追小兔”。

据说，有一次，京东集团的创始人刘强东信心满满地宣布京东将投入巨资建立物流配送体系。这意味着京东将在很长一段时间内负债经营，财务报表不会好看。

这时，京东集团的一名高管马上站起来反对。反对的理由是京东作为互联网公司，不应该进入物流行业，而且京东的优势并不在物流上，建立物流配送体系的风险很大。

这名高管的观点得到了其他与会高管的认同。毕竟以网上商城起家的京东离物流行业的距离有点儿远。这个时候，会场上出现了一阵骚动，大家窃窃私语，互相交流着意见。

刘强东环视了一下会场，平静地说：“京东自建物流配送体系是我的决定。前期做了大量的市场调研，很多专家也给出了市场可行性评估。我今天不是和大家商量，是通知大家，请大家依照执行。”

随后，刘强东看着那名高管说：“这位先生，我请你来不是证明我的决策是错误的，我请你来是把我的决策落实到位、执行到位。如果有困难，你要想办法完成。”

刘强东的“英雄肝胆”由此可见一斑，他对既定目标的笃定在业界有口皆碑。

2021年3月30日，小米科技放出重磅消息：宣布进军智能电动汽车业务。小米科技董事长雷军当日宣布，小米科技成立全资子公司，专门经营智能电动汽车业务，首期投资100亿元人民币，预计未来10年投资额100亿美元。这个消息引起业界的一片哗然。雷军淡定自若地说：“我决定亲自带队，这将是我人生中最后一次重大的创业项目。我愿意押上我人生所有积累的战绩和声誉，为小米汽车而战！”

小米的智能电动汽车项目未来的路还很长。我们看到了一个拥有“英雄肝胆”的企业高管的决心和信心。这种信心传递给了团队，更传递给了消费者。

第三节　儿女性情

一、以茶营销为例

具备“英雄肝胆”的营销总监，并不意味着不食人间烟火，没有生活情调。相反，有情调，懂品味，又有“英雄肝胆”的素养，营销总监才能在市场上叱咤风云，左右逢源。一个人想要做到有情调，就要情感细腻，感情丰富，观察力敏锐。

笔者在清华大学总裁班授课的时候，一位贵州的女学员提出自己在市场营销方面的困惑。她有个茶园，生产出来的茶叶取名“清明茶”，品牌内涵是：茶叶是明前茶[①]，产量极低，口味清纯，回甘无穷，属于上等的茶叶。问题是，每年的销量一直徘徊在800万元左右，最后滞销的茶叶只能被低价出售。

问题出在哪里呢？深入实地调查研究后，这个学员的企业在渠道管理、团队建设方面都有一些问题。该企业的品牌营销缺少儿女性情，缺乏对客户内心情感的细腻洞察。

你如果是客户，也应该有所察觉。“清明茶”让你首先想到的是清明节，而非清明节前的茶叶。清明节是一个缅怀故人的节日。试想你在夜静天高的夜晚，泡上一杯“清明茶”，只会让人毛骨悚然，而非轻松愉悦。

笔者将茶叶的品牌改为“金枝玉叶”，品牌的释义是：明前茶产量低，在每个小茶枝上，只选几片优质嫩芽，焙制好的茶叶有明显回甘，堪称茶中极品。如此，在品牌营销中加入儿女性情的思维，茶的档次立马就提高了。

后来，这位学员又根据当地的县志记录，深挖当地的文化资源，又推出了

---

① 清明节前采摘的茶叶。

苗妃茶。古代，有一个苗家少女被选入宫中成为妃子，当地人称她为苗妃。苗妃一直对家乡的茶叶念念不忘。宫中每年都把苗妃家乡的茶叶列为贡品。苗妃也不忘家乡的养育之恩，每年都捐赠一些茶肥回馈家乡，让家乡父老好好守护着漫山遍野的茶树。将这个故事印在茶叶的外包装上，茶的“小确幸”和文化内涵油然而生，茶的档次再次升级。

在“互联网+”时代，网络爆品的打造需要这种儿女性情般的细腻情感，在细微之处触摸客户的心灵。当然，儿女性情不是“滥情”，不是弄虚作假，不是阿谀奉承，不是胡乱迎合，而是根据客户的需求，倒逼内部产品和品牌的升级，并且在品牌传播过程中，以同理心设计产品的实惠点，让客户感同身受，接受产品。

在互联网上有很多的学者调侃：想要产品有情调，营销总监必须先学会“调情”。

不是每一片茶叶都叫苗妃茶

二、Roseonly定制爱情：一生只送一人玫瑰花

互联网技术的普遍应用让企业的商业模式快速升级。仿佛只有那些有情调、有特色、有品位的产品才能在网络销售中立足。毋庸置疑的是：对刚进入互联网销售的企业而言，有情调、有情趣、懂格调的营销总监，能加速互联网转型的进程。

Roseonly的品牌营销是一个颇有儿女性情的成功营销案例。Roseonly以高端玫瑰及珠宝作为主要产品，是专注于打造爱情信物的高端品牌，以“一生只送一人”为理念及销售卖点，打造鲜花玫瑰、永生玫瑰、玫瑰珠宝和玫瑰香氛四大主线系列，以“信者得爱，爱是唯一”为主张，选用万里挑一的奢侈玫瑰和高级手工玫瑰珠宝，献给找到真爱的情侣。用户在Roseonly官方网站注册后，绑定指定收礼人，终生不能更改。

所以，你不能随便送Roseonly的玫瑰花，你只能送唯一指定的人，那就是你未来的伴侣。送花的方式也特别有格调——由男模开着MINI Cooper（一款车名）送玫瑰花。据说，收到玫瑰花的女生一般会疯狂尖叫并引发围观人群的艳羡声。

2020年5月，Roseonly官网开始销售母亲节的玫瑰花，19枝经典朱砂玫瑰售价1999元。当然，也可以将Roseonly的玫瑰花送给母亲和岳母。这样，一位男士至少可以将Roseonly的玫瑰花送给三个人。如果再加上祖母和外祖母，一位男士至少可以将Roseonly的玫瑰花送给七个人。可见，一生只送一人的产品定位只是品牌宣传而已。

2019年初，Roseonly对外宣称约有50家门店，期间陆续关店，到了2020年初只剩下30多家门店。但不可否认的是，Roseonly的儿女性情在互联网零售的上半场使用得非常到位。诸多明星的代言让Roseonly玫瑰花一度成为有品位的奢侈玫瑰花品牌。

其实，Roseonly不需要太多的门店，它或许只需要几个旗舰店即可。具有小资情调的人不会太多，但是只要有人认为专一的爱情比金钱重要，格调比价

格重要，Roseonly就有生存的空间。

拥有儿女性情的人一定懂得：让不喜欢你的人喜欢你很难，但让爱你的人兴奋得尖叫，其实并不难。

三、海尔彩电和洗衣机的蝶变重生

传统产业在互联网转型的过程中，如果拥有儿女性情，就会因为用户的痛点倒逼内部的研发和生产，让自己的产品具备爆品的特质。即便是夕阳产业，只要有了情感的植入和人文关怀，亦可让夕阳产品蝶变为朝阳产品。

海尔集团的彩电自主经营体曾经接到一位孕妇提出来的难题：能否躺着看电视？这种躺着看电视不是躺在沙发上侧脸看，而是躺在床上往天花板上看。

海尔彩电的研发人员觉得这个难题是笑谈。怎么能够躺着看电视呢？这个问题让当海尔电视销售部的客户经理马文俊陷入了深思。

马文俊是有儿女性情的人，他认为用户的难题就是市场的机遇。海尔人通过市场调研发现：有这样想法的人不在少数。一些病人、残疾人等也有类似的需求。孕妇只是有这种需求的一类人而已。

想到就去干。马文俊一方面利用海尔的创客平台，自己单独带领一部分人组建创客团队，整合平台上的研发资源，把要解决的难题放到网上进行技术招标；另一方面，他开始着手组织社会融资。他们原计划是48小时融资1500万元，没想到在不到90秒的时间里，他们就筹集了1500万元，海尔又跟投了500万元。这样他们就拿到了2000万元的初创资金。

由于海尔的技术整合平台是开放的，因此他们很快就解决了技术上的难题。一种智能投影仪技术可以让图像投到天花板上去，而且音质、图像的性能和电影院的效果基本一样。经过反复调整和优化，这款命名为“小帅影院”的产品得到了市场的青睐。

海尔洗衣机自主经营体也有类似的案例。有用户提出：穿着刚买的衣服参加了一次酒会，不小心让袖子沾上了红酒的污渍，干洗不值得，水洗不允许。

如何解决这样的难题呢？

海尔洗衣机的创客就是利用海尔的创客平台，研发出了手持式洗衣机，可以对不能水洗或者不具备水洗条件的衣服实现局部清洗。高震荡的触头每分钟700次震动敲打，喷射式水流冲击，用水量极少，就能清洗掉污渍。这款小巧玲珑的洗衣机被市场称为海尔咕咚手持洗衣机。

海尔的这两款新产品都解决了用户的痛点，与用户的需求产生共振和共鸣。让夕阳产品变成朝阳产品，其背后的营销思维就是客户思维、儿女性情。

日本的经营之圣、京都陶瓷株式会社的创始人稻盛和夫说，他之所以能缔造3个世界500强公司，是因为遵守了企业经营的四字箴言：敬天爱人。这个“人”包括内部的员工和相关的利益攸关方，尤其是用户。只有爱用户，你才能以儿女性情的细腻情感感知用户的难题，进而想办法解决这些难题，从而不断捕捉新机会。

第四节　菩萨心肠

一、希尔顿酒店首任经理的传奇故事

左手雷霆手段，右手菩萨心肠。刚柔并济，思方行圆。营销人员的灵活变通让营销行业变得充满挑战，又有魅力。无数营销实践者和学习者在营销人员的基本素养方面不断探索。

希尔顿酒店首任经理的传奇故事影响了很多美国人。

午夜时分，大雨如注，两位老人走进了一家酒店。年轻的前台接待员非常礼貌地接待了他们。这两位老人走路颤巍巍的，询问这名前台接待员还有没有可以入住的房间。因为是周末，又是雨夜，酒店的客房早就被预订一空。

“这附近的其他酒店离这儿远吗？”“大概有20分钟的车程，可是现在也不好找出租车啊！”看着两位老人无助的神情，这名前台接待员打完一个确认电话后，马上说：“如果两位不介意，我的宿舍房间在一楼，可以提供给两位住。但是房间里面的设施简陋，不知两位是否介意？”

两位老人感激地说：“当然不介意，只是您晚上怎么住呢？”这名前台接待员说，他要值夜班，恰好腾出来宿舍。

第二天一早，两位老人起床后向这名前台接待员致谢：“谢谢您给我们提供了您的宿舍，现在您可以回去休息了。”当老人准备付钱的时候，这名前台接待员说：“您不用付钱，那是我自己的宿舍，不是酒店的商务房间。以后，希望您有机会提前预订我们酒店，一定能够满足您的需求。这次让您屈尊住员工宿舍，实在抱歉！”

半年之后，这名前台接待员收到了一封从纽约寄来的信，信中有一个请求：希望他到纽约考察一家酒店，已经买好往返的机票。这个小伙子思考一番后赴约了。在小伙子下了飞机之后，有专人把他接到了一家富丽堂皇的酒店前厅。这时候一位老人走出来，红光满面，神采奕奕。小伙子觉得这位老人仿佛在哪儿见过，突然间他想起来了，这位老人曾在半年前借住过酒店的员工宿舍。小伙子面前的这位老人其实是一位亿万富翁。老人刚买下的这家酒店叫希尔顿酒店。这位老人诚意邀请小伙子来这家酒店做经理。后来这位小伙子就成了希尔顿酒店的首任经理。

这个故事的真实性曾经受到许多网友的质疑。这些质疑本身不重要，重要的是：希尔顿酒店首任经理乔治·波特确实是一位具有菩萨心肠的人。一个随时准备帮助别人的企业高管，他的事业一定会蒸蒸日上。

在商场上，最稀缺的并不是诚信，因为没有诚信的人寸步难行。诚信会规范职场人士即时修正自己。越来越多的人意识到，商场最稀缺的其实是菩萨心肠，那种无论在何时何地，一个人都乐意腾出手来帮助他人的慈悲胸怀。

二、做到“三不争”，无须争，就能赢

菩萨心肠不仅是指关爱他人、同情弱者的和善仁慈，还包括与上级领导保持战略方向的高度一致，对同事的包容与理解，对部下的赞赏与激励，对客户的共赢共享与无私精神。

我们对菩萨心肠的理解不能只停留在上级对下级的爱护和帮助上，也不能只局限于强者对弱者的同情和仁慈上，还应包括个人对周围同事的团结和协助，下级对上级的忠心和维护。

可以用一句话简单概括营销总监的菩萨心肠：不与领导争锋，不与同事争宠，不与部下争功。“三不争”就是营销总监具有菩萨心肠的真实写照。

营销人员每天都要直接面对客户，是企业获取利润的直接工作者，不免会和上级、同级、下级有利益之争。比如，价格政策的申请，客户所属区域的界定，同一个区域中不同客户商务条款的标准与差异，等等，都会涉及利益的分配。营销人员只有做到“三不争”，才能解决这些纷繁芜杂的利益难题。

首先，不与领导争锋。在营销系统，无论你是哪个层面的营销人员，你的上级领导一般都是从基层提拔上来的，他对市场的把握程度要比你强。你要做的就是先和上级领导保持同言同语，再保持同心同德。当然，你如果有不同的意见，可以在私下场合与上级领导探讨，切忌在公开的场合提出相反的观点，尤其是涉及战略方向和业务目标的原则问题。

即便你是在私下场合提出不同的观点，也要把问题的解决方案附上，否则你的不同观点会被上级领导视为纸上谈兵，无助于解决问题。上级领导比较讨厌那些发现问题的能力很强、解决问题的能力很弱的下级。

其次，不与同事争宠。在营销系统中会有不同的业务部，每个业务部负责的客户不一样。每个部门之间的业务会有交叉，有时候还会有重合。当部门之间发生利益冲突的时候，记得要谦让，别总是去争。你要做的是和竞品争、和客户争（不是争利益，而是争先提供优质服务和方案）。多吃亏，多吃苦，你就会赢得同事们的认可。

当你的同事取得了业绩，获得了领导的表扬，你要发自肺腑地祝贺，而不是嫉妒。当利益分配不公的时候，你也不要一味抱怨、消极怠工。世界上没有绝对的公平。这次的分配不公，你权且认为自己的业绩不够突出，不容易被上级领导识别。下一次，你要更加努力。

最后，不与部下争功。你必须有“责归上，功归下”的胸怀，才能成为一个营销团队的优秀团队长。当问题发生后，你要先反求诸己，内归因，找出自己的问题；然后找出相关的责任人，一起分析问题的根本，杜绝类似问题的再次发生。有了成绩后，你要先对团队予以表彰，然后找出功劳最大的团队成员进行表彰，唯独不可以炫耀自己的功劳。

总之，作为一名营销总监，你要认真履行自己的职责，扮演好自己的角色，做到“三不争”，无须争，就能赢。

需要补充说明的是：营销总监还要做到不与客户争利益，要和客户形成共赢共享的生态关系。海尔集团董事局名誉主席张瑞敏先生曾说：“帮助客户成

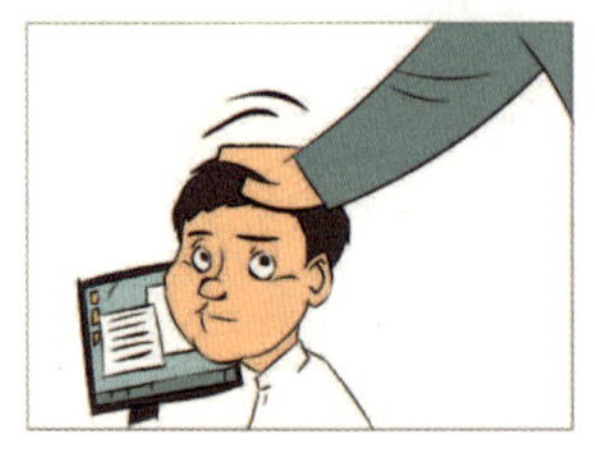

功，海尔才能成功。”这就要求海尔人和客户建立共生共赢的关系，而非利益博弈的关系。现在，海尔把这种“共生共享”的关系升级为“合约链群”关系。

三、营销四个字：“忠”与“患”，“尖”与“奸”

具备菩萨心肠的营销总监要处理好“忠”与“患”、“尖”与“奸”的关系。处理好这四个字的关系，就解决了营销系统中最为重要的两个层面的关系：上下级关系和客户关系。

首先是“忠”与“患”。“忠”是上面一个“中”，下面一个“心”。“患”是上面两个“中”，下面一个“心”。营销系统犹如一个作战部队。如果营销人员不能上下同欲，戮力同心，产品想获得市场的认可几乎是不可能的。

华为集团创始人任正非信奉“力出一孔”，他说能把钢板切割开来的不是金刚石，而是在高压水枪里喷射出来的水柱。可见，一个中心、一个战略方向、一起用力的重要性。

华为的前董事长孙亚芳是一位做事雷厉风行、口才极佳的职场巾帼。她的“忠”体现在敢于谏言、敢于以身作则上，所有的杀伐果断皆出于公心。1992年，华为的营销系统出现问题，仓库的产品积压比较多，回款非常不及时。同时，新产品的开发速度跟不上市场需求的变化。很多华为高管提出了离职申请。

华为创始人任正非坦陈，那段时间他非常苦恼，情绪曾一度跌落谷底。这个时候，刚刚加入华为的孙亚芳主动走出来，她说服任正非先借钱发放员工的工资，同时说服任正非注重研发的投入，加快华为产品的研发速度。任正非听取了孙亚芳的建议，很快渡过了难关。

那个时候，孙亚芳还不是董事长，只是培训中心主任，但她的勇于谏言和无私让任正非对她格外器重。到了1996年，分管营销系统的孙亚芳策划组织了华为历史上有名的集体辞职事件。华为的这次集体辞职行动是华为公司自我批评、自我改善、自我涅槃的一次大行动，是华为发展历史上的重要里程碑。

华为的干部被重新赋能，实现了从一次创业迈向二次创业、从游击队向正规军的转变。

孙亚芳的菩萨心肠体现在她和企业同呼吸、共命运上。最终，她被提拔为华为董事长。因此，华为有“左非右芳”的说法。可见孙亚芳对华为的贡献之大。

福耀玻璃集团的创始人曹德旺对“忠”的理解是“仁义为本”。曹德旺认为企业应该首先忠于员工，为经济困难的员工仗义疏财。福耀玻璃集团把每一名员工都当作自己的孩子，为他们提供良好的工作环境。这样做可以换来员工对企业的认同。“忠来忠往”，企业管理者心里装着员工，员工就想着企业。福耀玻璃集团靠“仁义为本”的文化培养了许多忠贞不贰的优秀员工。

2022年4月7日，刘强东卸任京东集团CEO，由京东集团原总裁徐雷任CEO一职。笔者认为：刘强东之所以让徐雷接任京东集团CEO，是因为看好了徐雷对客户的“忠”。在此之前，徐雷就确定了“以信赖为基础、以客户为中心的价值创造”的京东零售经营理念。忠于客户的需求，忠于客户的价值创造，企业就会赢得客户的信赖。徐雷忠于客户，就是忠于企业。

其次是“尖”与“奸”。“无奸不商”其实是“无尖不商”的讹传。商家在量米时会用一把红木戒尺之类的东西削平量器内隆起的米，以保证分量准足。银货两讫之后，商家会另外在加些米在量器上。如是，已被抹平的米表面便会鼓成一撮“尖头”，让买米的客户满意。

量好米再加点、添点，已成习俗。但凡会做生意者，总给客人一点添头。这是经商之道。这一小撮“添头”，很让客人受用，故有“无尖不商”之说。

所以，你要记得做“尖商”，多让利给客户。华为集团提出的不做“黑寡妇”的观点，就是倡导营销人员必须时刻给客户留出足够的利润空间，而不是一味地利用客户的市场资源，不让客户有足够的利润用于再发展。

忠
患
米

第四章

营销拐点突围的五大品质

4

一名优秀的营销总监应该具备的五大品质是聪明、乐观、皮实、自省和创新。

具体释义如下：

第一个品质是聪明，遇到大事不糊涂。

第二个品质是乐观，不论何时都能笑对一切。

第三个品质是皮实，要有面对苦难的钝感力，能够愈挫愈勇，不言放弃。

第四个品质是自省，要有不断反思自省、复盘优化的动力和能力。

第五个品质是创新。创新应该像基因一样植入每个营销管理干部的细胞内。当然，其他系统的管理干部也应该如此。如果能做到“市品合一”（市场规律和人品合一），营销总监所带领的团队就能无往不胜。

需要提醒大家的是：学习营销管理，不能生搬硬套，要创造性地借鉴。

第一节　聪明

对聪明的解读，每个人的视角和出发点是不一样的。本文的解读来自营销视角和客户思维。笔者认为聪明有三个维度：潜显、刚柔和舍得，如图(4-1)。

图(4-1)“聪明三维度”示意图

潜显，适时而潜，择机而显。不潜无显，潜显结合，才是大智慧。

刚柔，峣峣者易折，皎皎者易污，刚柔并济，方显智慧。

舍得，有舍有得，因舍而得，近舍远得，大智之道。

这种聪明不是小聪明，而是大智慧。

在日常的生活中，我们常说一人是“大聪明”，另外一人是“小聪明”。“大聪明”者是大智慧，“小聪明”者是小计谋。优秀营销总监当然应该具备大智慧。

一、国家铁路：“潜显”之道，“谋局”之智

潜就是潜伏，内敛，韬光养晦，养精蓄锐；显就是外露，外显，一招出手，高下立判。正如尼采所说：“谁终将声震人间，必长久深自缄默；谁终将点燃闪电，必长久如云漂泊。”

潜显之道是中国智慧的具体体现。在营销中，我们要好好学习并践行这种潜显之道，彰显中国方案和中国自信。

中国高铁在投标建设雅万高铁[①]的过程中就使用了潜显的大智慧。

2015年9月，当中日之间白热化的高铁项目竞争引来国际媒体围观时，印尼（印度尼西亚）突然宣布取消高铁项目，同时退回中日方案，各方愕然。但后来该项目又峰回路转。经历一波三折之后，最终中国成为赢家。这期间到底发生了什么呢？

2015年9月，印尼宣布取消雅万高铁项目，改建中速铁路。2015年10月16日，中国和印尼正式签署雅万高铁项目，计划2015年11月开工。中方理解印尼方的实际需求，尊重印尼方提出的不使用政府预算、不提供主权担保的决定，同意与印尼在友好协商、平等互利基础上进行合资修建，印尼方占股60%，中方占股40%，双方作为雅万高铁的共同业主，是名副其实的利益共同体和命运共同体。中国坚持义利并举、以义为先，承诺向印尼转移高铁技术，进行本地化生产，帮助印尼培养高铁管理和运营人才，在推动中国高铁走出去的同时，将中国高铁技术与经验带到印尼，与印尼人民分享中国高铁的发展成就。这种诚意让印尼方感动。

雅加达到万隆大概有150千米的路程。在这段高铁的建设中，中方没有以经济利益作为驱动，而是以服务印尼国内的交通便利、为印尼创造就业机会、改善民生作为导向。

我们"潜"的是利润，但"显"的是智慧。雅万高铁是中国铁路走出去模式的一次成功实践和重大创新，对于我们统筹国际国内两个市场、两种资源，进一步打造中国高铁品牌，推动中国铁路走出去，具有重要的示范效应。从雅加达到万隆的高铁只是开始，从雅加达到泗水还有700多千米的铁路亟待建设。中国铁路以客户为中心，修建方案性价比高，没有人会拒绝中国方案的优势。

① 雅万高铁：以印尼的雅加达为起点，终点是万隆的高铁项目。线路全长142.3千米，是中国首个海外高铁项目，也是东南亚第一条最高设计时速350千米的高铁。项目由中国和印尼的企业合作建设、运营，中国提供贷款。

见识一下，这就
是中国速度。

潜显的营销哲学告诉我们：处理好谋势、谋局、谋子的三种关系，潜的是现在，而显的就是未来。

二、思方行圆彰显生财之道

聪明的第二个解读维度是刚柔并济。太刚则易折，太柔则无原则，刚柔并济方是中庸之道，从营销角度来看也是生财之道。

图（4-2）代表着思想是方正的，也就是刚的；行为是变通的，也就是柔的。内方而外圆，刚柔并济，乃是商业经营哲学之道。

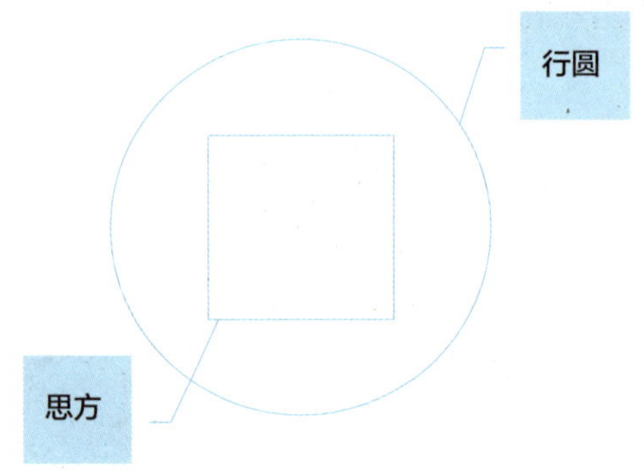

图（4-2）“思方行圆”示意图

想要做一名成功的商人，必须学习这两个人——“古有陶朱公，今有胡雪岩”。春秋战国时期的陶朱公就是范蠡，他深谙思方行圆的经营哲学，懂得刚柔并济。据说，范蠡在帮助越王勾践打败吴王夫差之后就主动辞职了。离职的前一天晚上，月黑风高，孤雁声声鸣，范蠡找到了他的同事——越王勾践手下的另外一位谋士文种，劝文种一起离开。一些人认为范蠡的做法似乎是不合乎情理的。范蠡帮助勾践打败吴国，后面不就可以尽享荣华富贵了吗？文种也不理解，拒绝了范蠡的建议。

据传，范蠡离开勾践后，与他心目中的女神西施泛舟五湖，远离越国，到齐国的首都临淄（现在山东淄博临淄区）做陶瓷生意。范蠡秉承思方行圆、刚柔并济的经商思路，很快就富甲一方，被称为“陶朱公”。

而文种的下场众人皆知，他后来被勾践逼迫自刎而死。死之前，文种悟出了范蠡临走之前的赠言：“狡兔死，走狗烹；飞鸟尽，良弓藏。”

商人不可尽刚，也不可尽柔，而要刚柔合体，进退自如。在经商的过程中，不可用尽势，留三分待未来，这和“不竭泽而渔”的道理一样。人生的状态也是如此。《菜根谭》中说：“花看半开，酒饮微醺。”

营销人员要学会在刚和柔的思维里切换，这对一些人来说确实是一个挑战。可以让不同职位的人扮演不同的角色，组合使用。例如，企业的董事长是圆形思维，扮演“柔”的一面；总经理是方形思维，扮演“刚”的一面；营销总监是“外柔”，而副总监是“内刚”；等等。

昨夜的一场大雪让一些员工上班迟到了。总经理在门口严肃地告诉迟到的员工：“迟到就是迟到，不能强调客观原因。为什么有些员工就没有迟到？必须按照原则来，迟到者一律扣50元。”一脸苦相的员工走进了办公室。董事长

早已等候多时，轻轻为员工掸掉身上的雪花，安慰道："来了就好，安全是第一位的，下不为例即可。"

刚柔并济的管理让员工既懂了规则的严肃性，又感受到了领导的暖心关怀。尽管冷热交替，员工也能在潜移默化中接受公司的价值观，懂得原则和变通。

三、海尔"舍量得名"

聪明的第三个维度是舍得。舍得的智慧在于取舍有度。战略的本质也是取舍的选择。战略设计就是市场资源取舍的过程。

一位记者曾说过一段非常经典的话：三十多年来，海尔和其他厂家都在做冰箱，但最后的结果是，大家忘记了某品牌，而记住了冰箱。唯独对于海尔冰箱，大家忘记了冰箱，却记住了海尔。为什么大家记住了海尔？因为海尔舍去了市场诱惑，深耕质量和品牌，最终实现品牌制胜。

我们把历史的镜头拉回到二十世纪八十年代初。当时，冰箱的销售特别火爆，市场需求呈现井喷式增长。张瑞敏先生曾经这样形容当时的冰箱市场："即便纸糊的冰箱也能够卖得特别好。因为物资极度匮乏，冰箱也需要凭票购买。""纸糊"的意思是指冰箱质量差。冰箱的需求特别大。要结婚的年轻人需要排队去商场抢购每日只供应几台的冰箱。

1984年12月，张瑞敏来到青岛电冰箱总厂担任厂长。面对管理体系混乱的局面，张瑞敏没有马上抓销售，而是开始优化企业内部管理，尤其是质量管理体系。从1984年到1991年，海尔采取的是名牌战略：1984年，海尔引进德国的利勃海尔技术；1985年，海尔砸毁不合格冰箱，重塑质量文化和体系；1988年，海尔获得了冰箱发展史上的第一枚"国家优质产品奖"金牌。经过多年的时间，张瑞敏重塑了质量管理体系，打造了一支有竞争力的团队，让海尔品牌家喻户晓，并得到消费者的高度认可。

在这段时间里，海尔经受住了冰箱市场的诱惑，主推一种规格的产品——小王子冰箱，不求产量和销量，但要求每一台冰箱都是精品，绝对不允许出现任何质量问题，不允许有返修产品。有缺陷的产品就是废品，必须被砸掉，不能流向市场。海尔冰箱的高品质和优质服务赢得了市场的青睐，在1991年被评为国家驰名商标。

海尔的舍得战略成就了海尔的名牌战略，让海尔成为知名品牌。同样，海尔在海外市场的战略也是如此。1999年，海尔在美国建厂，实施“三步走”战略，舍掉国内市场的安逸和舒适，主动到海外市场与“狼”共舞，啃“硬骨头”。当时，国内的许多媒体根本不理解海尔的“取舍战略”，认为海尔能在国内市场吃肉，何必到国外市场喝汤。现在看来，海尔走出国门，舍掉的是暂时的舒适和好看的利润报表，得到的是国际品牌和国际化的品牌运营大平台。

饿了么、美团等平台的让利打折活动意在培养消费者的消费习惯，重塑商业模式。这些都是先舍后得的典型案例。

在商场上，有这样一句经典的话：“为名而来名不来，为利而至利不至，不为名利，名利双至。”这句话的背后逻辑就是真正的取舍大智慧。

那么究竟如何取舍呢？站在未来看现在。以未来为坐标，此时就开始改变、开始布局，这种改变和布局因为符合未来愿景的要求，能够水到渠成地按设想完成未来的目标，这是一种巧妙进行战略取舍的管理方法。

一年后看现在，会形成一年规划；三年后看现在，会设计成三年布局；五年后看现在，会制作出五年战略……十年、二十年后看现在，将绘制成企业的愿景蓝图。阿里巴巴要建成102年的企业，是站在百年后看今天。

慢慢失去，就会缓慢获得。舍得的大智慧，是聪明人的必备品质。

四、营销逆道："天道酬笨"，虎行似病

"天道酬笨"，这里的"笨"不是傻，而是大聪明。敢于承认自己笨的人才是真正的聪明。一些人知道用勤劳弥补自己的笨，坚信勤能补拙。

还有一种聪明叫自作聪明。这种聪明有时候比笨还可怕，往往误大事，就像俗语说的"聪明反被聪明误"。

据说，新东方的创始人俞敏洪高考失利两次后，第三次参加高考，最后虽然考上了北大，但是成绩在班内倒数第一。他承认自己的短处，知道自己并非天资聪明，就暗暗对自己说："自己要成功就只能靠勤奋。你干一年，我干五年；你干五年，我就干十年；你干十年，我就干二十年。最后还没超过你的话，我就锻炼身体，坚持到底，把大家都送走了，最后还是我。"

所以笔者得出这样一个结论：未来不属于有钱的人，也不属于有权的人，而是属于勤奋且健康的人。

格力电器的一名叉车工参加《绝对挑战》节目，用叉车打开啤酒瓶盖，获得了一等奖。据说，格力电器生产制造的负责人一脸平静地说："这个叉车工的技术在车间里最多排在前十名，格力技术最好的叉车师傅可以用叉车穿针引线。"

格力电器董事长董明珠认为，格力提倡的是一种工业精神，而非商业精神。企业的商业精神如果太强，投机成分便会过大。提倡工业精神的企业注重实在的创造。在外人眼中用叉车毫不费力地打开酒瓶盖的动作，其实是这个叉车工人20多年持之以恒重复练习的结果。

不论是研发和生产，还是营销和品牌，企业想要取得成效，只有坚持

“笨”办法，重复“笨”动作，在保守中渐进式创新，日拱一卒。

名列晚清中兴四大名臣之首的曾国藩承认自己并非天资出众之人，他对自己的评价也多是“生平短于才”“性鲁钝”。据说，曾国藩幼年时背诵《岳阳楼记》，长时间背不过。私塾先生受不了了，说：“你回家去背吧，明天我来检查。”曾国藩背着小书包在回家路上默默背诵。这个时候有一个小贼盯上了曾国藩，认为这个孩子能上私塾，家里肯定很有钱。小贼尾随曾国藩进入了书房，悄悄爬上房梁，心想：“等这个孩子把书背完之后，灯一熄，我就下来行窃。”没想到这个贼失算了，曾国藩背到凌晨还是没有背过。据说那个在房梁上的贼都背过了。

这只是个传说而已，真实性有待考究。曾国藩为了弥补自己的天资不足，给自己起名“涤生”，提醒自己每日都要进步，每日都要修正自我。“昨日种种，譬如昨日死；今日种种，譬如今日生。”这有点像海尔的“日清日高”，也像阿里巴巴的“新六脉神剑”中的“今天最好的表现是明天最低的要求”。

曾国藩正是因为“笨”，成就了自己，让自己能于无声处听惊雷，有了淡定从容又不乏睿智的判断力。

笔者在海尔工作的时候，无锡的一位区域营销总监获得所有考核指标的最高分。这个区域总监给我的印象并不是多么聪明。我记得有一次公司组织大型的中秋晚会，当时还不是区域营销总监的这位男生主动请缨为大家唱一首歌。他是南方人，本身普通话说得不好，兼之平时吐字也不清晰，他那天唱的歌叫《九月九的酒》，结果他上台以后非常紧张，说他唱的是“九九九九九”……大家哄堂大笑。对于他唱的歌，大家根本没法听，几乎不在调上。但是，他的市场业绩做得非常好，是一名优秀的营销总监。我就派了一位助理去“写实”[①]，看看这位营销总监究竟在哪一方面有过人之处。

助理回来后报告，这位营销总监的过人之处体现在三个方面：第一，他善

---

① 这里的“写实”是海尔的一种管理方法，现场观看、记录写实对象的行为，总结归纳出写实对象成功的本质原因。

待团队，真诚服务客户，做事勤奋。第二，他不善言辞，奖罚分明，无私无我的行为感动了团队。第三，他早出晚归，每天都带着团队跑客户，赢得了客户的信任。

鹰立如睡，虎行似病。藏巧于拙，用晦而明。胸有大志，必懂灵活变通；才华不逞，才有肩鸿任钜的力量。才高而不自诩，位高而不自傲；路径窄处，留一步让人走；滋味浓时，减三分请人尝。

包子好吃不在褶上，而在馅里。营销人员切记此行业的逆道：好看的褶子是小聪明，好吃的馅才是大智慧。

给我回家背过！

ZZZ
马冬梅
马冬梅
马冬梅

我都背过了
孙红梅！

第二节　乐观

一、营销管理者首先是一个“笑面官”

乐观是一种难得的品质。不是所有人都具备乐观的心态。营销总监必须具备乐观的精神，否则将举步维艰。营销高管要承受较大的压力，如果不尝试让自己释放压力，进行自我修复和自我调整，前途就会黯淡无光。

关于乐观，这是一个老生常谈的问题。究竟什么是乐观？乐观是积极向上的心态，是自我修复的能力，是善于分享的快乐，是不言放弃的执着精神，是自我驱动完成目标的执行力。

2021年9月25日，华为集团首席财务官孟晚舟在被加拿大非法拘押1028天后，在党和人民亲切关怀和坚定支持下，她安然无虞地回到了祖国的怀抱。在过去的1028天里，孟晚舟“左右踟蹰，千头万绪难抉择”，但她依然保持着乐观的心态。孟晚舟说：“泪水抱怨化解不了愁苦，伤春悲秋翻越不过泥泞，与其困顿挣扎，不如心向阳光，冲出阴霾。有些风浪，难免艰险，唯有直面才能扬帆远航；有些抵达，难免迂回，历尽波折终会停泊靠岸。”乐观的孟晚舟，让坎坷曲折的回家路变成了世间最温暖的归途。

创业者更需要乐观。面对纷繁复杂的工作，创业者更需要有对未来美好愿景的乐观期待。

笔者在给北京大学和清华大学的EMBA企业家学员授课时，多次说：“乐观和微笑是我们要学习的第一个技能。这件事表面看起来简单，实际上非常不简单。笑一时不难，难的是一辈子笑面人生；乐观一天不难，难的是一辈子乐观向上。”

管理的“管”字，上面是“笑字头”，下面是“官”。由此可见：管理者首先要做微笑的“官”。管理者是传播乐观心态的人，是传递正能量的使者。想要员工对客户微笑，管理者首先要对员工微笑。

一个人乐观背后反映的是开放包容的胸怀，映射的是远大的格局，展现的是积极热情的心态。乐观的人本身就能够感染客户，展示企业和个人的魅力。“日出东海落西山，愁也一天，喜也一天。遇事不钻牛角尖，人也舒坦，心也舒坦。”营销传递给客户的不仅是产品和服务，还是一种积极向上的生活态度和方式。就如同华为的企业愿景一样：把数字世界带入每个人、每个家庭、每个组织，构建万物互联的智能世界。华为卖的不是产品，而是倡导、传递一种幸福快乐的生活方式。

乐观主义者是指一个人不待扬鞭自奋蹄，自我驱动，积极主动，把热情和必胜的心态充分展现出来，先干起来再说，而不是原地打转。

用一个故事来说明一个人拥有乐观主义精神的重要性。有人问农夫：“你种麦子了吗？”农夫说：“没有，我担心天不下雨。”那人又问：“那你种棉花了吗？”农夫又说：“没有，我担心虫子吃了棉花。”那人再问：“那你种了什么？”农夫说：

“我什么也没种，我要确保安全。”所以，一个人如果缺乏乐观主义精神，就会故步自封。

乐观主义者一般先完成工作，再要求完美，而不是考虑得多，行动得少。尤其是市场开拓者，只有行动了，才会发现新的机遇。不靠谱的事，往往能通过快速行动和高效执行变成一件靠谱的事。京东、腾讯等企业的创始人，在开始创业的时候都不知道未来会在哪里，但现在他们终于知道自己原来可以在这里。

为结果找方法或路径，不为干不成找借口或理由。乐观者从来不给自己设置无谓的障碍，而是先行动起来，在发展中进行调整。

二、念念不忘，必有回响

乐观心态的保持需要反复给自己心理暗示。说你行，不行也行；说你不行，行也不行。念念不忘，必有回响。你先相信了，再看见，最后你就真的得到了。人的行为转变需要解决三个问题：知不知，能不能，愿不愿。只有从本质上解决了心态上的“愿不愿”，“知不知”“能不能”才有意义。

先分享一则故事：进京赶考的秀才昨晚梦到三个画面：第一个画面是在墙上种白菜；第二个画面是外面下着雨，他穿着蓑衣，头上还打了一把伞；第三个画面是他和自己的女神一起躺在一张床上，但是背对着背。

秀才不解梦意，让一算卦先生解梦。算卦者解释道：“你还是别考试了，白费时间和钱财。第一个，在墙上种白菜，那不是白搭嘛！不会考中。第二个，你出门已经穿着蓑衣了，为什么还要打把伞？多此一举嘛！最后，你和心爱的人一起在床上躺着，却背对着背，这不是没戏嘛！”

秀才灰心丧气，准备收拾行李回家。店主问清缘由后大笑：“听我为你解梦，你且留下好好备考吧。将白菜种在墙上是‘高种（中）’啊！穿蓑衣还打伞表示有备无患，双保险嘛！最后的梦境说明你翻身的时候到了呀！”

秀才高兴万分，几天后信心满满地去考试，结果中了榜眼。

你看，对于同样一件事情，观察的角度不同，结论不同，你给自己的心理暗示就迥然不同。积极的心理暗示就是乐观。营销总监需要具备乐观向上的态度，给部下正能量的暗示。但这种乐观不是盲目的，而是谨慎的。对于不乐观的客观环境，我们必须在态度上予以重视。

再讲一个故事。穿越沙漠的两个人，在黄沙呼啸中艰难前行。两个人不小心把水壶的水洒了一半。其中一个人非常悲观地说："现在只剩下一半水了，没水喝时怎么办？"于是这个人开始焦虑、痛苦、迷茫、彷徨……他最后没能走出沙漠。而另外一个人说："幸好还有一半水，只要省着喝，保持体力，躲避风沙，一定能走出沙漠。"最后他真的走出了沙漠。

这两个故事的背后都有皮格马利翁效应、罗森塔尔效应。我们可以简单地用一句话总结：正向期望和乐观能产生奇迹。念念不忘，必有回响。

乐观的心态是指一个人时常暗示自己是最棒的，并最终成为一种习惯，愿意从正面看待问题。一旦有了这样的习惯，你会发现，你所处的环境和氛围也会随之发生变化。在新冠肺炎疫情期间，盒马鲜生、每日优鲜、良品铺子等企业，秉承乐观的态度，积极优化产品，打通线上销售渠道，实施出口转内销等众多创新措施，以便平稳渡过疫情危机。

在生活中，我们同样需要乐观的心态。例如，我母亲就是一个典型的乐观主义者，而我岳母是一个悲观主义者。同样吃葡萄，我母亲一定会挑里面最好的葡萄吃，将实在不能吃的葡萄扔掉；我岳母总捡最差的葡萄去吃，她怕那些已经坏掉的葡萄再腐烂，就没有办法吃了，所以她每天吃的葡萄都是所有葡萄里最差的。

乐观的人像太阳，照到哪里哪里亮。悲观的人像月亮，初一十五不一样。

在营销管理界，有这样一句笑谈：大多数的营销人不是累死的，而是郁闷死的。这句话的潜台词是：如果你不乐观，不能自我排遣消极情绪，你将备受煎熬，夜不能寐。市场指标、客户要求、内部团队建设等多重压力会让你不堪重负。

乐观的人像太阳，
照到哪里哪里亮。
悲观的人像月亮，
初一十五不一样。

第三节　皮实

一、内敏外钝，营销界“她时代”来临

皮实是营销总监应该具备的第三个品质。皮实可以被细分为三个维度：外敏内钝，愈挫愈勇，敢于挑战。女性的敏感、韧性和学习力（灵变性）让她们具备了营销高管的品质优势。网络经济被称为“她经济”。营销界也迎来了“她时代”。

皮实的第一个维度是外敏内钝。营销人员要对内部领导的批评钝化，不要太敏感，而对外部市场需求的变化敏感。做到这一点，营销人员就具备了皮实的第一个维度。

皮实的第二个维度是愈挫愈勇。营销人员不论遇到什么困难，都要相信有解决办法。这个维度强调的是韧性和耐心。

皮实的第三个维度是敢于挑战。营销人员不仅要敢于挑战新高度、新目标，还要敢于挑战自我，超越自我。

我们把皮实细分为三个维度后就会发现：女性在皮实这方面具备天然的优势。因此，笔者认为：营销界更适合男性的论点已经被推翻，营销界的“她时代”来临。

首先看传统行业。华为集团的原董事长孙亚芳，内敛干练，做事果断，敢于挑战，曾分管人力资源和营销系统，她在1992年和1996年两次力挽狂澜，让华为渡过了难关。

海尔集团原总裁杨绵绵女士，建立了海尔营销系统，她睿智犀利，市场洞察力和执行力让张瑞敏非常钦佩，她是海尔集团前五个战略发展阶段的主创者，更是践行者，在海尔集团成立35周年的庆典上，她被海尔集团授予“创

业元勋奖”。

联想集团的马雪征（于2019年8月31日去世）、海信集团的于淑珉、格力集团的董明珠等等，都具备皮实的三个维度，她们在自己的领域深耕细作，在改革开放的浪潮里永立潮头，充分展示了“她时代”的魅力。

阿里巴巴的“十八罗汉”之一彭蕾，又称“彭大将军”，哪里有阿里攻坚战的地方，哪里就有她的身影。财务管理的创新、支付宝的成功，彭蕾都立下了汗马功劳。

北京字节跳动CEO张楠是短视频平台的一位巾帼。正是因为张楠是女性，抖音做出了跟今日头条非常不一样的气质，做出了年轻、好玩、有趣的产品，抓到了众多用户，且女性用户占比高过男性。业界戏言：抖音的成功与张一鸣没精力管、其他男产品经理没有过多插手有关。抖音上的女性用户比男性用户多。正所谓女人更懂女人。张楠曾预言：到2020年，抖音、快手等短视频的DAU（日活跃用户数量）在国内将突破10亿。

携程网的CEO孙洁、滴滴出行的总裁柳青、娃哈哈集团的新掌门人宗馥莉、华仁物业法定代表人解艳燕、青岛达翁集团总裁戚振香、家家乐康（山东）医养健康产业有限公司创始人高夕结、华睿停车公司原总经理奚丽亚、酷特智能CEO张蕴蓝、九屋建筑总经理牟洪卫、山东星志智能交通科技有限公司董事长王华、威海融昌机电设备有限公司股东颜榕彤、山东智麟科技有限公司总经理高海荣等等，这些女性在商场叱咤风云，书写着新时代的商业传奇，彰显着“她时代”的独特魅力。

这些成功的商业女性，面对困难时的从容，直面挑战时的英勇，透视客户需求时的灵敏，无不展示出自己的皮实。

二、“皮实力”不仅是“皮实”，还要“有力”

在复杂多变的市场环境中，营销人员面对更多的是失败，而非成功。营销人员如果能坦然面对失败，又能及时复盘和修正，在下一次的营销中予以优化，无疑就具备了皮实的品质。具备皮实品质的营销人员就拥有了市场竞争力。我们不妨把这种竞争力称为“皮实力”。

有人说，能够到达金字塔顶端的动物只有两种，一种是雄鹰，另一种是蜗牛。雄鹰拥有矫健的翅膀，能够飞到金字塔顶端。蜗牛也能靠自己的坚持不懈攀爬到金字塔顶端。

作为普通人，我们没有矫健的翅膀，也没有飞翔的能力。更多的时候，我们是靠着蜗牛一样的精神一步一步地爬到金字塔的顶端。

2011年8月30日野田佳彦当选日本第95任首相。野田佳彦正是靠着这种愈挫愈勇的蜗牛精神取得了成功。据说，从1986年10月起，野田佳彦就在日本千叶县车站附近的街头进行演讲，他每天都慷慨激昂地向过往的行人阐述自己的政策，宣传自己的施政想法，他这一坚持就是25年，风雨无阻，从不间断。

野田佳彦的成功也验证了一个道理：普通人只有坚持不懈地努力，日复一日地练习，才能抵达金字塔的顶端。野田佳彦的“皮实力”让人感慨万千，他的做法几乎是“偏执”的。“只有偏执狂才能生存。”英特尔公司前CEO安迪·格鲁夫对这句话深信不疑。

当然，营销总监想要取得成功，除了具备愈挫愈勇的皮实特质以外，还需要敢于挑战，做到出击有力。我们可以简单总结为：“皮实力”是指一个人对失败皮实，而面对市场变化时应对有力。

狼对羊的一百次出击，只要有一次得手就够了。羊在面对狼的一百次攻击时，必须有一百次的成功防守，任何一次防守失利，都意味着性命之忧。

狼主动出击，敢于挑战。而羊只是被动防御，在每一场角逐中疲于奔命。这就是华为集团在创业初期推崇“狼性文化”的原因。

2006年，苏丹电信系统邀请华为参加当地通信网络的投标，但最终华为惜败。在接下来的几次投标中，华为依然没能中标。

华为当然不会放弃，不断地跟踪投标项目，积极应标。需要强调的是，如果此时不改变策略，不修正自己，这种“皮实力”也只是浅显的执着而已。只有“皮实”，没有修正是不够的。除了不放弃之外，“皮实力”还需要完善、调整、巩固和创新。

华为人清醒地意识到：之所以在苏丹投标失败，不是因为竞争对手强大，并非不可逾越；也不是因为华为的人数少，当时华为团队的总人数比竞争对手多。华为经过复盘后最终得出的失败原因是：客户的真实需求没能在内部团队形成有效传递。内部团队没有根据客户需求迅速调整方案。具体的表现是：竞争对手了解到客户对运营成本的关注度很高之后，很快设计出太阳能和小油机发电的“光油站点”，而华为却总是主推大油机。

信息传递出问题的原因是什么？华为营销团队追本溯源：信息不畅是表面原因，而真正的问题本质是华为内部有“墙”。客户经理不懂交付，交付经理不了解客户，产品经理只关心价格和利润。基于这种现状，华为建立了客户经理、交付经理和产品经理的“铁三角”管理模式，一个窗口对客户，形成联动机制，信息不会因为企业组织而被阻隔。

这个营销的组织模式就是华为后来全球推广的“铁三角”模式雏形。经过三年的打磨，华为在苏丹的团队终于取得了苏丹移动通信网络建设的最大设备订单。

“皮实力”是指一个人对挫折困难“皮实”，对机会搏击“有力”。具备“皮实力”的营销人员，在营销职场上能走得更远。

第四节 自省

一、自省能力的提升

自省是每个营销总监需要具备的能力。因为只有通过自省，营销总监才能更加清晰地认识自己及团队存在的问题，进而找到改进的方向和措施。“见贤思齐焉，见不贤而内自省也”说的也是这个道理。自省品质的历练需要三个维度的平衡发力，缺一不可。

我们把聪明、乐观、皮实和自省放在一起会发现：聪明、乐观是一种内在的本性。皮实需要后天的磨砺。自省是四个品质中实践性最强的。我们可以通过后天的练习快速提升自省能力。营销总监可以通过三个方面提升自省能力，分别是反求诸己、闭环优化、持续提升。

第一个方面是反求诸己。“行有不得，反求诸己。”这句话的意思是如果行动没有达到预期的效果，我们就应该反省，从自己身上找原因。

格力集团的董明珠就是具备反求诸己品质的典型代表。董明珠从一名底层的销售员，成长为一名营销总监，最后做到格力集团董事长的位置，一路走来非常不易。董明珠在格力做的第一件事就是向一家合肥的经销商追讨42万元的货款。董明珠每天雷打不动地去找这位经销商，经过40天的斗智斗勇、饱尝冷落后，最终追回了货款。经过这件事情后，董明珠马上进行自省，最后建议总部制定出现款现货的制度。这一制度最终成就了格力空调。

董明珠担任格力集团董事长时，提出了“公平公正、公开透明、公私分明”的12字管理方针，她要求每一名干部必须时刻反省自己，因为手上有权力的干部往往容易犯错误。

董明珠要求所有的管理干部统一认知——一切问题的根源都是自己。比如终端销售渠道问题，董明珠就会认为这是因为集团总部的制度出了问题。再比如员工的绩效工资没有提升，董明珠就会认为这是因为企业的管理平台不完善和企业提供的资源不足。这些都充分展现了董明珠反求诸己的品质。

第二个方面是闭环优化。PDCA循环的含义是将质量管理分为四个阶段，即计划（Plan）、执行（Do）、检查（Check）、优化（Action），也可以概括为四个字，就是“闭环优化”。任何事情有去有回，有命令就做到使命必达。闭环优化能力是营销总监必须具备的一项基础能力。出现问题后，营销总监先要找出问题的本质，再找流程上的问题，在流程上杜绝类似问题的发生。

闭环优化能力形成成功模型的典型案例就是海尔集团的“OEC”管理法。“O”是“Overall”（全方位），“E”是指“Everyone（每人），Everything（每件事），Everyday（每天）”，“C”是指“Control（控制），Clear（清理），Check up（检查）”。做到“人人都管事，事事有人管，日事日毕，日清日高”，这是对闭环优化最好的诠释。

曾国藩也是闭环优化的践行者，他每天都要记录自己当天的心得，记录自己做得好的地方，同时也会记录自己做得不足的地方。我们可以从曾国藩的家书和杂记中看出曾国藩对自己每日自省和闭环优化的苛刻要求。据说，曾国藩在一次醉酒之后，看到别人的老婆长得漂亮便忍不住多看了几眼。这件事也被曾国藩记在了自己的每日反思中。曾国藩非常后悔，自我反思以后，决心不再多喝酒，因为他认为酒可以让人生邪性。曾国藩每天不断地修炼自己，谨言慎行，最后成了晚清中兴四大名臣之首。

第三个方面是持续提升。闭环优化使得管理水平持续上升。如果企业成长不持续，就证明企业管理没有达到有标准、可复制、可操作的水准。像华为的股权激励、海尔的小微创客、格力的中国智造等都是有标准、可摸索、成系统的管理方式，是企业管理水平持续提升的优秀案例。

提升自省能力的三个方面缺一不可。营销高管需要平衡用力，不断修炼自己的自省品质。

二、华为自我批判，海尔“自以为非”

自省品质成就了企业的基业长青。一些成功企业的价值观，大都有自省、批判、涅槃、复盘、颠覆、迭代等类似关键词。阿里巴巴把自省作为管理干部的四个核心品质之一。在华为和海尔的企业文化里，自省文化同样是他们的核心价值观之一。

张瑞敏在公开演讲中提及最多的是“自以为非”，他甚至把“自以为非”作为海尔价值观的核心内容。

张瑞敏非常欣赏这样一句话：主动改变不佳状态，而不坐等“被不佳”的局面。一个人主动改变不佳状态，可能一开始有损失，有不适应，但后面会好起来。张瑞敏对自省的理解是积极主动进行自我调整、自我改变、自我颠覆和自我进化。

在海尔的高管会议上，张瑞敏还常引用黑格尔的名言来说明自省、自我否定的哲理内涵和重要性。花朵否定了花蕾，而果实又否定了花朵。张瑞敏认为：“自我否定就是不断自我反思。但在实践中，最大的问题是，我们在花朵盛开的时候会欣赏——这是一朵多么漂亮的花啊！可能在我们欣赏花的时候，一切都过去了。”企业想要不断保持活力，就要时刻以用户为是，以自我为非。

海尔对自省的践行除了自我否定与颠覆之外，还包括内部管理干部的自我反思和自我问题清零。在海尔内部，一个部门的负责人如果业绩长期不好，需要停职或者暂时调离岗位进行问题“还原”。所谓“还原”，就是自我反思，从思想、行为和技能上彻底“清洗自己”。这种方法在管理界存在争议。但笔者在海尔工作过，非常认同这种自省的方法。这种自省过程对管理干部和内部团队建设来说有非常大的促进作用。一名管理干部如果长期生活在优越环境中，自然会滋生骄傲和自满情绪，只有彻底打破自己的舒适圈，破茧重生，才能消除这种优越感，突破个人发展的瓶颈。

自觉、自省和自我否定成就了海尔，从名牌战略、多元化战略、国际化战略、全球化品牌战略，再到网络化战略和生态品牌战略，海尔每隔7年就主动颠覆一次。自省的企业总是走在时代的前列。

华为的自省品质更是深深地刻在华为人的价值观里。2008年，华为提出了六大核心价值观，分别是：成就客户、艰苦奋斗、自我批判、开放进取、至诚守信、团队合作。经过华为人的多年实践，华为集团把价值观浓缩为“黄金四句”：以客户为中心，以奋斗者为本，长期艰苦奋斗，坚持自我批判。坚持自我批判就是华为保持稳健而又快速发展的核心关键。

华为在选拔后备干部时，任正非坚持品德考评，具体考核两项内容，一项是关键事件，另一项是自我批判能力。而在“自我批判”这一项目中，任正非具有一票否决权。由此可见任正非对自我批判文化的重视。

孤芳自赏无人知，
花落尘世硕果实。

第五节　创新

一、张瑞敏的“斜坡球体论”

海尔集团从1984年的亏空147万元，到2020年初进入第六发展阶段——生态品牌战略阶段，2020年营收超2000亿元。海尔的成功得益于创新。张瑞敏先生说：“不创新，无异于自我抛弃，创新是海尔文化的核心。”

在海尔创业初期，张瑞敏先生就提出了著名的“斜坡球体论”，见图（4-3）。

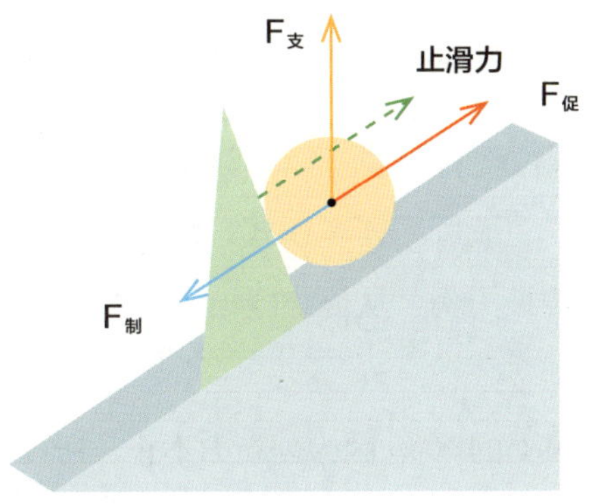

图（4-3）“斜坡球体论”示意图

“斜坡球体论”是张瑞敏在海尔内部推行“OEC”管理时提出的，该理论倡导日事日毕、日清日高。从这张图中可以看到，处于斜坡上的小球受到三个力的作用，分别是$F_{支}$、$F_{促}$、$F_{制}$。

从物理学的角度来看，小球受到重力作用下滑是一种必然现象，而$F_{促}$能克服$F_{制}$，阻止小球下滑，甚至还能让小球在斜坡上持续上升。如果企业不创新，就会有下滑趋势。想要小球不下滑，就必须加上一个挡板，形成止滑力。

这个止滑力代表企业的基础管理。只有夯实、固化基础管理，企业才能稳健发展。所以止滑力在海尔内部也被称为基础力。

但斜坡球体论的关键在于向上的提升力（$F_{促}$）。提升力来自什么地方？这个提升力不是外力，而是内部的自驱力，也被称为创新力，这个力才是企业持续发展的不竭动力。

基础力就是指企业的基础管理工作。提升力又被称为创新力，是指企业管理中的工作优化。这两个力对应了两个工作原则，分别是固化和优化。哪些内容需要不断固化呢？优化就是创新。哪些内容需要不断创新呢？见下图。

固化

战略管理、目标管理、流程固化、制度体系、绩效薪酬、营销体系、产品延展、客户梳理

创新

思维创新、模式创新、流程优化、制度优化、组织创新、产品创新、增量市场、服务升级

例如，在组织创新方面，从原来的战略业务单元，到市场链业务流程再造，再到“人单合一”，最后到创客模式，海尔总是在不断地进行组织创新。在产品创新方面，以冷柜为例，从传统冷柜，到医疗冷柜，再到血联网，海尔也在不断地自我迭代。

海尔集团的“斜坡上的球”，因为创新力不止，所以这个斜坡上的球未曾下滑，相反，这个球还在不断地稳健上升。正是因为这个球在斜坡上，所以海尔不敢有丝毫懈怠，否则就是下滑与死亡。海尔建造了一个时空飞碟。那个斜坡就矗立在那里，告诉所有人：不创新一天，你就离死亡更近一天。

张瑞敏先生常说，没有成功的企业，只有时代的企业。张瑞敏的潜台词是：海尔是一个与时俱进、与时俯仰、持续创新的企业。

二、“曹三条”与“任三化”

创新的反义词是守旧、顽固，但创新不排斥稳健和传统。创新不是盲目、无目标，而是企业在固化原来优势基础上的优化。在企业管理界，曹德旺的“曹三条”和任正非的“任三化”是对创新升级版本的解读。

“曹三条”诠释了企业该如何创新，主要内容是：敬天爱人，善待众生；强化主业，持续创新；止于至善，臻于完美。笔者将“曹三条”的内部逻辑关系如图（4-4）所示。“曹三条”的内部逻辑关系虽然简单，但它所包含的创新寓意不简单。

创新初心是指企业敬天爱人，善待所有的利益攸关方——员工、客户和供应商等。企业要为员工和社会谋福利，否则创新无效。曹德旺一直强调：企业一定不能只为老板个人谋福利，还要为员工、为社会、为国家做贡献。

创新路径是指企业不能偏离主业，不能为了暂时的利润而忘记了初心，要心无旁骛地在主航道里创新。企业管理者应该秉持钻井理论——一米宽，一万米深，将主业由浅变深。企业应该聚焦主业，围绕主业进行创新，持续创新。在福耀玻璃集团，曹德旺的经商原则“四不做”尽人皆知。“四不做”是指：互联网不做、房地产不做、金融不做、煤矿不做。这四个“不做”不是守旧，而是固守主业的执着，是福耀玻璃集团对“一生只做一块玻璃”愿景的聚焦。

创新目标是追求完美。人们从未停止追求，但永远在路上。因此企业管理者要随时回头看看自己走过的路，并时刻和初心对比，始终秉持进无止境的行者精神。

图（4-4）“曹三条”内部逻辑关系示意图

“曹三条”的创新原则是闭环串联的，互相辅助，互为基础，以始为终。

华为集团任正非先生也非常推崇在主业基础上的创新，他提出的创新原则在华为内部被称为“三化”原则，分别是指僵化、优化和固化。华为在推行一系列引进的管理体系和管理规则时，采取的是“先僵化、后优化、再固化”的方针。“僵化”要求我们站在巨人的肩膀上，宁愿先“削足适履”“东施效颦”。“僵化”是分阶段性的。“僵化”不是让我们妄自菲薄，更不是僵死。

优化是对原来僵化的内容进行修正，利用自我批判武器，使管理变得更有效和更实用。

固化就是夯实优化后的管理平台，把先进的管理例行化（制度化、程序化）、规范化（模板化、标准化），便于后来的复制和推广。

我使用“创业三条”模式。
我遵循“三化原则”。
三
化

第五章

营销拐点突围的实操工具

5

营销总监不仅要具备正确的营销思维模式，还要有科学实用的实操工具。

各类营销实操工具的实用性和有效性因人而异。笔者结合自己企业高管的实操经验、授课经历和营销管理咨询实践的企业个案，将一些经实践证明有效的营销实操工具进行了萃取提炼和归纳总结，形成了本章内容。

本章列举了结构性营销法、商务谈判中的语言艺术、“四治”模型、“三只眼”模型、湿营销理论、9种常见的商业模式、漏斗管理法、“10/10”原则、“12321”法则、“一剑双锋”法等，介绍了华为、海尔、京东等企业的案例，以便让营销学习者理解这些方法和工具。

第一节　结构性营销法

营销就是洞察并满足客户需求，引导客户产生新需求的过程。可以将这个过程分为六步：审、问、隆、千、卖、安。这六步就是中国范式的结构性营销法，见图（5–1）。

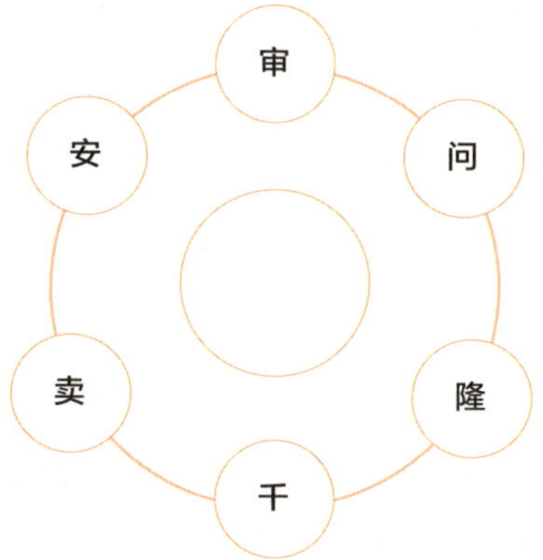

图（5–1）结构性营销法

笔者曾经写过一首诗："审问隆千六步法，满腹经纶走天涯。今朝苦学营销技，他年硕果累华夏。"

中国式优秀营销总监，应该有中国的范式。

"审"是指洞察客户的真实需求。"问"是指让客户说出自己的痛点。"隆"是指让客户看见购买产品后带来的便利。"千"是指给出的方案。"卖"是指具体的销售动作，包括产品的精准匹配和报价等。"安"是指购买产品之后的服务，让客户购买产品后没有后顾之忧。

第一步是"审"。"审"和中医的"望闻问切"有点儿类似。"审"就是"两力一度"的具体应用。通过"审"，我们可以更加清楚客户的需求——包括显性需求和隐性需求两种。

第二步是“问”。“审”是单方面的，而“问”是双方面的。“问”要求我们和客户进一步交流、沟通。如果“问”进展得顺利，我们就可以进一步挖掘客户的潜在需求，为下一步的“隆”和“千”做好准备。要将“问”的过程区别于传统意义上的卖货。我们要探听客户的痛点、痒点，并择机寻找兴奋点。我们的出发点是为客户寻找、创造具有更大价值的解决方案。

第三步是“隆”。“隆”是隆起场景、营造氛围、描绘未来愿景。简单来说，“隆”就是告诉客户：选择我们推荐的产品或方案后会获得哪些直接或间接的便利。

第四步是“千”。“千”就是根据客户需求提供优化后的方案，不是仅提供一个产品。可以将“千”环节与“卖”环节结合，促成相关购买和大额购买。

第五步是“卖”。“卖”就是实现销售，双方成交。要将“卖”的过程和“千”环节结合起来，这样就可以实现从卖产品到卖方案的转变。销售升级可以实现相关购买和大额购买。

第六步是“安”。“安”就是情绪安慰、复购鼓励、增值服务。“安”是营销的最后一个环节，也是第二轮营销的开始，非常重要。

笔者将通过以下的案例来为大家讲解结构性营销法的使用。

第一个商贩：

一位老太太去买菜，路过水果摊，看到一个卖苹果的商贩，就问商贩：“你的苹果怎么样啊?”

商贩说：“我的苹果特别好吃，又大又甜!”

老太太听罢摇摇头走了。

在这个案例中，商贩没有“审”，也没有“问”，只在销售环节，出了一个简单的“千”，而且还仅仅是产品，没有上升到解决方案的层面。由于商贩没有了解客户的真实需求，因此客户没有和商贩达成交易。

第二个商贩：

旁边的商贩见一位老太太从别的摊位过来，菜篮子里空空的。（审）

于是，这个商贩热情地和老太太打招呼，并问道：“您要什么苹果？我这

里的苹果种类很全。”（问）

老太太说：“我想买点酸苹果。”

商贩答道：“这种苹果口感比较酸，请问您要多少斤（1斤＝0.5千克）？”（千、卖）

老太太说：“那就来一斤吧。”

商贩说：“好嘞，给您称一斤酸苹果。”（卖）

之后老太太继续在市场上逛，好像还想买点什么。

在这个案例中，第二个商贩有了审、问、千和卖的环节，通过审和问，了解到客户需要酸苹果，而不是甜苹果，择机推荐了适合的产品，成交了一斤酸苹果。

第三个商贩：

这时老太太又看到一个商贩的苹果很抢眼，又大又圆，便去询问：“你的苹果怎么样啊？”

商贩看到老太太已经买了一些苹果。（审）

于是商贩答道：“我的苹果很不错。请问您想要什么样的苹果？”（问）

“我想要酸一些的。”老太太说。

商贩说：“一般人买苹果都是要大的、甜的。您为什么要买酸苹果呢？”（审，问）

老太太说：“儿媳妇怀孕了，想吃点酸苹果。”

商贩说：“您对儿媳妇真是体贴啊！您儿媳妇一定能给您生一个大胖孙子。几个月以前，这附近也有两家要生孩子的，就是来我这里买的苹果。您猜怎么着，这两家生的孩子都白白胖胖的。”（隆）

商贩又问：“您想要多少酸苹果？”（卖1）

“我再来两斤吧。”老太太被商贩说得高兴了。

商贩又给老太太介绍其他水果：“橘子也适合孕妇吃，酸甜可口，含有多种维生素。”（千）

“您是否也买一些橘子？”（卖2）

“好，那就再来三斤橘子。”

“您人可真好。儿媳妇摊上了您这样的婆婆，实在太有福气了！”商贩称赞着老太太，又说自己每天都是几点进货，水果天天卖光，保证新鲜，要是老太太感觉好吃，再过来买。（安）

老太太被商贩夸得开心，提着水果，满意地回家了。

第三个商贩采用了非常完整、系统的结构性营销法，将“六步法”巧妙组合使用，步步为营。当然，在这个故事里，第三个商贩可能只是无意识地使用了“六步法”，他还没有上升到理论的层面。接下来笔者将第三个商贩行为的底层逻辑萃取出来，让营销人员可以借鉴和复制，见表（5-1）。

表（5-1） 结构性营销“六步法”情景表

序号	人物	角色	情景描述	阶段
1	老太太	客户	你的苹果怎么样啊	—
2	商贩	营销人员	老太太已经买了一些苹果	审
3	商贩	营销人员	我的苹果很不错。请问您想要什么样的苹果	问
4	老太太	客户	我想要酸一些的	—
5	商贩	营销人员	一般人买苹果都是要大的、甜的。您为什么要买酸苹果呢	审、问
6	老太太	客户	儿媳妇怀孕了，想吃点酸苹果	—
7	商贩	营销人员	您对儿媳妇真是体贴啊！您儿媳妇一定能给您生一个大胖孙子。几个月以前，这附近也有两家要生孩子的，就是来我这里买的苹果。您猜怎么着，这两家生的孩子都白白胖胖的	隆
8	商贩	营销人员	您想要多少酸苹果	卖1
9	老太太	客户	我再来两斤吧	—
10	商贩	营销人员	橘子也适合孕妇吃，酸甜可口，含有多种维生素	干
11	商贩	营销人员	您是否也买一些橘子	卖2
12	商贩	营销人员	商贩称赞着老太太，又说自己每天都是几点进货，水果天天卖光，保证新鲜，要是老太太感觉好吃，再过来买	安

审
问
隆
千
卖
安

第二节　营销总监从容面对，将事故变为故事

永远不要浪费一场危机。每一次危机背后都隐藏着巨大的机会。因为每个人处理危机的方法和能力不同，所以最终产生的结果也各不相同。在这里我们暂且把危机等同于事故。

营销总监如果能将每一次的事故处理都当成是一次机会，最后就会产生意想不到的效果。这就需要营销总监具备将事故变为故事的能力。

对于营销总监而言，处理棘手的事情是常态。这就要求营销总监具有处理突发事故的能力。在处理这类突发事件的时候，营销总监需要具备高度共情的能力，时刻站在对方的角度来考虑问题，处理问题的速度要快，处理问题的态度要真诚。

在笔者所著的《华为营销基本法》一书中，有一个关于35次紧急电话的故事。

美国著名记者基泰丝,有一年来到日本东京，她想给住在东京的婆家送一份见面礼。她思来想去，还是决定购买当时日本人最喜欢的礼物——索尼牌唱片机。为此，她来到日本的奥达克余百货公司（以下简称“奥达克余”）。售货员彬彬有礼，特地为基泰丝挑了一台未启封包装的唱片机。

回到住所，基泰丝想要开机试用时，却发现该机没有装内件，根本无法使用。她不由得火冒三丈，准备第二天一早就去奥达克余交涉，并迅速写好了一篇新闻稿，题目是《笑脸背后的真面目》。

第二天一早，基泰丝在动身之前，忽然收到奥达克余的负责人打来的道歉电话。50多分钟以后，一辆汽车开到她的住处。奥达克余的副经理和提着大皮箱的职员从车上下来。俩人一进客厅便鞠躬，表示特来请罪，除了送来一台新的合格的唱片机以外，又加送蛋糕一盒、毛巾一套和著名唱片一张。接着，

副经理又打开记事簿，宣读了一份备忘录，上面记载着奥达克余的工作人员通宵达旦地纠正这一失误的全部经过。

原来，在昨天下午4点30分清点商品时，售货员发现自己错将一个空心货样卖给了基泰丝，她立即报告公司警卫并迅速寻找基泰丝，但未找到基泰丝。此事非同小可！经理接到报告后，马上召集有关人员商议。当时只有两条线索——基泰丝的名字和她留下的一张美国快递公司的名片。据此，奥达克余的职员连夜开始了一连串无异于大海捞针的行动：打了32次紧急电话，询问东京各大宾馆，没有结果。再给美国快递公司打电话。深夜接到美国快递公司的回电，得知基泰丝父母的电话号码。接着又给基泰丝的父母打电话，得知基泰丝婆家的电话号码，最后终于弄清了基泰丝在东京期间的住址和电话。这期间的紧急电话，合计35次。

这一切使基泰丝深受感动，她立即重写了新闻稿，题目叫作《35次紧急电话》。

这个故事告诉我们：出现了事故不可怕，可怕的是面对事故束手无策。在事故发生后，从容淡定、积极应对、主动担当就可能感动客户，最终让事故变为故事，让传说变为传奇。

海尔砸冰箱的故事、帅康集团砸油烟机风机的故事、万科砸墙的故事等等，都是把事故变为故事的典型案例。

企业管理者可以将这种变事故为故事的能力应用在危机公关上。再来看一下在危机公关方面处理得比较成功的企业案例——海底捞“老鼠门”事件。

2017年8月，有媒体曝光了海底捞北京劲松店、太阳宫店有老鼠在后厨地上乱窜，打扫卫生的簸箕和餐具同洗混洗，用顾客使用的火锅漏勺掏下水道等问题。向来以服务和质量著称的海底捞陷入了舆论风波。

海底捞在处理这一危机时，并没有逃避责任，而是主动承认错误，并立刻改正。也因为这一事件，海底捞加入了“明厨亮灶”工程：要求所有的海底捞厨房都透明化、公开化、信息化。这个行动得到了广大消费者的认可。这次事故并没有对海底捞造成太大的影响。海底捞反而把事故变为故事，赢得了社会的好评。虽然最后的结果是好的，但是企业在实际运营中还是要尽量避免这类事件的发生。能够在事故发生之前就做到防患于未然，才是智者的做法。关于危机公关的处理原则，详见本书第六章第十四节内容。

将事故变为故事的能力是营销总监运营市场的核心能力之一。要掌握这种能力，营销总监需要具备几个要素：一是快速反应；二是态度诚恳、勇于担责；三是顺势而为、把握时机；四是弥补措施，让自己的真诚和行动能被看见。

第三节　商务谈判中的语言艺术

一、“五话合一”

如果你会说话，别人就愿意听你继续讲下去。因此，会说话的人一开口就赢了。对营销总监来说，会说话是必备的职业基本功。

市场业绩是营销人员的生命线。营销高管让营销人员学会与客户交流是提升市场业绩的第一要务。会说话是营销人员在商务沟通中的必备技能。会说话的人在商务交流中不仅让客户感觉舒服，同时还能通过语言的沟通艺术来洞察客户的内心需求，让营销变得水到渠成。

如何成为一个会说话的人呢？需要掌握“五话合一”的技巧。“五话”是指寒暄话、赞美话、技巧话、专业话、实在话；“合一”就是指将“五话”进行组合使用、综合表达，达到营销的预期目的，见图（5-2）。

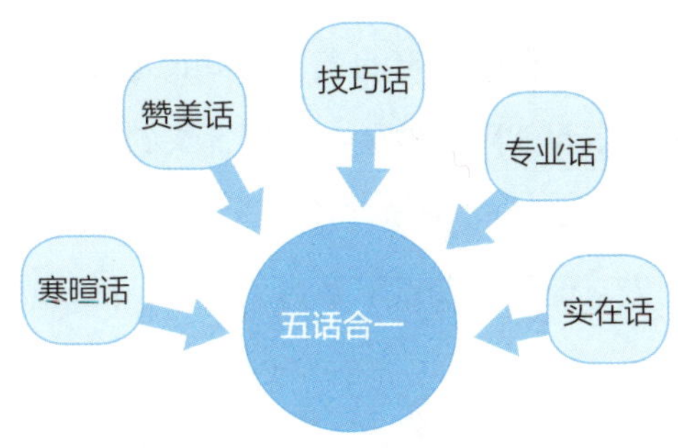

图（5-2）“五话合一”

“寒暄话”是人与人交流的基础语言，比如我们与他人见面之后的嘘寒问暖，互相寒暄。试想一个场景：你与客户第一次见面，没有说寒暄话就直奔主题，会显得很唐突，接下来的沟通会因为太直接而变得尴尬，沟通的效果就不好。在与人沟通时要循序渐进，不能进展得太快。一定要掌握好寒暄话对沟通氛围的“软化”和“润滑”作用。

例如，你在拜见客户的时候，本来是客户迟到了，但如果转变表达方式，采用寒暄的方式就能让氛围变好一些。比如你说：“不好意思，这次没有预约，唐突叨扰，实在是非常抱歉。”这样你就会化解尴尬的局面。同时客户也会认为你是一个通情达理、处事通达的人。

赞美话的重要性和作用不言而喻。但如果你滥用赞美话，他人很容易认为你只是在敷衍他而已。营销人员在赞美客户的时候要抓住一个点，注意赞美的细节。比如赞美女客户的外在美，就不能用通俗的大众式赞美，诸如“闭月羞花，沉鱼落雁”之言就太直白，而“中秋之月，春晓之花”则太文雅，“桃羞杏让，燕妒莺惭”又太生僻，可以说“您一看就很有品位，衣服上的配饰与您衣服的颜色特别搭，很雅致……”。赞美有细节又具体，会让人觉得你的赞美是真心的。

还要记住一句话：“逢人减岁，逢物加价。”“逢人减岁”的意思是要说对方年轻，不管男女都适用。过去在职场，说男性年龄大一些表示成熟稳重，现在不灵了，喊“大哥”肯定比称呼“大叔”更让人心里舒服。

“逢物加价”的意思是看到人家的东西，要说它很贵重，夸赞人家很有品位。你见了别人刚买的东西就判断他是在地摊上买的，谁听了都会心里不舒服。要明白“逢人且说三分话，未可全抛一片心”的真谛。营销人员在和客户说话时可以稍微“虚”一点，但是出发点不是为了骗人，而是真心赞美，营造氛围，拉近距离。

“处处留心皆学问，三人同行有我师。”“纸上得来终觉浅，绝知此事要躬行。”用心观察生活，拥有同理心，待人真诚，你就会“舌绽莲花”。

“技巧话”是指我们要掌握一些说话的技巧。例如，人家都已经邀赞（邀请赞美）了，你再不去赞美的话，说明你连说话的基本技巧都没有掌握，更不懂人情世故。

比如，有一次我去拜访一位客户，他听过我的课，而且在现场赞美我课讲得好。其实这位客户的口才也很好，也时常受邀在高校讲课。我就说："您的课讲得非常好，让我们这些专业的老师都汗颜。今天我实在是班门弄斧了……"这位客户听完我对他的赞美之后，就兴致勃勃地给我讲起他在大学时代担任学生会主席的事情。

如果你将技巧话掌握得娴熟，就应该知道客户在邀赞了，应该择机进行二次赞美："课讲得好可不仅仅是靠好口才，还要具备学识和修养。您有授课天赋，而且您在大学时期就开始崭露头角了……"如是，谈话就会继续下去。

"专业话"是指我们要熟知产品知识、技术方案、行业资讯等，具备专业素养，面对行业内的专家要说专业话，不能说外行话。例如，在与专业人员交谈时，我们要多用行业术语，和华为人员交流要明白ICT（信息与通讯技术），和互联网人员交流要懂得DAU（日活跃用户数）之类的专业术语。专业术语是需要我们专门积累和学习的。我们只有具备"板凳要坐十年冷，文章不写半句空"的扎实精神，让自己成为行业的专家，才能有信手拈来使用专业话的淡定与从容。专业话的技能掌握需要我们深耕一个行业多年。

"实在话"是指我们在沟通过程中要做到真诚。比如在订单快要成交时，我们可以这样表达："对于您这一单，虽然我们不赚钱，但是我们很重视这一单，因为您是我们的重要客户。即使不赚钱，也要赚名声和口碑，我们感到非常荣幸。"这样表达往往会让客户迅速签下订单，而且为下次合作打好了基础。再比如，我们在卖完货之后还会说："这个货是以最便宜的价格卖给您的，您千万别说出去，否则会影响我们和其他客户的合作。"这也是"实在话"的使用方法。

当然，上面提到的"五话合一"只是说话的一些小技巧。想要熟练且正确使用商务语言，我们需要刻意练习，在不同的场景中不断实践并复盘修正。营销总监应该在日常生活中观察、实践、修正和积累，让自己"胸藏文墨虚若谷，腹有诗书气自华"。

二、“五话不说”

查理·芒格在一次演讲中提了一些人生建议，其中一条是“逆向思考，想得更清楚”。“反其道而思之”使问题的本质更容易凸显。例如，在司马光砸缸的故事里，正向思维是“救人离水”，而逆向思维则是“让水离人”。司马光显然采用的是逆向思维。凡事从正反两方面入手，才会将事情理解得更透彻。对于说话这件事也是如此，知道说什么很重要，知道不说什么也同样重要。

“五话合一”告诉我们该怎样说话。但仅仅掌握应该说什么话是不够的，还应该掌握不说什么。查理·芒格曾说，明智就是懂得自己不能做什么。同理，营销总监也要知道“五话不说”的技巧。

“五话不说”就是指不要说五种话。祸往往发生在自己身边，言语也能够惹出祸端。“五话不说”分别是指：背后不说闲话，人前不说狂话，遇事不说怨话，领导面前不说套话，客户面前不说假话。

“话”没有被说出口之前，你是“话”的主人。一旦“话”被说出去，你就是“话”的奴隶了。所以我们一定要在说话之前好好思考，对于不能说的话，坚决不说。

背后不说闲话。切忌在别人背后嚼舌根。你所说的任何一句是非，早晚有一天会传到被说的人耳朵里去，徒增烦恼。一些员工之间莫名其妙地就产生了隔阂。这个隔阂是怎么来的呢？往往就是因为有人在背后多说了几句闲话而已。在商务环境中，客户之间的关系本来就微妙。营销人员就更不能在客户面前说一些与工作毫无关系的闲话。静坐常思己过，闲谈莫论人非。慎独慎言，方成大器。

背后不说闲话的方法是开诚布公。如果你有问题，就坦诚地和他人交流，当面指出问题，但态度要友善。荀子说过这样一句话："故非我而当者，吾师也；是我而当者，吾友也；谄谀我者，吾贼也。"鼓励大家当面说问题，而不是当面说谄媚的话，背后说风凉话。

人前不说狂话。商务谈判的环境有时候就是酒桌上。酒过三巡之后，大家会进入"海侃"的状态。在商务环境中，酒后的话也应该是算数的，因此酒后不可以说狂话。

在识人术中，有一项叫"醉之以酒，以观其态"，就是把一个人灌醉之后，看看这个人的状态如何。如果这个人喝醉后在他人面前说狂话，就证明这个人自控情绪能力弱，难堪大任。真正有所作为的人，不论在什么样的场合，无论多么有兴致，不管多么春风得意，也不论多么穷困潦倒，都能淡定从容，不疾不徐。

遇事不说怨话。抱怨是很多人的通病，但抱怨无益于解决问题，还会破坏团队的氛围。有个"烂苹果理论"，大概意思是筐内有一个苹果烂掉了，如果不及时清理掉这个烂苹果，整筐的苹果都容易烂掉。营销总监的一项重要工作就是：打造正能量的团队，避免团队滋生"抱怨文化"。

在商场上，我们与同事一起投标时，就算失败了，也不要互相抱怨，而要互相打气，调整策略，重新再来。在华为集团营销系统中，有一句很好的话："胜则举杯相庆，败则拼死相救。"

领导面前不说套话。汇报工作说结果，请示工作说方案，总结工作说流程，部署工作说标准，交接工作讲道德，回顾工作说感受。向领导汇报工作，如需领导决策，就让领导做选择题，而不要让领导做开放性的题目。在向领导汇报工作的时候，语言要精练，言简意赅，不要绕来绕去。笔者在帅康集团担任常务副总裁的时候，就提出“5分钟汇报”原则：来汇报的人如果5分钟说不清问题，就需要开专题会，去会议现场做决策。

客户面前不说假话。根据“120”服务法则（详细见本书第六章第十二节内容），客户需要100分的服务，我们要给客户提供120分的服务体验。这个服务法则绝对不是让我们把100分夸大说成是120分，而是在具体的行动上真正做到120分，给客户带来惊喜。

商道酬信，真诚和真实胜于浮华。在商界，真诚是稀缺的资源。说一句假话，需要用更多虚假的话来掩盖，最后你就活在谎言中，结局必然是作茧自缚。说假话会让客户质疑说谎者的品格，近而质疑公司的价值观，这是商业大忌。因此海尔立志要“真诚到永远”。

背后不说闲话，人前不说狂话，遇事不说怨话，领导面前不说套话，客户面前不说假话。“五话不说”让你成为语言的主人，商界的高人。

第四节　营销管理之道

一、“七商”之商

1973年，美国著名心理学家麦克利兰提出一个著名的人员素质“冰山模型”，将个体的素质分为冰山以上和深藏冰山以下两部分：冰山上面是知识和技能，冰山下面包括社会角色、自我认知、特质、动机。对营销高管来说，冰山上面的部分是能力外显的表现，冰山下面的部分应该成为能力素质的核心。

随着时代的发展，“销售”这一岗位的工作业态也在发生颠覆性的变化。2020年，受人社部委托，中国就业培训技术指导中心于5月11日发布《关于对拟发布新职业信息进行公示的公告》，公告中拟新增十个新职业，其中一个新职业是互联网营销师，其下面包含一个工种——直播销售员。随着营销岗位的具体形式和职责的变化，社会对营销人员的技能要求也在改变。

随着销售方式的变化和销售理念的升级，营销人员的岗位职责在变化，但不变的是“冰山下的内容”。

笔者认为营销总监必备“七商”。“七商”分别是指：智商、情商、韧商、学商、融商、形商、财商。

智商通常是指一个人聪明不聪明，但营销的智商是指大智慧。所谓大智慧，可以从两个维度进行理解:一方面是指“同志者同谋，同志者相谋”；另一方面是指“小聪明是视力，而大智慧是视野”。

志向相同的人在一个团队中工作能够形成技能互补。智慧相同但志向不同、价值观相左的人一起为伍就像同槽之马，会相互撕咬。有智商的营销总监要能识人，能搭班子，能建团队。

一只狼来到一片草原猎取兔子，足足等了三天，一无所获，最后得出结论——此处没有兔子，就离开了。又一只狼来到这片草原，发现草原上水草丰盛。这只狼认为：只要草木繁盛的地方就一定有兔子。三天等不到兔子，这只狼就继续潜伏等待，等到第五天的时候，终于抓到了兔子。第一只狼靠的是视力，是自己所认知范围内的小聪明。第二只狼靠的是视野，是大智慧基础上的洞察和判断。第一只狼有小聪明，而第二只狼有大智慧。

情商的最高境界就是思方行圆（详见本书第四章第一节内容）。可以用简单的三句话概括情商：说话让人舒服，做事让人感动，还能成人之美。情商高的人在与他人交往中，总是能够反求诸己，倾向于内归因。既有雷霆手段，又有菩萨心肠，这也是营销高管具备高情商的重要表现。

高情商的人非常注意说话技巧。别人爱听你说话，你又能成人之美，同时具备同理心，自然可以左右逢源。笔者认为营销人员还必须具备用户思维。可以将这种用户思维简单地概括为十六字箴言：各美其美，美人之美，美美与共，天下大同。

韧商代表一个人对一件事的执着程度，也可以理解为韧性，又被称为逆商。一个人的韧性体现在跌到低谷时的反弹能力。如果一个人身陷艰难困苦之中，依然能够坚韧不拔地成长进取、愈挫愈勇，他就具备了韧商。

2019年3月，罗永浩不再担任锤子软件法定代表人。罗永浩当时背负了6亿元的债务。2020年3月19日，罗永浩宣布进军电商直播，第一场直播就创下了1.1亿多元的带货业绩。在罗永浩身上，我们可以看到韧商。

学商是一个人学习能力的综合表现。学li的li所对应的汉字，一是学历的“历”，另一个是学力的“力”，这两个li组成了学商。学历是我们迈入职场的敲门砖，证明了我们过去的学习能力。学力是指一个人的知识水平，以及接受知识、理解知识和运用知识的能力。在营销管理界，人才是动态的。也就是说，一个人今天是人才，明天未必是人才。一个人想要持续成长，必须具备学习的能力，提高学商。

学商的培育需要从六个方面入手：驱动力、注意力、自信心、灵活度（学习方式）、独立性和反思力。

融商就是整合资源的能力。在“互联网+”时代，资源不在于拥有，而在于整合和利用。利用好共享经济带来的红利就是融商在商业中的具体实践。拼多多、抖音和快手等软件运营模式的背后都有资源整合的底层逻辑。

形商不仅是指一个人外在的形象，也是指一个人的行为习惯和语言表达方式等。例如，在与客户进行商务谈判时，我们的仪态、着装等都透着形商。良好的形商让我们一开始就能给他人留下良好的印象，让我们的商业行为一开始就与众不同。好的开始是成功的一半。要让形象、行为赢在诸事的开端。

财商是指一个人对财富的创造和管理能力。一个人对财富的看法和追求方式是一个人三观的重要投射。

对于财富的经营观，2000多年前的司马迁在《史记·货殖列传》中有非常精辟的观点：“是以无财作力，少有斗智，既饶争时，此其大经也。”这句话的意思是：在没有财力的时候，应该努力创造财富；等到有了一些财富以后，就要靠才智来经营财富；财富多了，就要努力争取赚钱的时机，这才是积累财富的道理。

商业经营的财富管理是认知性的，也是实践性的。辛勤努力、经验智慧、时机把握等要素都是我们获得财富的必备素养。“天下熙熙，皆为利来；天下攘攘，皆为利往。”坐贾行商，利来利往。财商也需要与时俱进。除了生财有道之外，我们还需要具备爱国情怀和社会责任感，并且要创新、诚信，拥有国际化视野。

对于营销总监而言，正确认知财富是必要的。财富要靠我们辛勤工作来获得，同时还需要我们用心经营和管理。营销高管不应该把财富看得太重，否则就容易成为守财奴，缺乏共享精神，难以聚拢人才。同时，营销高管也不能任意挥霍财富，要把财富当作资源杠杆，做到财散人聚，惜才如命，以财引才，而不是惜财如命。华为集团创始人任正非“挥金如土”（具体内容见本书第五章第十八节）的观点值得营销高管学习。

对营销总监来说，财商是连接精神世界与商业世界的桥梁。营销总监要树立正确的金钱观、财富观。财商高的营销总监可以走得更稳健、更远。这就是所谓的“正向财道不远人，邪路财道不藏奸”。

二、“四治”模型

营销的本质是洞悉人性，并从人性出发，做到以人为本。一个优秀营销团队的最高境界应该是自治的组织形态。

企业管理的难题之一是对人的管理。对“90后”“00后”员工的管理成为企业管理的热点和痛点。营销总监想管理好“人”，就需要完成从人治，到法治，再到心治，最后到自治的过渡，这就是营销中的“四治”模型。

第一个境界是人治。在公司初创时期，大家会围绕着团队中的一个核心人物来做事情。如果营销团队也处在初创时期，营销总监往往就是这个核心人物，其他团队成员的心态是“让我干什么，我就干什么”，这就是人治。在企业或者组织初创时期，人治是必要的，这种组织形态的执行力高，运营效率高。在初创期，企业对团队的反应速度要求比较高时，人治的优势充分凸显。

改革开放后，中国涌现出的第一代企业家，诸如格力电器朱江洪、美的集团何享健、海尔集团张瑞敏、华为集团任正非等，都是初创团队中的核心人物。一些大型企业在初创期的组织形式也是始于人治。

第二个境界是法治。法治具体是指用流程管人，而不是人管流程。通过法治的“法”来改变和提升整个团队的效率以及战斗力。ERP系统、CRM系统、SCM系统等都是企业进入法治阶段的具体体现。海尔集团的OEC管理、人单合一、小微创客，华为基本法和华为的股权激励（ESOP计划和TUP计划），都是典型的法治管理模式。

第三个境界是心治。心治又被称为文治，具体是指用企业文化来管理企业。在“互联网+”时代，一些企业对法治环境进行了升级。员工对公司价值观和人文环境的要求越来越高。诚信、创新和以奋斗者为本的企业文化逐渐成为主流价值观。

在企业管理中，激励体系、员工制度等都属于硬制度，而企业文化属于软制度。企业通过塑造员工的价值观，打造高凝聚力团队，让员工的价值得到充分发挥。员工和企业共同成长。阿里巴巴的人力资源管理体系就是文治管理的成功典范。海尔集团的价值观经营体是文治实践中组织创新的成功范例。

第四个境界是自治。自治具体是指员工的自我管理。企业管理的最高境界无疑是员工的自我管理——不待扬鞭自奋蹄。自我驱动、自我管理、自我激励，每一个人都在组织中发挥最大的效能，实现自我最大价值，让组织得以持续成长。

稻盛和夫的阿米巴组织，海尔集团的创客模式、自主经营体等等，都是企业在自治阶段组织创新的大胆尝试。按单聚散、按单计酬、自负盈亏，这种组织形态能充分调动员工的工作积极性。在自治阶段，有三个驱动成为驱动员工工作积极性的动力，分别是自我驱动、创新驱动、激励驱动。在自治阶段，自治组织需要三个特权，分别是用人权、决策权和分配权。

韩非子说：“下君尽己之能，中君尽人之力，上君尽人之智。”这三个境界分别代表着人治、法治和心治。自治就是老子所言的“太上，不知有之”阶段——员工忘记了管理者的存在。不论管理者是否在现场，员工的工作状态都是一致的，不需要他人的监督。自治应该是企业管理者最想看到的状态。

三、“三只眼”模型

除了要关注行业本身的发展动态以外，营销总监还应该关注行业外部的趋势。营销战略的制定需要管理者对资源和机会的探究，对行业宏观环境的洞察。

你的竞争对手有时不是同行，而是“跨界打劫”的人。营销“三只眼”就是帮你练就对市场趋势的洞察力和判断力。

在营销战略制定之前，企业管理者要做好内部资源管理、资源配置、核心能力梳理，做好企业外部产业动态和行业趋势的量化分析，从而做到知己知彼，百战不殆。

营销总监应该具备“三只眼”，分别是左眼盯现场，右眼盯市场，第三只眼睛盯趋势（走向）。

左眼盯现场。企业管理者要向内看，看内部现场管理，向管理要效益；聚焦内部员工的管理，提升员工的忠诚度、凝聚力、配合度；加强团队建设，提升团队绩效；巩固组织文化，增强企业使命感。

右眼盯市场。企业管理者除了关注企业内部组织、团队绩效和企业文化建设等方面以外，还需要关注外部市场的变化。市场不变的法则就是永远在变化，要迎合市场的变化，就必须了解市场的需求变化。

市场决胜在终端。营销总监必做的功课之一就是定期到一线去了解市场的变化。据说，三星电子大中华区总裁权桂贤去终端做市场调研时发现，东北市场的三星智能手机在零下20摄氏度以下的环境中就不能正常使用。这条信息被调研出来后，权桂贤马上反馈给三星手机的研发和技术部门。三星电子很快针对中国东北市场推出了一款耐低温智能手机。再比如海尔馨厨冰箱的诞生，也是源于用户需求的变化。这种智能冰箱可以连接线上超市，可通过语音的方式与终端超市物联对话，在线即时下单采购新鲜果蔬、肉蛋等食材，按时配送到家。馨厨冰箱不再是冰箱，而是一个智能终端，它同时具备影音娱乐、在线购物、食谱等多种功能。这些高科技产品的诞生都得益于“盯市场”。

第三只眼睛盯趋势（走向）。在商业环境中，当优势和趋势相遇的时候，我们要选择趋势。企业管理者要在一个大的时代背景下来审视内部管理。所以，张瑞敏先生认为：没有成功的企业，只有时代的企业。

第三只眼睛要能发现240多年前亚当·斯密在《国富论》中提到的“看不见的手”。笔者认为：这只“看不见的手”是指市场规律，只能被第三只眼睛发现。结构性调整和周期性调整是市场规律使然。机制性调整方式是政府有形的手，可以预判企业、产业的未来趋势和走向。从宏观层面来探究行业的发展趋势，关注行业的相关政策变动，找出趋势，顺势而为，乘势而上，就能做到“好风凭借力，送我上青云”。

5G技术、大数据、人工智能、工业互联网、新能源汽车充电桩等产业市场前景好，但需要技术和管理的双轮驱动。“中国制造2025”带来的趋势是精密制造、高新材料、新能源行业等。这些行业的发展潜力很大，但需要企业实现从制造到智造，再到创造的核心转型。

营销总监要将“三只眼”组合使用，不能厚此薄彼，顾此失彼。每只眼睛的作用不一样，管理、市场和趋势是“三只眼”审视的关键词。

用“三只眼”洞察不同的管理层次。营销总监应该优化管理，预测市场的变化，与时俱进。

四、“四鱼”法则

我们可以在内部管理、渠道商合作、大客户战略关系建立和商务谈判中使用“四鱼”法则。“四鱼”法则告诉我们：可以将服务和产品分为四个层次，逐步提升每个层次。针对不同的客户群体，我们应该为其匹配不同层次的产品或服务。

“四鱼”法则中的“四鱼”当然不是草鱼、鲢鱼、鲫鱼和鲈鱼，而是代表着四种“yu”的发音，第一个是“鱼”，第二个是“渔”，第三个是欲望的“欲”，第四个是娱乐的“娱”，见图（5-3）。

营销的过程就是价值交换的过程。授人以鱼就是初级的价值交换。客户付钱，企业交付产品或者服务，这种模式的营销就是产品营销。

授人以鱼是产品思维。企业要充分了解客户的需求，并根据客户的需求调整产品策略。例如青岛海福康海参创始人尹宝德一心专注海参的养殖工艺、加工工艺、冷链物流的优化。尹宝德专注海参20多年，他的观点就是授人以鱼

(海参),把最好的“鱼”给客户就是海福康最大的存在价值。

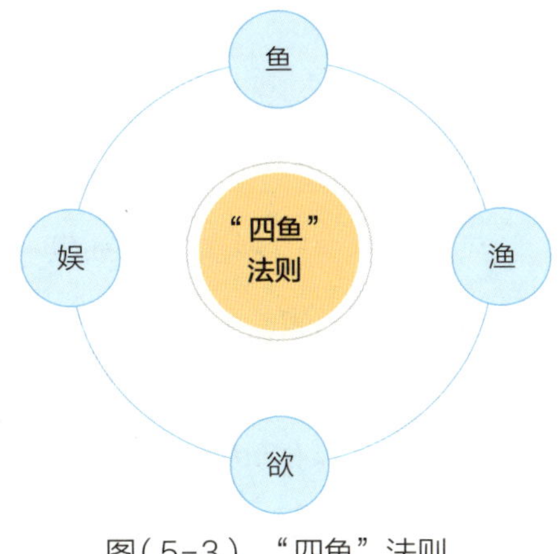

图(5-3) “四鱼”法则

有句经典名句:“鸳鸯绣了从教看,莫把金针度与人。”这句诗的意思是:可以将绣成的鸳鸯交给人们去观赏,但不要把那枚能绣出鸳鸯的金针传授给别人。也就是说,你可以将产品送人,但是做产品的诀窍或秘方不要传授给他人。

做产品的方法和技巧就是我们说的“渔”。有格局的营销高管反其道而行之,愿意把一些方法传授给员工或者合作伙伴。例如,天威控股董事局主席贺良梅先生,成立了“天威私塾会”,邀请知名管理专家定期给不同区域的代理商高管及核心员工授课,提升他们的管理水平。贺良梅先生认为:只有合作伙伴的管理水平提上去了,企业的销售竞争力才能提升。客户(代理商)和企业之间是命运共同体关系。客户授用户以鱼,企业就要授客户以渔。

一个组织或者个人,只有渴望成功,才会激发斗志。在阿里巴巴,核心员工必须具备“要性”,也就是对成功的渴望。“要性”是阿里巴巴“北斗七星”选人法的核心内容之一,详见本书第二章第十一节内容。这种渴望成功的员工才会驱动自己制定愿景目标。

授人以“欲”在华为集团称作“成就导向”。华为集团要求营销人员必须具备七个素养。在这七个素养中,排在第一位的就是“成就导向”。一个人如果没有对功成名就的渴望,就不具备狼性精神,更无从谈起“以奋斗者为本”。

如果你的团队要远航，千万不要马上造船，先要激发团队成员对海洋的渴望。管理者先要激发员工或者合作伙伴对成就的渴望，拥有共同的欲望——因为上下同欲者胜。“力出一孔，利出一孔”，齐心协力和勠力同心的驱动力在于大家的“欲”是一样的，有共同努力的方向。

最后一个是娱乐的“娱”。好工作，不如乐工作。如果一个人把工作当成是一件快乐的事情，就会大大地提升工作效率。如果一个人在工作时死气沉沉，没有活力，就难以保证工作持久力。

营销高管需要了解员工的性格、爱好等，善于组织团队活动，营造亲密、协作的氛围，让团队里的每个员工都有归属感。组织的存在如同太阳，照到哪里哪里亮，而不是如同月亮，初一、十五不一样。

笔者认为：最高境界的管理应该是宓子贱（孔子的徒弟）的“鸣琴而治”：鸣琴唱和，百姓乐业，而他只负责甄选人才并使用人才即可。营销也是如此。最高境界的营销管理应该是：治营销如烹小鲜一样地从容淡定，员工努力自发工作，客户积极参与企业产品和服务的改良，一切和谐，万事顺遂。想要达到这种境界，需要乐观向上的大格局和大智慧。

当然，“四鱼”法则也在升级，出现了“七鱼”法则，增加了“授人以

遇，授人以誉，授人以愚”。授人以遇就是指管理者给员工提供发展的平台和机遇，放手让员工施展所学。授人以誉就是指管理者帮助员工或者客户获得社会的赞誉，让他们名利双收。授人以愚就是指管理者培养员工务实、稳重的工作作风。正所谓大智若愚，谦卑若愚。

五、湿营销理论

2020年，阿里巴巴第十二届云栖大会的主题是“数智未来，全速重构”。未来社会的组织方式将突破“干巴巴”的社会关系，重构成“湿乎乎”的人人时代，即人与人、人与物、物与物之间要靠智慧化系统连接。人与人之间可以凭借大数据的算法逻辑，相互吸引、相互组合、相互分享、协同合作。克莱·舍基早在十几年前就提出“未来是湿”的观点。现在的商业现实印证了克莱·舍基的预言。克莱·舍基所提及的“湿”时代其实就是现在的物联网时代。物联网时代的营销被称为湿营销。

湿营销理论在“互联网+”时代的现实意义超越了理论本身的学术意义。

笔者结合具体的管理实践，重塑湿营销的观点，希望引起企业界和学术界的关注，并期待更多的人来探索和研究湿营销理论。

湿营销区别于传统的“干营销”主要体现在三个方面：营销的诉求、营销的过程和营销的结果。又可将营销的过程分为三个部分：湿路径、湿体验、湿优化，见图（5–4）。

首先是湿营销的诉求。湿营销的诉求和创意也是“湿”的。营销的诉求需要企业和消费者、合作伙伴（供应商、分销商等）等利益攸关方一起提出。这就需要企业和消费者、合作伙伴充分接触，在社群内充分融合。例如：海尔集团的自动叠衣机是供应商提出并参与设计的，小帅影院是创客和消费者一起创造的。一些播出平台会根据弹幕的大数据来预测观众的喜好，根据观众的喜好调整剧情，让电视剧的剧情按照观众的思路走，这时候观众就变成了剧本创作者。

其次是湿营销的过程，包括三个部分：湿路径、湿体验、湿优化。

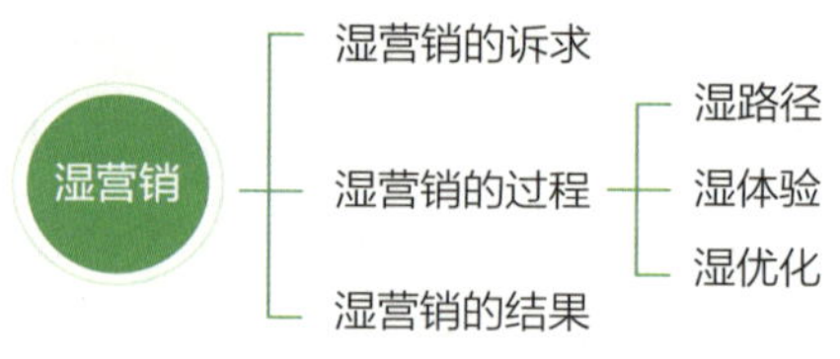

图（5-4） 湿营销理论

湿路径是指C2C的方式，就是个人对个人的生产。也就是说一个C端是个性化的需求，而另一个C端是个性化的供给。如是，营销路径变成了C2M，即大规模个性化定制生产。这种营销路径打破了帕累托法则，变成了长尾理论——每一个人都有个性化的需求，利润的贡献不再集中在正态分布的中央，而是向两端无限延长。

青岛的红领服饰，现在改名酷特云蓝，这个系统背后的逻辑包含C2M模式，也包含F2M模式（Family to Manufacturer，家庭对工厂制造）。无论是针对个体用户，还是针对家庭的小群体用户，酷特云蓝的营销路径都变成了湿路径，就是和用户充分融合。用户是信息接收者，更是信息传播者。企业和用户不再是干巴巴的交易关系或者贸易关系。

"湿体验"是指"你中有我，我中有你"的一种体验方式。湿营销的体验是用户与用户的深度对话，并在对话过程中产生对产品和品牌的信任。湿体验要求深度互动的体验。湿体验的实现依赖AI、数字技术、网络技术和VR/AR等技术的融合，让用户可以随时有沉浸式的情景体验。

在2020年新冠肺炎疫情期间，南京邮电大学2020届研究生毕业典礼暨学位授予仪式别出心裁地推出"云毕业典礼"，采取线上、线下相结合的模式，机器人代替学生领毕业证，校长在线拨穗，在家领毕业证的学生通过机器人的智慧屏和校长互动。

湿营销购物场景的数字化是湿体验成为趋势的缘由。原来购物消费付现金，现在可以刷脸支付或者手机支付，这些都是湿体验的具体表现。

国家推出的供给侧结构性改革，提倡中国制造到中国创造转型，其中的重要内容就是湿体验的创新和创造，包括产品体验、服务体验，都可以升级到湿层面。丰巢超时收费的问题曾引发争议，但就其在新冠肺炎疫情中的表现来看，丰巢的见货不见人的模式可谓是“云湿”，解决了快递配送中“最后100米”的难题，是湿体验的形式之一。阿里巴巴在第十二届云栖大会上推出了“无影”云电脑和物流机器人“小蛮驴”。这些云生态产品让消费者有了湿体验。

湿优化是指产品和服务的不断升级与迭代。这种创新过程是连续的、不割裂的。由于消费者和企业之间的关系已经互相渗透，因此企业和消费者共创产品已经成为趋势。在湿优化的环境中，企业很容易利用互联网技术建立动态数据库，进行动态的市场分析和决策。湿优化提倡对用户进行细分，为用户画像，根据不同的市场提供细分的产品和服务，精耕细作，实现精准服务。

湿优化的过程让营销策略更加精准，使线上和线下的数据融合，让线下体验和线上评价可视化、即时化。外卖小哥和快递小哥，可随时查看自己的收入和用户评价。他们为了一个五星的点赞疾驰穿梭在大街上，期待着下一个用户的满意评价。湿优化让新零售实现了升级。数字化技术的使用改变了中国的零售业态，加速了“数字化中国”的进程。

最后，湿营销产生的结果应该是湿品牌和湿销售。湿营销要求产生用户乐于传播的口碑品牌。这样品牌的传播就不会因营销活动的结束而结束，而是形成持续传播。湿销售的数据是即时的。我们可以在前端找到解决互联网销售问题的切入点，并可以利用后端数据验证问题是否得到解决。与此同时，顾客购买产品意味着第二轮营销的开始。顾客乐于分享和推荐，并由此诞生了KOL（关键意见领袖），让更多的顾客开始不一样的湿体验。

营销太干，
相濡以沫难维持。

湿营销，
即便相忘于江湖，
也即刻拥有彼此。

第五节　“像品牌”

品牌创新是营销创新的主要挑战之一。品牌是所有营销活动开始之前的顾客认知。如果你的行为和做法像一个大品牌所为，你的产品看起来“像品牌”，就是一种最简化可实行产品。

品牌代表一种形象，是企业外化的品格。一家企业的品牌形象就是对外展示的一扇窗口，也可以理解为企业的“机会窗口”。品牌形象的重要性不言而喻。

但是，对于每个初创的企业来说，品牌形象的树立都不是一蹴而就的，它是日积月累、厚积薄发的一个过程。在创业初期，企业的产品肯定不是知名品牌，但是企业的做事风格和特质要“像品牌”。这个观点对创业者来说尤其重要。

企业做到“像品牌”比“是品牌”要容易得多。企业管理者可以从三个方面入手，即品牌形象、行为规范、产品或服务的品质与展示。

首先是品牌形象，也就是我们常说的VI（视觉识别）设计，它包含了企业品牌名称、品牌定位和设计风格等内容。品牌需要“视觉锤”。品牌形象的设计并不难，只要企业管理者有一定的审美。例如，你设计的产品单页典雅大气，要言不烦，就比“将文字堆砌在一起，什么都想表达”要好得多。

TATA木门就是一家很注重品牌形象的企业，它的品牌定位是“静下来，幸福就来”，聚焦高端静音门窗。目标客户群体是具有一定消费能力的年轻人，具象化就是25～40岁的城市白领，有点小资格调。针对这一目标群体，TATA木门在机场和高铁站投放广告。

TATA木门的小情调品牌推广也是多元化的。TATA木门打造了自己的静音日，先是“717”，后来改成了“818”，通过电视台、天猫、京东、抖音、微信朋友圈、今日头条、百度等平台进行全渠道传播。2019年8月18日，TATA木门邀请13位明星在13个城市同时举行大型落地活动，举办了47场区域联动活动，951场城市中厅落地活动。TATA木门的品牌风格是“大格局”“大动作”。只要TATA木门的质量过硬，那它跻身高端品牌行列就只是时间的问题。

其次是行为规范，也就是我们常说的BI（行为识别）设计，它的内容包括企业经营行为、管理者行为、员工行为、商务礼仪等。企业员工是企业品牌的传播者，员工的言谈举止透露着企业的文化和气质。企业在初创时期可以使用有限的资源，改变自己的行为，让自己的行为会说话。

有日本“蛙王”之称的北岛康介在比赛前会先用干布擦一下自己的跳台——无论比赛大小，他都会做这个动作，长时间以来，已经形成了习惯，也是他的标志性BI。据说这么做的原因是：在很早之前，北岛康介曾经在一次比赛入水前滑倒了，错过了比赛。因此，在每次比赛之前，北岛康介都会先用干布擦一下自己的跳台。

北岛康介所表现出来的行为也是日本细节管理的具体体现。企业管理也需要员工有类似的职业化行为——空调设计师必须计量器不离手；品牌传播文案设计师要随时携带照相机和录音笔；客户经理应该随身带着名片、企业介绍、合同范本、一份伴手礼。如果要随时记录客户的需求，营销人员就应该随身带着笔和记事本。

最后是产品或服务的品质与展示。产品或服务的品质必须过硬，这是立企的基础。企业的产品和服务展示同样重要。好的产品展示可以让产品本身说话。企业的服务也可以做到口口相传，这就是“像品牌”的做法。

每家企业的有形产品都有自己独立的风格和标识。我们用“PI(产品形象识别)”表示。在商场里看到某款产品，你大概会知道它是什么牌子的，这就是各个品牌的PI不同带来的结果。

产品展示包括产品的包装。好的包装能第一时间吸引消费者，再加上产品的体验好，复购率自然会提升。例如：酒鬼酒的包装，有特色，还防伪；三只松鼠的包装个性化、卡通化，里面的辅助工具体现了人文关怀。

服务的展示同样重要，它可以让企业的服务特色“看得见，传得远”。例如海尔集团在家电下乡期间推出“坐轿子”的冰箱服务，解决了农村最后1000米配送的难题。于是，海尔集团“真诚到永远”的品牌形象再次印在了消费者心中。此举提升了品牌信任度，形成了品牌传播。海底捞让食客等待的过程变成一种享受的过程，同样是服务展示的魅力所在。

需要特别声明一下：“像品牌”不是产品的品质不重要，更不是以次充好，而是让初创的企业不要一开始就输在完全可以做好的表面部分。企业管理者将这些表面做好后，立马回头倒逼企业内部的流程和管理，让产品或服务的品质经受住市场的考验和监督。

从“像品牌”到“是品牌”，两者之间的距离既是天海之距，也是一纸之隔。说到做到一次容易，难的是从此必须保持言行一致。知道一个道理不难，做起来有点难。一个人一旦有了激情和信念之后，天下就几乎没有难做的事了。

第六节　要将功夫下在投标现场外

企业营销，尤其是大客户营销（B2B模式），大部分的订单（特别是大订单）是以投标的方式获得的。做好投标工作是营销工作的重要内容。很多营销人员非常关注投标现场的细节，比如：如何更好地展示产品卖点？如何吸引甲方的眼球？如何让报价更合理？如何凸显增值服务的魅力？……将这些细节准备到位，企业往往要将功夫下在投标现场之外。

企业参与投标是市场经济发展的要求，也是公平参与市场竞争的主要方式。招投标的方式可以确保市场竞争的公平性，优胜劣汰，实现资源的优化配置。

国家重点项目和省、自治区、直辖市人民政府确定的地方重点项目，国有资金占控股或者主导地位的依法必须进行招标的项目和其他法律法规要求必须公开招标的项目，需要进行公开招标。企业应该关注这些项目的动态信息，并成立专门的部门负责重点项目的投标。

笔者结合自己多年的大客户投标实践经验，有以下观点与大家分享：企业想要提升中标率，就要从思维方式和投标方法上进行转变、优化。企业往往不是赢在投标现场，而是赢在投标现场之外。

笔者将从三个方面来阐述如何赢在投标现场之外。

第一，做好充分的准备，团队成员分工明确，熟悉甲方内部决策流程。

无准备，不投标。企业从接到招标信息，到信息的价值洞察，方案设计，再到参与竞标，需要做大量的准备工作。在准备工作过程中，团队各成员需要积极配合。姜戎在长篇小说《狼图腾》中写到，狼在发起奇袭前的准备工作是：侦查、布阵、伏击。狼的奇袭获胜靠的是前期的准备工作。狼在奇袭时，更需要狼群的参与和配合。狼的奇袭过程很像一次投标的组织过程，对投标的组织管理很有借鉴意义。

再者，企业在设计投标方案过程中，要熟悉甲方内部的决策流程，了解甲方决策人、使用人和影响人的观点。这个过程非常复杂，甄别各种决策人、影响人也需要时间成本。本着为客户着想的原则，我们不能省略这个过程，因为它是让企业赢在投标现场之外的重要环节之一。

第二，功夫在诗外，板凳要坐十年冷。

投标工作和狼奇袭猎物的道理是相通的。企业想要迎接最后的获胜时刻，往往要经历“谋势、蓄势、借势、造势、发势”五个环节，其中最重要的环节就是“谋势”，也就是做好准备工作。对于谋势、蓄势和借势环节，企业要在投标现场之外完成，也就是“功夫在诗外”。

华为创始人任正非在不同场合多次提到“功夫在诗外”。宋朝诗人陆游在暮年给他的一个儿子传授写诗经验时，在《示子遹》中所写：“汝果欲学诗，功夫在诗外。”陆游以此向儿子传授诗歌创作的秘诀。陆游通过数十年的经验积累，深深体会到要写好诗，光熟读古人的诗句，光讲究诗的形式和技法，是远远不够的，还应该在掌握渊博的知识、参加社会实践、深入生活上下功夫。

任正非用“功夫在诗外”来激励华为干部达到超一流的职业化水平。企业想要在经营管理上做到驾轻就熟、游刃有余，就必须在“诗外”下功夫、做文章。板凳要坐十年冷，文章不写半句空。企业不在投标现场之外下苦功夫，就只能在投标现场抱佛脚。

企业要想提高中标率，同样需要“功夫在诗外”。能够读懂客户心理，绝非一朝一夕之功。营销人员要详细了解客户的背景、习惯和价值观等，同时还要对自己的阅历、爱好等有很高的要求。

第三，拥有客户思维，而不是拥有中标思维。

企业参与投标时需要拥有客户思维，而不是拥有中标思维。如果投标团队中的每个人都只想中标，而忽略了客户本来的想法，最后的开标结果可想而知。投标团队的人员分工要明确，不同的人员负责不同部分的标书设计和现场讲解，比如，有人负责开篇的综合介绍，有人负责技术标段，有人负责报价和商务内容，有人负责服务和交付内容。投标团队必须围绕着客户经理与客户沟通的结果来设计标书，而不只是围绕着报价低、产品性价比高、服务好等这些常规的中标角度。例如，华为集团的营销“铁四角”就是一个创新组织，内部员工分工明确，以客户需求为中心开展工作。

参与投标时，团队成员要保持专业化，比如统一服装、统一标识的标书设计等等。细节往往更能体现一个团队的整体作战水平。这样做是为了让客户有给高分的理由。

笔者曾经参与过一家国际化企业的竞标——这是一个关于品牌服务咨询的标段。品牌和营销是我们团队的优势。在准备投标阶段，我们的团队洞察到客户的决策人非常关注本次品牌传播的效果量化。因此，在设计标书时，我们的团队用大量的篇幅来说明和强调品牌的量化，包括广告语的量化、传播的量化、效果的量化等等。虽然品牌效果本身很难被量化，但是我们的团队推荐了美国的一种量化模型，比较接近客户的心理预期，最后我们赢得了这次竞标。

我们的团队成员在这次投标复盘中一致认为：我们并不是赢在了投标现场的方案讲解上，而是赢在了具备客户思维上。我们的团队从客户的决策流程和实际需求出发设计服务方案，不是为了中标而把精力放在降价、做关系上面。

凡事预则立，不预则废。提前规划和准备会让我们离目标更近一步。在参与投标前，我们要尽可能地把每一个细节都做到位，与客户沟通时不漏掉客户的任何一丝表情变化，不忽略每一次的方案修正。有了在投标现场之外的运筹帷幄，我们才能完胜在客户的心坎里。

要将功夫下在投标现场外。
方案

第七节 社交营销的“六脉神剑”

社会化营销是一种运用商业营销手段达到社会公益目的或者运用社会公益价值推广商业服务的解决方案。社会化营销是一种基于社交关系的营销模式，是参与程度高、互动性强、主题特定、具有心理归属感的网络社交。这种营销方式便于企业向用户传达品牌信息，通过用户之间口碑传播的力量，使品牌传播的效果更加显著。

在传统营销模式中，制造商往往通过渠道商、分销商、批发商、零售商的营销渠道对外销售产品。产品一般需要经过好几个环节才能到达消费者手中。这样冗长的供给链不仅降低了营销效率，还增加了营销成本。

社会化营销又被称为社交营销。“社交”是指人们运用某种方式来传递信息、交流思想，以达到某种目的。如果这个目的恰好是跟某个产品相关，就构成了企业所期待的营销行为。我们如果能够有意识地利用日常社交开展营销活动，就形成了社交营销。

如何做好社交营销呢？笔者认为企业需要做好以下四个方面的工作：

第一，帮助用户成长。例如，抖音或快手，内容丰富，行业跨度大，商业模式民主化。各领域的专家、普通百姓都可以在抖音或快手分享知识和快乐。

第二，帮助用户增值。例如，现在很多互联网公司在产品推广过程中，常用的裂变方式是用户自发传播获取佣金。这是一种让用户获得收益的做法。

第三，让渡用户使用权力。权力代表一个人的社会地位，也就是社会认同，例如小米社区赋予“米粉”意见反馈的权力，最终帮助小米实现了产品的快速迭代。

第四，让用户有身份感。以汽车为例，沃尔沃代表了低调类群体，宝马、奥迪代表了高消费群体，路虎则代表了“有情怀”群体，等等。所以各大汽车厂商会在集聚不同消费者群体的各大媒体渠道投放广告，抢占消费者的心智空间，从而引发多次传播。

以上四个方面和罗伯特·西奥迪尼在《影响力》中提到的六原则（喜好、互惠、社会认同、承诺和一致、权威、稀缺）类似。

企业如果想要实现社交营销的目的，还需要运营技巧。笔者根据实践和观察，总结了六个社交营销的运营技巧。

第一招：抢占热点，以快取胜。在当下这个“快消”时代，速度就是“生命”。发生突发事件后，企业在第一时间发布的内容往往更容易成为热点。

第二招：借势热点，借力打力。经典的案例就是加多宝与王老吉之争。在这场竞争中，王老吉能够引爆凉茶市场的直接推手就是加多宝。王老吉和加多宝互为借势。再如郎酒借力茅台，蒙牛借势伊利等，佳能对标施乐，百事可乐锁定可口可乐，都是借势与借力的经典案例。在借势热点时，企业需要提前准备。一旦出现了不可预测的热点，企业的反应速度要快。

第三招：追逐热点，把握正确的舆论导向。企业管理者要多关注当下的热点。这个热点可以是一种现象、一则新闻、一部电视剧等。以大多数人的视角对热点进行客观评价，往往更能引起众人共鸣，获得关注。评论热点的观点要积极向上，因为情绪会相互传染，人们更青睐积极乐观的态度。企业在追逐热点时，不能太功利，更不能哗众取宠。例如，在2020年国庆节与中秋节双节期间，华商智业微信公众号推出《夺冠》影评，重新定义理性夺冠的女排精神，得到众多点赞，社会反响很好。这种方法就是追逐热点，把握正确的舆论导向。

第四招：产品植入，创造营销。可口可乐从1928年开始赞助奥运会，抓住热点元素，创造了极具影响力的奥运项目营销事件。蒙牛乳业常年关注航空事业，可以被称为航空项目营销。美的集团则聚焦中国国家跳水队，可以理解为跳水项目营销。海信则多年赞助顶级体育赛事。

第五招：互通有无，中外贯通。国外和国内通过相互融合，产生裙带效应。比如，帅康集团向巴基斯坦捐赠净水器的事件带动了国内市场的净水器热销。在美国市场热销的海尔电脑桌冰箱案例，德国政府补贴海尔无氟冰箱的案例，都带动了国内市场的冰箱热销。

第六招：洞察人心，执着服务。以消费者为中心的营销一定要洞察消费者的三个点，即痛点、痒点、兴奋点。营销人员要善于抓住机会，引发新一轮热点关注。同时，企业必须树立为消费者服务的理念，真诚为消费者创造价值。这种服务理念可以提升企业的知名度、信誉度和美誉度。

其实，社交营销的运营技巧不是只有六招。本节所总结的六招只是抛砖引玉，以期激发广大营销学习者深度思考。

社交营销六招

抢占热点，以快取胜

借势热点，借力打力

追逐热点，把握正确的舆论导向

产品植入，创造营销

互通有无，中外贯通

洞察人心，执着服务

第八节 社交媒体营销的“天龙八部”

5G技术让万物互联、万物皆媒成为现实，也将短视频、直播等形式的自媒体推上营销的新风口。在各种媒体平台热度持续增长的基础上，社会化营销又衍生出社交媒体营销的新形式。

微博、微信、博客、抖音、快手等是个人可以自由发布内容的媒体。从这个角度来看，社交媒体是自媒体的一种。

社交媒体营销是利用社会化网络，在微博、微信、抖音等平台进行营销，建立公共关系，维护客户关系，又被称为社会媒体营销、社交媒体整合营销、大众弱关系营销等。

与搜索引擎、电子邮件等其他网络营销相比，社交媒体营销的传播机制是以信任为基础，吸引用户积极主动参与。社交媒体营销的模式会对网民消费决策产生重大的影响，有利于品牌的深度传播。在新冠肺炎疫情发生后，越来越多的企业在经营过程中把社交媒体营销作为重点，比如“两微一抖”（微博、微信和抖音）就是从社交媒体的属性来设立企业品牌传播的媒体矩阵。

社交媒体的用户黏性和稳定性相对较高，定位明确，可以为品牌提供更细分的目标群体。社交媒体营销的市场仍在不断扩大，它不只是朋友之间分享的私有场所，还是一种全新的商业竞争模式。

笔者根据亲身实践和企业咨询辅导经历，总结了八个常见的社交媒体运营策略。

第一个策略：定位清晰，渠道明确。企业首先要对自己有一个精准的定位，明确自己有哪些可利用的社交渠道，哪些平台可以带来可观的流量，哪些平台可以得到目标用户响应，避免浪费时间和金钱。例如：用短视频平台（如抖音）引流，用社群（如微信群）裂变，用直播平台（如一直播、小鹅通等）实现变现。

第二个策略：自我评估，设定目标。需要针对固定的传播平台预测一下未来的发展情况，针对不同平台设定不同目标。企业不需要设定太复杂的目标，应结合自己的实际情况制定阶段性目标，并根据实际情况（粉丝的数量、点赞数量、转发数量、点击观看量等阶段性指标）灵活调整。

第三个策略：账号矩阵，组合传播。企业用多个平台共同传播，互相引流，可以在宣传活动的开头或者结尾自然地软植入其他平台的宣传。比如凭借美妆直播走红的网络红人，他不止在抖音进行直播，还在多个平台共同发力，建立自己的直播矩阵，并形成了MCN（多频道网络）模式。

第四个策略：话题开放，吸引互动。选择一个当下大家比较关注的热点话题展开讨论，吸引粉丝参与。不同的话题可以吸引不同领域的粉丝。企业要将平台规模不断扩大。随着粉丝数量的不断增加，企业又可以产生新的热点话题，为平台的发展起到推波助澜的作用。例如，各社交平台的话题一般用“#”区分主题，或者“@”好友参与讨论，也可以在一些垂直主题群里转发，吸引粉丝围观和参与。

第五个策略：价值传播，内容为王。社交媒体中的用户越来越挑剔，传统的广告基本吸收不到有效用户。用户更喜欢为那些真正有价值的优质内容买单。例如：新浪微博@管理界刘春华就以价值传播为主，主要聚焦企业管理和企业培训的垂直内容。通过价值传播，刘春华个人的IP就可以被打造出来。再比如小红书是通过UGC（用户原创内容）的形式成为一个兼具“社区”加“电商”的平台。小红书=亚马逊+Instagram（照片墙）。小红书在创立5周年之际宣布用户数量突破1亿。

第六个策略：创造标签，树立人设。抖音、快手等短视频平台通过大数据检索，将账号进行标签化，从而推荐给更加精准的用户。在发布相关内容的时候，企业账号可以通过标签吸引粉丝的关注。标签设定得越精准、越细，越好。例如，刘春华在抖音的账号定义为：刘春华营销破局，细分为营销管理和文化管理，聚集的粉丝是企业文化和营销管理的学习者。

第七个策略：跳出圈子，流量转化。当粉丝达到一定数量后，我们会遇到瓶颈期——粉丝数量起起伏伏没有明显增长。“管理界刘春华”在新浪微博中的粉丝量达到30万以后，就到了瓶颈期。在这个阶段，我们就需要跳出圈子，获取更多公域流量，再将公域流量变成私域流量。再比如迪士尼为了更好地吸引消费者，让一些国外的帅哥美女扮成童画里的王子和公主。这种做法相当于把童画里的人物变成真人，以便吸引更多的消费者。

第八个策略：名人效应，营造氛围。雇佣名人来参与运营社交媒体需要一定的网络营销能力和财力。对于具备资金实力的公司而言，名人运营社交媒体账号可以为公司营造舆论氛围。例如，演员刘涛加盟聚划算成为官方优选官；TFBOYS成员之一易烊千玺入职360公司，成为360手机助手首席时尚官。企业还需要精心挑选一些运营社交媒体的专职人员，培养自己的直播“网红”。例如海信集团、TCL集团、浙江尚纬电子商务股份有限公司等，除了让名人来直播外，也在内部培养直播带货的“达人”。

随着5G技术和互联网技术的普及，新的社交媒体不断涌现。新社交媒体的出现让企业的营销和品牌传播更加便捷、高效。人人可以自媒体，人人可以成“网红”，万物皆可“云”。每个企业都应该有自己的自媒体矩阵。做好社交媒体的运营是企业实现互联网转型的途径之一。

社交媒体运营策略不是仅有本文所总结的八个。更多、更有效的运营策略需要在具体的实践中不断升级和迭代，就像图文、音频、视频、直播升级的路线一样。社交媒体的从业人员需要不断探索，不断优化，与用户一起创造出更多的运营策略和技巧。

第九节　文化营销

企业不仅销售产品，还输出文化和管理模式，影响一代甚至几代管理人，这种营销模式就是文化营销。

中国的华为，韩国的三星，日本的京瓷，美国的GE（通用电气公司），最终都落脚在了文化营销。并非只有知名的企业才可以使用文化营销。中小微企业也应该掌握文化营销的工具和手段。

如何实现文化营销呢？文化营销包含以下五个方面：区域文化、仪式文化、载体文化、模型文化和体验文化。

区域文化是指企业要从地理位置出发，找出自己的优势和特色。例如，国芳百货总部在甘肃省兰州市，其母店选择在兰州东方红广场东侧，借助地理位置优势，线下销售火爆，几乎没有受到线上电商的冲击，成为陕甘宁地区线下销售的奇迹。国芳百货为了让线下销售持续增长，加强了服务管理。只要在国芳百货购买的产品就包退包换。与线上的产品比，国芳百货的产品性价比毫不逊色。再如总部在河北黄骅的信誉楼，其线下商场多选在三级、四级市场，注重体验文化和服务文化建设，销售势头迅猛。

再如绍兴的“三缸文化”。当地人通过塑造染缸、酱缸和酒缸的“三缸文化”，把绍兴当地的产业特色宣传了出去。营销巧妙嫁接文化，突出区域特色，是文化营销的特质之一。

仪式文化是指文化营销的外显必须有关键节点，并且辅助仪式，提升文化的庄重性。文化营销的常见模式是以一种仪式的方式拉开活动帷幕，例如：武汉大学在新冠肺炎疫情期间举办的线上樱花节，浙江余姚的杨梅节，东营河口区的湿地槐花节，陕西黄陵县黄帝陵和河南新郑黄帝故里举办的公祭活动，这些都属于文化营销中的仪式文化。仪式文化让文化营销有了关键节点，彰显了文化的内涵，提升了文化传播的效率。

载体文化是指文化营销要有传播的载体。文化礼品就是文化营销的载体。例如，参加完公祭活动后，可以带几条黄色的祭祀围巾送给亲朋好友；参加青岛啤酒节，可以带些鲜扎啤（桶装）回家；去故宫，可以带一些文创产品送给同事或核心客户；去满洲里旅游，可以买几个俄罗斯套娃；参加浙江余姚的杨梅节，可以给客户寄些杨梅尝尝鲜；去广西的防城港，金花茶是首选伴手礼；去海南省的三沙市，寄些明信片给客户，也算是一份惊喜。

东北有三宝：人参、貂皮、乌拉草。东北新三宝：人参、貂皮、鹿茸，或者林蛙油、熊胆、蜂蜜。青岛西海岸新区有一宝：小琅高（琅琊台酒系列中的一种原浆高度白酒，酒精度数70度以上）。

海尔集团的文化手册、漫画集都是文化礼品，参观海尔集团时可以现场选购；去青岛啤酒厂参观，现场有可以携带的特制啤酒；去北京大学参观，可以买一些北京大学的文创产品。

理论模型和架构让文化营销有方法论和可复制的内核。文化营销要有一个核心的文化模型。这个模型可以是一个理论模型或者架构，也可以是一句朗朗上口的形象用语。海尔的斜坡球体论（也被称为“张斜坡”），曹德旺的“创业三条”（也被称为“曹三条”），任正非的“三化”原则（也被称为“任三化”），都是有理论模型的。

一句经典的形象用语也可以成为文化营销的内核，例如山东省的旅游文化“好客山东欢迎您！”，陕西十大怪的顺口溜，浙江永康的“府府县县不离康，离康不是好地方”，等等。

体验文化是指文化营销注重客户的体验。体验过程就是文化营销改变客户心智的过程。体验是文化融入客户心智空间的有效方式。在商务环境中，免费体验就是体验式文化营销的表现形式之一。

从国内大型商场内部布局来看，通常一楼是以化妆品、珠宝为主，二楼和三楼摆放国际国内知名女装，四楼摆放男装，五楼摆放婴幼儿服饰，六楼摆放户外运动器材等，七楼摆放家电，八楼以影院和餐饮为主。从消费者的行为习惯来看，在满足餐饮这一场景的前提下，消费者可以通过选购其他商品来消费自己的时间。一个商场完全可以留住一家人一天的时间，从读书学习，购物消费，到健身娱乐，等等。这种体验式的文化营销是抵御线上繁荣、线下萧条的有力武器。

广州白云国际机场未来的定位，除了是交通枢纽以外，还是一个高端的商务生态购物体验中心，这样它圈住的消费者就会增多，自然会提升边际效应。广州白云国际机场对标的体验文化来自迪士尼和韩国仁川国际机场。

注重体验文化，加强文化营销，可以对冲线上电商平台对线下销量带来的冲击。截至2020年4月，华为集团的市级体验店1800多家、县级体验店3000多家、乡镇级体验店3000多家。

“沉舟侧畔千帆过，病树前头万木春。”华为集团“人弃我取，人取我予”的商业智慧何尝不是来自文化营销的启示。文化营销是商贾们“华山论剑的必杀技”，更是商业智慧在营销活动中的应用。

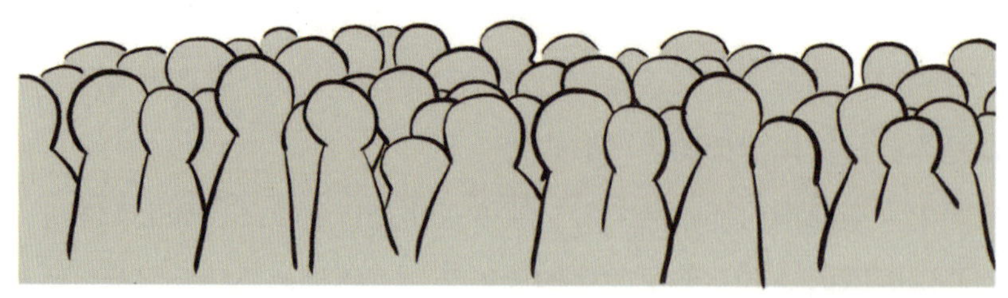

第十节　渠道开拓的“2557”原则

渠道为王是营销界的共识。渠道开拓和管理的重要性不言而喻。

笔者根据管理实践和文献资料，提出渠道开拓的“2557”原则。此原则对渠道开拓创新和渠道管理优化有较大的启发意义。

在新零售和新营销的背景下，渠道开拓和管理创新是企业实现快速成长的有效方法之一，也是营销高管必须掌握的技能。在营销体系的建设中，渠道开拓和管理的权重较大。

渠道管理包括拉新、激活、变现、留存、升级、发展、口碑等7个环节，见图（5-5）。

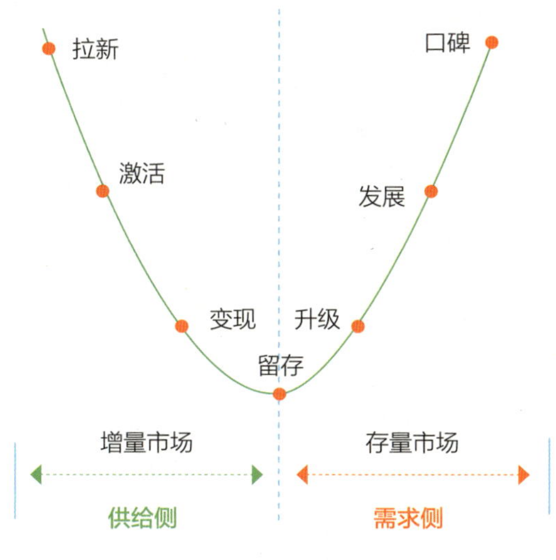

图（5-5）渠道管理的7个环节

7个环节中的第一个环节——拉新（渠道开拓），尤为重要。笔者结合自己的管理实践和文献资料，提出渠道开拓的“2557”原则。这个原则适用于除国家控制的关系国计民生行业之外的所有企业。这个原则的基本解释是：企业管理者总是可以找到至少25个产品营销渠道。在这些渠道里，企业管理者要找出5～7个适合本企业的优质渠道进行重点开拓，并在内部成立专门的细分渠道管理部门。

这个渠道开拓的原则也符合帕累托法则，企业聚焦25个渠道中的20%（5～7个），投入80%的精力和资源。

以天威控股公司为例。天威控股公司是全球知名的通用打印机耗材制造商，1981年创立于香港，拥有30余年专业的打印耗材制造经验，在渠道开拓上，见表（5–2）。

如何在这些渠道中，找到5～7个核心渠道呢？我们需要“四情”（敌情、我情、行情和客情）分析。可以参考比自己实力强大的友商的做法，这种方式也被称为渠道的对标管理。

企业管理者找到5～7个核心渠道（需要多次验证）之后，需要精准匹配团队人员。每个渠道都应有渠道总监，下面是渠道开拓人员和运营人员。渠道开拓和运营的岗位职责要明确。渠道开拓人员注重开发，运营人员关注成活率。可以将大渠道再细分为小渠道，要有具体的人负责，例如，大渠道电商下面有天猫负责人、京东负责人、苏宁易购负责人等。

渠道开拓是一项需要企业全员配合的工作。渠道开拓部门人员需要协同其他部门，定期召开渠道开拓总结会，将公司存在的关于渠道开拓的内部流程问题及时暴露出来并推进解决。

渠道开拓部门人员可以将业务目标分解到每个细分渠道，进行业务战略目标的二次分解。将公司的整体目标分解成各个渠道的小目标，具体的分解方法参阅本书第六章第三节的内容。

企业负责人需要根据渠道评估结果进行渠道的甄别和筛选，保留5～7个核心渠道，集中发力。无论互联网技术带来了多少新渠道模式，我们都要记住：只有找到适合自己的渠道才是王道。

表（5-2）　天威控股公司的细分渠道

序号	渠道	释义
1	政采	各级政府的采购
2	央采	国家统一采购
3	电商	含多个电商平台，京东、天猫等
4	微商	主要是手机APP、微信等
5	区域代理商	主要是指批发商等
6	行业大客户	例如银行等单位
7	终端文具店零售	散单，单个的零散客户
8	自媒体推广	有95个平台，主要使用15个左右
9	老客户订单	回访，实现三种购买
10	电话营销	精准电话营销，作为辅助
11	公司官网	可实现线上下单，有优惠政策，可以引流
12	展会	行业展会，可以找代理商，并展示最先进的技术
13	论坛	行业论坛，主要是宣传品牌，扩展渠道
14	目录销售	大黄页，部分地区还在使用
15	专业杂志	行业的垂直杂志，读者是比较精准的目标群体
16	行业协会	行业的权威机构，可以了解竞品的渠道
17	同业结盟	在价值观一样的情况下，可以调货或者合作开发客户
18	异业结盟	同一产业链上的不同环节的合作，例如打印机和耗材
19	行业网站	行业的垂直网站或者平台
20	会议营销	简称会销，以开会的方式销售
21	电视营销	不包括电视广告，而是电视购物，主要针对库存产品
22	直播营销	新型的自媒体平台，可以靠“网红”的影响力卖货
23	地推、路演	面对面的陌生销售，常和会议营销等方式配合
24	扫街、扫楼	简称陌拜，前提是找对消费群体聚集的地方
25	企业服务	合作培养新客户
26	搜索引擎	利用搜索引擎规则，提高网站在有关搜索引擎内的自然排名

第十一节　渠道招商的“四有”原则

企业的渠道管理至关重要。良好的渠道关系能让企业的产品销售“水到渠成，不须预虑”。渠道管理是一个逐步优化的过程。渠道开拓和拉新作为渠道管理的第一个环节尤为重要。渠道的“2557”原则告诉我们：甄别多元化的渠道是一件重要的事情。一旦将渠道定下来，渠道商的引进便成为重中之重。

优秀的渠道商能够让企业稳健发展并后劲十足。渠道商与企业的匹配程度是考量一个企业竞争力的重要维度。如果一个企业的渠道商和团队竞争力不能与企业的品牌相匹配，就会出现小马拉大车的情况。优秀的品牌需要优质的渠道商。

投资商在选择投资项目的时候，往往会看项目操盘手的职业素养。投资项目其实就是投资人。渠道商的选择也是如此。潜力巨大的渠道要靠渠道商非凡的能力来成就。

如何辨别非凡的渠道商呢？可以通过一个标准来判断，这个标准被称为渠道招商的“四有”原则。

“四有”原则分别是指有实力、有团队、有经验、有梦想。

第一个原则是有实力。可以将有实力的渠道商分为两种：一种是资金充足、信用良好的渠道商，另外一种是社会资源丰富的渠道商。

有实力的渠道商必须有充足的资金实力，并且信用良好。如果一个渠道商负债累累，自己的资产还被查封在银行里，资金周转都有问题，那么无论品牌商出台多么好的政策，这个渠道商都难以做起来。即便渠道商能融来资金，品牌商也要看看资金的构成和融资的方法。笔者在帅康集团做副总裁的时候，一旦发现渠道商通过抵押自己的住宅来增加进货量，就要重新审视这个渠道商是否有实力成为某区域的总代理商。对于拟招渠道商的信用状况，我们可以委托第三方专业公司做尽职调查，也可以通过网络软件合法合规查询。

渠道商的实力还体现在社会资源方面。如果渠道商是当地某个领域的KOL（关键意见领袖），或者在某个行业技术水平高超，他的社会资源就会比较丰富。例如，海尔的一个渠道商是当地书画协会的会长，他的人脉资源实力就比较强。商场相信能力是银牌，而人脉是金牌。

第二个原则是有团队。个人很难赢过一个团队。有团队的人能够精彩纷呈，事业绵延。我们在筛选渠道商的时候，也要考量渠道商的团队规模、团队组成和团队成员职业成熟度等。

第三个原则是有经验。经验有时会成为我们再次成功的阻碍。但是，渠道商有同行业或类似行业的经验能够少走很多弯路。渠道商下面还有批发零售商，这是一个生态圈。有行业从业经验可以很快招到下级的分销商。如果渠道商和分销商之间有过生意往来，沟通成本就会降低。类似行业的从业经验也可以加速市场的开拓。例如，空调行业和建材行业是类似行业，厨电行业和橱柜行业是类似行业。

第四个原则是有梦想。有梦想和有格局的要求表面看起来很空，其实从长远来看，这个原则一点儿也不空。渠道商和品牌商只有形成命运共同体，才能上下同欲，勠力同心。因此，渠道商就不能有个体户或者小商贩的思维，而应该有大格局、大平台思维。

把品牌商比作一条大船，大船前边就应该有很多小船，小船带着大船跑，而不是大船扯着小船走。海尔的观点是：小河有水大河满，而不是大河有水小河满。以上观点中的小船和小河就是渠道商。大格局的渠道商才能有强大的自驱力。只要品牌商这条大船给点支持和动力，小船就会形成百舸争流之势。

大量渠道管理实践证明：一些渠道商只是为了养家糊口而选择代理品牌，他们没有梦想、缺乏格局，做不好市场时，只会抱怨产品价格高、品牌影响力小、厂家支持费用低等。这样的渠道商务必在一开始就要被筛选掉，否则这些渠道商会影响其他有格局、有梦想的渠道商，对品牌商来讲就是渠道机会的丧失。

因此，企业在选择渠道商的时候，要设置一个较长的观察期。我们将这个观察期称为客户储备期。品牌商只有与客户进行多次沟通交流后，才能将他列入正式客户储备名单或者客户储备池中。可以让这些储备客户先从二级分销商做起，当他们的业绩做到一定规模，完全具备“四有”原则了，再将他们升级成为区域总代理。

企业和坚持“四有”原则的渠道商合作，一开始也会龃龉不断，但始于磨合，久于真诚，恒于“四有”，终于人品。

第十二节　基于营销视角的9种常见的商业模式

基于营销视角的9种常见的商业模式适合不同场景、不同行业的企业。企业需要根据行业特色和运营场景选择单独或者组合使用这9种常见的商业模式。

在“互联网+”时代，传统的商业模式被延展或者被重新赋能。9种常见的商业模式（营销模式，从渠道合作视角来区分）包括B2B，B2C，C2C，O2O，O2O2O，C2M，F2F，S2b2c，P2P。

B2B是指企业对企业模式。例如本书第三章第一节提到的海尔中央空调工程部与某地产公司成功合作的案例就是典型的B2B模式。方案营销和价值营销是B2B模式的核心。B2B模式俗称大客户营销，其管理方法被称为管道原则或者漏斗管理法。B2G是指企业对政府模式，就是政府采购，属于B2B模式的衍生模式。

B2C是典型的企业对个体模式。比如海尔的零售就是典型的B2C。企业在开拓渠道时注意使用“2557”原则，需要找到5～7个核心的细分渠道。

C2C是指个人对个人模式。这种模式在未来会成为一种主流模式，例如我们所熟悉的区块链技术，就是一种典型的C2C模式，每个人是区块链中的个体，信息被有效记录。淘宝模式和微商经营都属于C2C。在新冠肺炎疫情期间出现的社区购物代理，组织团购并送货到家，其实也是C2C模式。

O2O是指线上和线下配合的模式。目前用户的购物场景已经被分为线上和线下两部分。因此，营销的行为也被分成了两部分，见图（5-6）。在图（5-6）中，一部分线下“服务”营销行为是可以在线上完成的，例如电商的线上客服、疫情期间的线上课堂等。还有一部分“服务”营销行为很难完全实现线上交付，例如美发行业的服务等。因此，图（5-6）中的“服务”做了虚线标识，表示既有线上“服务”，也有线下“服务”。

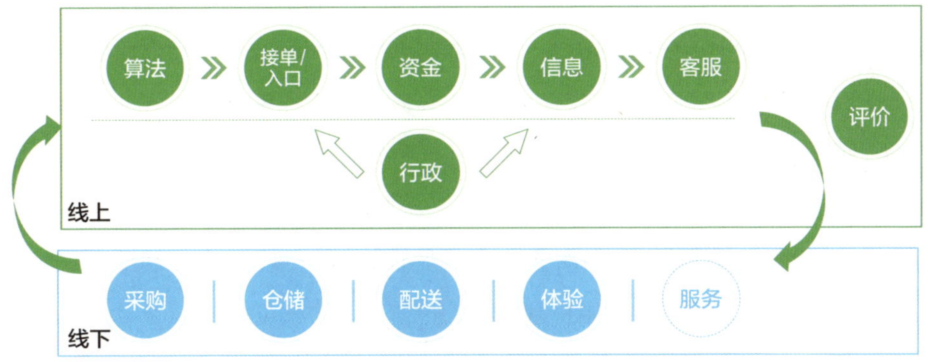

图（5-6） 线上和线下营销行为的区分

线上和线下营销行为的日趋融合，会让O2O模式中的线上和线下的界限不再明显。有学者提出把O2O模式修改为O&O模式。

O2O2O是指从线上到线下再到线上的模式或者从线下到线上再到线下的模式。一个天生实业的企业要进行互联网转型，最终还要回归线下实体产业的本质，只是把互联网当作资源工具。同样，一个天生互联网的企业，诸如“BAT”（百度、阿里巴巴、腾讯）企业，需要借助线下的资源提高线上的竞争力，最终还要回归线上平台的本质。

O2O2O模式加上新营销五要素（IP、社群、场景、传播、体验）就是O&O模式。O&O模式所体现的是线上与线下充分融合，线上的数据与线下的行为融合，线下的体验与线上的社群融合……线上与线下已经没有边界。O2O2O如同海，尽管海纳百川，但还有边界。而O&O模式如同云，连接万端，融通生态，没有边际。

C2M是指在现代制造业中由用户驱动生产的反向生产模式。以定制服装模式为例，用户可以个性化定制。个性化定制是工业互联网时代的发展趋势。每个人都可以在网上定制适合自己的产品，而性价比还高于传统的大批量生产。

F2F是指家庭或者个体到厂家的直销模式。例如农产品的家庭定制，就是典型的F2F模式。

在S2b2c模式中，“S”是指供应链，“b”是指离散的无边界的小团队、小社群，最后由“S”赋能后再到用户“c”，这种模式是新出现的平台型商业模式。

P2P是指个人与个人之间的小额借贷交易，一般需要借助电子商务专业网络平台确立双方的借贷关系并完成相关交易手续。这种模式针对的是网上金融。从业者需要充分掌握网上金融机构的经营范围和规范，不可触及违规领域。

以上所介绍的9种常见的商业模式还在不断地演变。无论采用哪种商业模式，企业都应该高效率地为用户创造最大价值。

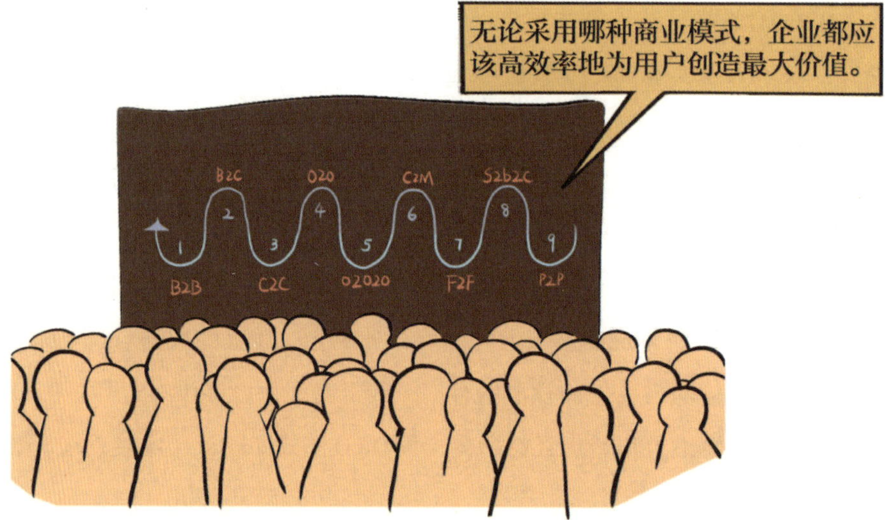

第十三节 漏斗管理法

大客户营销采用的常见方法是漏斗管理法，也被称为管道原则。这种说法源自惠普、IBM关于客户关系建立的管理方法——让品牌商和客户之间形成一个独特的交互管道。企业如果能够和代理商或者客户建立稳定的管道关系，它的经营一定是稳健且持续的。

可以将漏斗管理法理解为：建立一个从企业到客户的管道，形成客户从入口到成交的通道。可以将漏斗管理法分为五个阶段，分别是信息收集、信息筛选、价值洞察、方案契合、投标签约，见图（5-7）。

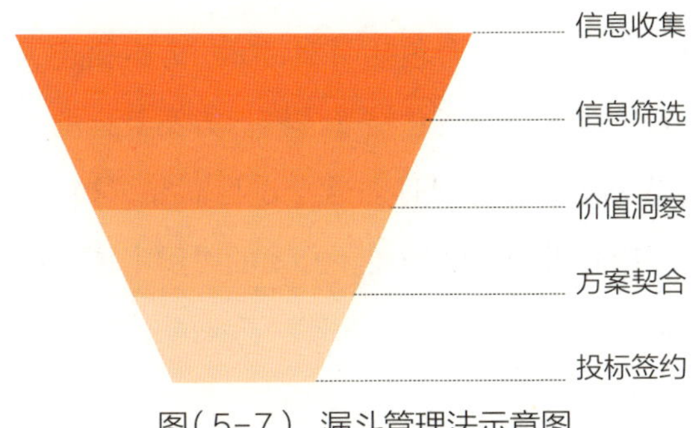

图（5-7） 漏斗管理法示意图

第一步是信息收集。收集信息的渠道非常多，需要优化信息来源。根据以往的大数据，遴选出有效的渠道方式。常见的收集信息的方法有：直接拜访、网络搜索、客户转介绍、行业协会等等。

最好收集第一手信息。这就需要你有敏锐的嗅觉——商业灵敏度，能够见微知著，一叶知秋。你收集信息的渠道越多，对信息的洞察方法越得当，有效信息就会越来越多。

第二步是信息筛选。信息筛选的过程包括科学分类、信用调查、客户调查、比较交换和取舍甄别。不是每一条信息都是有效信息，也不是每一条客户信息都值得去跟踪。信用资质低的客户需要借助当地的渠道商资源。要将企业总部的资源投入到有示范效应的样板工程上去。信息筛选的过程也是资源再配置的过程。

第三步是价值洞察。这是漏斗管理法中非常重要的一步。价值洞察应该包括客户的显性需求、隐性需求和创造需求三个部分。

我们通过客户的行为来获取客户内心的价值主张。这需要我们具备“破案思维”。福尔摩斯总是能从蛛丝马迹中找到有用信息，再通过各领域的知识形成信息链，进而去伪存真，形成证据链，最后破案。我们可以在客户信息的价值洞察中使用这种“破案思维”。

“区块”是信息块，而“链”是信息之间的逻辑关系。待“区块链”形成后，客户的行为真相就弄明白了。根据这个推断，我们可以更好地为客户设计产品或服务方案，所提供的产品或方案也能更贴近客户内心的需求。

第四步是方案契合。方案契合包括明确目标、方案描述、细节重述、方案保障、增值服务、紧急措施、阶段总结等内容。方案契合的意思就是营销人员设计出让客户满意的方案，参与投标。这个过程需要营销人员对方案的细节，尤其是对客户关心的内容做详细的描述，必要的时候申请附页说明。

方案契合的过程是营销人员和客户近距离沟通的过程，也是营销人员和客户建立信任关系的过程。

第五步是投标签约。投标签约的过程包括标准细化、标书制作、多次沟通、合理报价、逐步优化、现场呈现、签订合同。

在投标签约环节，企业管理者尤其要重视合理报价和现场呈现环节。企业报价过低和报价过高都有可能在第一轮投标中出局。最好的方式是营销人员了解客户的费用预算，并根据以往的行业经验数据，得出竞品的报价水平，这样就可以做到精准报价了。现场的标书讲解也是非常重要的环节，建议不同的人讲解不同的标书内容。企业需要提前演练现场的标书讲解，做到既不超时，也不会剩余太多时间。

五个环节环环相扣，从开始收集信息，到最后的投标签约，就像沙子在漏斗里漏下来一样，越往下，成功的概率就越高。通过以往的数据，我们可以估计每个环节的成功概率。根据年业务目标，我们就可以倒推出每个环节的客户信息量。例如，如果第一个环节的成功概率是5%，年度1个亿的销售任务，那么我们至少需要20亿额度的客户采购额信息才能完成年度目标。

漏斗管理法是信息到订单的过程，也被称为“ITO”（订单信息）环节。而与漏斗管理法相对应的，还有倒漏斗管理法，也就是“OTR”（订单回款）环节。倒漏斗管理法是指订单的履约过程。这个过程同样重要，它是企业建立口碑的关键环节。因篇幅所限，本书不再介绍倒漏斗管理法。

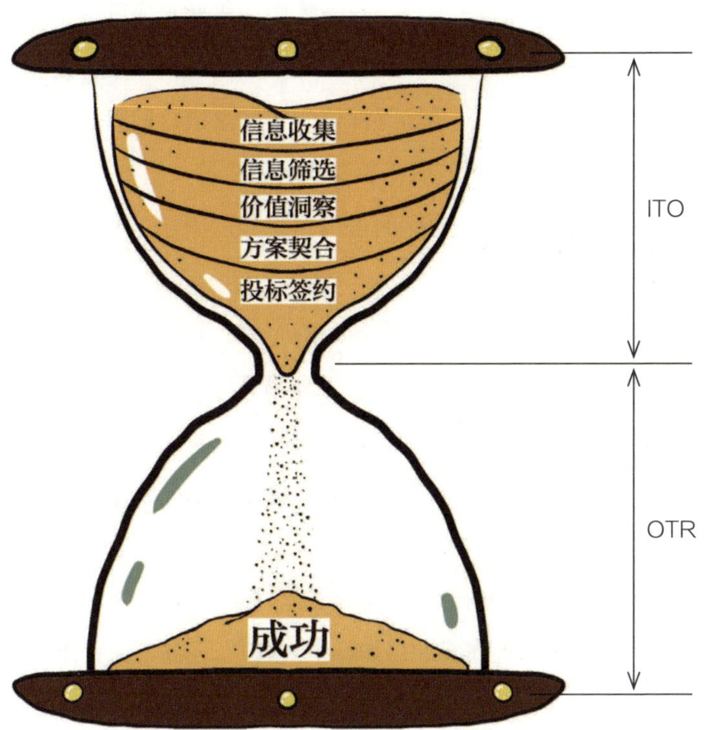

第十四节　水库式经营法则

营销管理者要有危机意识，居安思危，居危思进，才可能让企业“化危为机”。

新冠肺炎疫情让我们明白了一点：“粮草”有储备的企业好过冬。这种危机管理的方法其实就是营销学中的水库式经营法则。

水库式经营法则，也被称为水坝式经营法，是由日本松下电器公司的创始人松下幸之助提出的。

水库式经营法则的本义是：一旦下大雨，未建水库的河流就会发大水，产生洪涝灾害。而持续日晒，河流就会干涸，水量就会不足。建水库蓄水，可以使水量不受外界环境左右，并始终保持一定的水量，而且还可以用水库的水发电。企业管理者要在企业景气时为不景气时做准备，储备一定的后备力量。

松下幸之助把上述建造水库的道理，充分运用在企业经营上，这就是水库式经营法则。

管理者要具备前瞻性。当资源盈余的时候，我们就要将一部分资源储存起来。在资源稀缺的时候，我们可以把储备资源拿出来救急。“旱则资舟，水则资车，以待乏也。”这句话的意思是：在大旱的时候就要造船，而在大涝的时候就要造车，等待物资缺乏的时候。未雨绸缪是水库式经营法则的核心思想。

天威控股公司很好地践行了水库式经营法则。打印耗材在我们的日常工作、生活中扮演着非常重要的角色。随着数字化时代的到来，打印耗材行业受到了一定的冲击。天威控股公司在发展得如日中天之时，就依靠原有的打印耗材的技术资源，开始研发3D打印机。天威控股公司的3D打印机及其耗材销售火爆。

企业除了必须建立“资金水库”之外，还需要建立“人才水库”“技术水库”“专利水库”“渠道水库”等等。换言之，企业管理者要未雨绸缪，以保持生产经营上的稳定与安全。天威控股公司的“专利水库”在业界有口皆碑。2019年7月，“2019中国市场营销国际学术年会暨中国创造论坛”在广州召开。在本次活动当中，中国企业专利500强榜单首次发布，珠海天威飞马打印耗材有限公司（天威控股旗下公司）荣登榜单，位列第225位。

天威控股公司在2020年新冠肺炎疫情期间，与合作伙伴一起共克时艰，推出的标签打印机、学生家庭打印机和错题打印机等新产品，获得了消费者的一致好评。这就体现了“专利水库”和“技术水库”的重要作用。

第一，实用性研发：像华为、海尔、阿里巴巴等企业均把研发分成两部分，一部分是实用性研发，研发一到两年就可以马上使用的技术；另外一部分是前瞻性研发。用水库式经营法则解释实用性研发就是：用一代技术，储一代技术。在第一代产品被推向市场后，就开始使用储备技术，择机推出第二代产品。因为企业使用了水库式经营法则，两代产品实现无缝对接，大大提高市场效率，将市场的制高点始终掌握在自己手中。

第二，前瞻性研发：前瞻性研发也是水库式经营法则的具体体现。例如，天威控股公司在10多年之前就开始研发3D打印机。

第三，渠道水库：企业将渠道进行分类管理，建立客户储备池。例如，由天威控股公司创建的天威私塾会就是非常好的线下渠道商社群，授渠道商以“渔”，定期邀请专家授课。天威控股公司的优秀渠道合作商的“水库储备量”越来越大。

虽然修水库很辛苦，
但缺水时才知道值得。

第十五节　营销人才培育六步法

如何留住营销人才？这是企业家和营销高管非常关注的话题。营销管理的“留才”只是人才培育系统的一个环节。

营销人才培育系统包含六个方面：选、育、用、留、引、淘，可被称为营销人才培育六步法，见图（5-8）。

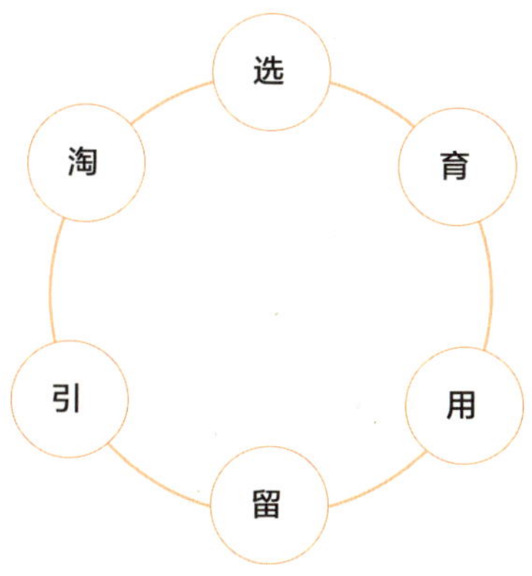

图（5-8） 营销人才培育六步法

“选”是指人才的选择环节。企业要有科学系统的人才选拔体系。人才的选择比培育更重要。

在招聘人才时，企业要有科学合理的甄选方法，宜采用结构化面试——由本公司富有经验的高层领导和外部专家组成面试团队。一般人才的选择建议“选用分离”，即用人部门和选人部门分开。企业在选择人才时可以借助专业的人力资源机构，但要和人力资源机构多次沟通，待人力资源机构充分了解企业的用人标准后再实施人才选拔计划。

“育”是指人才的培育环节。企业要分清人才层次，采用多级培育手段。

企业采取因材施教的原则，对不同岗位、不同级别的人才采用不同的培育方式。培育人才的方式包括脱产培训、半脱产培训和在岗培训，内训和外训结合，线上和线下培训融合等。理论培训和岗位实践应该紧密结合。建议部门内的人才培育采取“传帮带”的模式。要设计好师傅和徒弟的培养模式，鼓励师傅带徒弟并纳入考核，形成企业内部机制。

“用”是指人才的使用环节。企业要做到人岗匹配，团队高效协作。

要把人才放到合适的岗位上，做到人岗匹配。这就要求管理人员善于识人和用人。企业管理者要用科学合理的方法识人，一要看业绩，二要看修养，三要看品德。不同岗位对人才的要求不一样，要把岗位职责量化出来，按照岗位要求匹配人才。人才要竞聘上岗。企业在用人上要做到公开透明、公平公正，要有“千金买骨”的用人姿态。

一个好的企业应该有：鹰一样的个人，雁一样的团队。个人能独当一面，在团队中顾全大局。

“留”是指人才的留住环节。企业应该用薪酬留人，用事业留人，用文化留人，采取多种留住人才的方式。

用薪酬留人。华为集团的ESOP股权激励计划是长期激励人才计划，TUP股权激励计划是五年留人计划。

用事业留人。海尔集团为员工的职业发展设计出了多条晋升路线。海尔的创客模式让每位员工都有机会竞聘平台主。

用文化留人。阿里巴巴的人力资源管理体系，解决员工的思想问题，也是文化留人的一种方式。

“引”是指人才的引进环节。企业应该根据自己的发展战略，择机引进一些优秀人才，形成鲶鱼效应。这些人才的引进要符合企业发展的规划。一些紧缺的岗位一般需要引进人才。对于引进的人才，企业要有培育人才和让人才融入团队的培训计划。积极学习引进人才带来的差异化经验。

引进人才可以使团队内部形成鲶鱼效应，让内部的管理干部消除懈怠状态，时刻充满危机感。一些引进人才会与企业有价值观冲突，减少内部员工的晋升机会。建议企业的引进人才数量不超过总人才数量的三分之一。

在京东集团，引进人才和启用内部人才的标准是“七上八下”原则。“七”是指在合适的岗位上，内部培养的人才达到70%的成熟度就应该被优先起用，而引进的人才必须是100%成熟度。“八”是指总监级以上人才，80%是由内部产生，20%是由外部引进。“七上八下”原则倡导的是大胆起用内部新人。

“淘”是指人才的淘汰环节。淘汰排序末尾、不改变现状的人。

一个人今天是人才，明天未必是人才。人才是动态的。企业对人才的业绩考核和排序要合理。按照人才的业绩排序，企业实施末位淘汰机制，提升人才的内驱力。

不换思路就换人。不改变观念、不积极创新的人才要接受限期辅导并改进，否则就要被淘汰。

营销人才培育六步法也适合其他非营销岗位的人才培养。系统的人才培育方法会让企业形成良将如云、弓马殷实的局面。

第十六节　营销团队“10/10”原则与三工动态转换法

营销的本质是以人为本。这里的“人”主要是指两种人。一种人是内部的人，也就是内部的员工。企业经营好内部的员工，则营销管理会稳。另外一种人是外部的人，包括用户、客户等相关利益方。企业让利益攸关方满意，则营销管理会强。

企业要对内加强人才培养和团队建设。“10/10”原则、三工动态转换法可以让团队和个人时刻保持活力、战斗力。

将团队内的员工按照业绩和KPI考核结果综合排序，排名前10%的员工被称为“前10员工”，排名后10%的员工被称为“后10员工”。末位淘汰法主要是淘汰排名后10%，并且在限期内没有改进的员工。

“10/10”原则的一个基本观点是，排名后10%的人员比排名前10%的人员更有影响力。企业如果不及时对排名后10%的人员进行调整、警示，不能促使他们改变现状的话，就会出现“破窗效应”①，甚至出现“劣币驱逐良币”的情况。海尔集团会专门对排名后10%员工进行“关差”帮助。“关差”顾名思义就是关闭差距。

要将排名前10%的人员树立成团队学习的标杆。企业通过职位晋升、涨薪资、精神奖励等方式激励排名前10%的员工，让更多的人具备排名前10%员工的优秀素养和技能。

可以用一句话来形容“10/10”原则，就是“抓两端，促中间”。“两端”是指排名前10%的员工和排名后10%的员工，“中间”是指排名10%～90%的

① 破窗效应是犯罪学的一个理论，环境中的不良现象如果被放任存在，会诱发人们仿效，甚至变本加厉。

员工。"10/10"原则也是"80/20"原则的衍生模型。"80/20"原则也被称为帕累托法则，是由意大利经济学家、社会学家维尔弗雷多·帕累托提出的。

"10/10"原则的思想在华为营销管理中也有所体现。华为在创业初期对员工的分类管理采取"955"法则，绩效考核排名后5%的员工要被淘汰。这种管理方式的本质就是抓后端，促前端，避免"烂苹果效应"的发生。

民营企业在市场中的活力主要来自用人和分配机制的灵活，可以完全按照市场导向实现资源的配置。民营企业家们一定要充分利用好这一点。一些民营企业的管理滞后主要体现在用人和激励体系上，依然存在"大锅饭"的现象，凡事以老板的眼光来判断是非，而不是让市场和用户说了算。这种弊端就可以用"10/10"原则来解决。企业对员工采取分类管理，淘汰滥竽充数的员工。

海尔集团的三工动态转化法也能有效提升员工的斗志，避免员工产生懈怠情绪。"三工"是指试用员工、合格员工和优秀员工。三个工种是可以上下双向转化的，既可以"海豚式"跳跃发展，也可以连降两级，见图(5-9)。

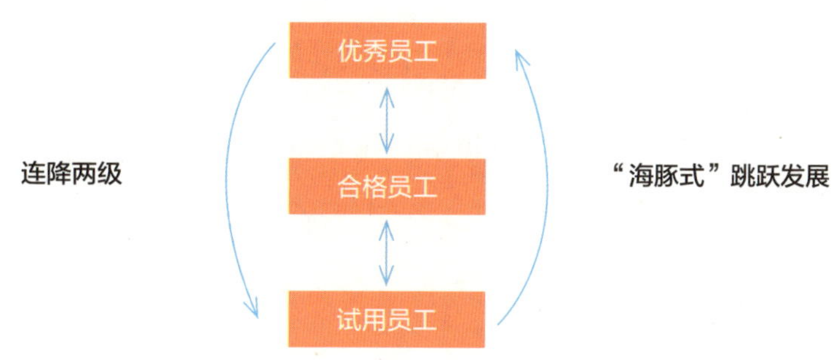

图(5-9)　三工动态转化法

这种"三工并存，动态转化"的方式把员工分为优秀员工、合格员工、试用员工三种，分别享受不同的待遇(包括工资、奖金、工龄补贴、工种补贴、住房补贴等)，并根据工作业绩和贡献大小进行动态转换。海尔集团内部有一套完善的绩效考核制度，对于业绩突出者进行"三工上转"，将试用员工转为合格员工，将合格员工转为优秀员工；对于不符合条件的员工进行"三工下转"，内部待岗，甚至退到劳务市场。

三工动态转化法不仅适合营销系统的团队管理，同样也适用于生产、物流、研发等部门的团队管理。海尔集团的三工动态转化法告诉人们一个道理：一个人今天是人才，明天未必还是人才。由此，干部不再是终身任命制，不能只上不下，而是能者上，庸者下。

在海尔集团，“三工”之间的比例——优秀员工：合格员工：试用员工保持在4：5：1。这种比例有助于保持员工的工作积极性，培养员工的忠诚度。这个比例其实也是“10/10”原则的演变，只不过变成了“40/50/10”原则而已。

“10/10”原则和三工动态转化法的目的都是为了激发员工和团队的积极性，让员工知道自己的岗位是随时变动的，要想维持和上升，只有不断地奋斗和拼搏。

与“10/10”原则和三工动态转化法相似的管理方法还有OEC管理法、人单合一管理法和创客模式。本书因为篇幅所限，不再展开叙述。

第十七节　“12321”法则与“一剑双锋”法

营销团队建设需要储备人才，尤其是核心关键岗位，要有储备干部，打造人才梯队。

企业管理者可利用“12321”法则、“一剑双锋”法在日常经营过程中培养和储备人才，让企业在关键的转型期有充沛的人才供给，满足企业在快速发展时期对人才的需求。

古人云：“一年之计，莫如树谷；十年之计，莫如树木；终身之计，莫如树人。”十年树木，百年育人。销售人才的培育是一项长期战略任务，是营销总监的核心工作内容之一。

阿里巴巴的“三板斧”，分为“头部三板斧”“腰部三板斧”和“腿部三板斧”。“头部三板斧”是定战略、造土壤和断事用人；“腰部三板斧”是懂战略、搭班子和做导演；“腿部三板斧”是招聘与解雇、团队建设、拿结果。无论是哪个层级的“三板斧”，对人才的储备和培养都是必备的管理技能。管理者要学会蓄水养鱼。

“12321”法则的具体解释是：一个成熟的作战团队，应该有1个核心人物，2个精英（也就是左膀右臂），3个骨干（就是三梯队核心骨干），2个储备（四梯队储备）和1个淘汰（解雇不合格的储备人才），见图（5-10）。这样，除去团队长（核心层），团队人员就被分为四个层次，分别是用一代、留一代、储一代、优化一代。

我们用《三国演义》中的人物来对应一下“12321”法则：以蜀国为例，第一个“1”是指诸葛亮，而不是指刘备。刘备是董事长，具体经营者是诸葛亮。“2”是指关羽和张飞，属于精英层，左膀右臂。“3”是指赵云、马超和黄忠，是业务精英和骨干。“2”是指姜维和马谡，是储备层。最后一个“1”是指马谡。诸葛亮挥泪斩马谡，淘汰了马谡。

“12321”法则让团队有了五个层次的梯队，无论哪一梯队人才出了问题，前面的梯队后退一下，或者后面的梯队前进一步，就能马上解决梯队人才的缺位或者流失问题。这种人才梯队建设方法的优点是人才层次分明，缺点是人工成本较高。企业应该根据自身的现状，进行两个或三个层次的人才储备，有的人才可以横跨两个层次。另外，人才储备的比例未必非要严格按照1∶2∶3∶2∶1，这个比例仅是参考值。

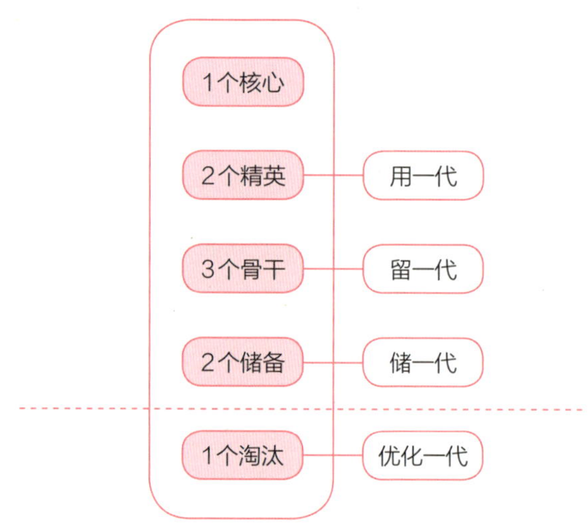

图(5-10) “12321”法则示意图

“一剑双锋”法也是人才储备的一种方式，俗称“长板凳计划”。具体的操作方法是：一名营销总监要配备两名副总监(或总监助理)。当营销总监被提拔或者辞职时，其中一名副总监就可以马上接手营销总监的工作，从而避免营销团队管理干部陷入暂时性青黄不接的状态。在海尔集团，如果一名营销总监不能培养出两名精英(副总监)，他就不会有上升的空间。

张瑞敏在几个分厂组建管理层时，每个分厂都有两名副厂长。这种人才储备战略在海尔名牌战略阶段并不被管理层所接受和理解。一些人认为此举会造成组织架构臃肿，提出了反对意见。但张瑞敏认为企业不怕干部多，怕的是没有干部可用。在这些副厂长中，最有名的就是柴永森(现任双星集团董事长)，他在海尔集团的多元化战略阶段创造了奇迹，被誉为“给他一片沙漠，他还你一个花园”的企业家。

1991年之后，海尔很快进入了多元化战略阶段。为了加速发展，海尔兼并了一些企业，需要大量的人才。这时，那些储备的副厂长、厂长助理、处长助理就有了用武之地。周云杰、梁海山等人就是在那个时期有了施展才华的舞台。年轻一代的管理者也有了崭露头角的机会。“一剑双锋”是一举两得的事情，让“一剑”有危机感和使命感，也让“双锋”有机会和舞台。

在京东集团，“一剑双锋”的思想体现在Backup（继任者）原则上。管理者加入京东一年后，如果没有提供继任者，年底就没有晋升、加薪和股票授予的机会；加入京东两年后，如果还没有提供继任者，会被就地免职。当然，继任者并不是管理者随便提出的。HR（人事）永远是中立的第三方监督者和验证者。

第十八节 华为营销高管培育法

一、“四子”法

2022年3月28日下午，华为举行2021年年度报告发布会。根据华为发布的报告，华为整体经营稳健，实现全球销售收入6368亿元人民币，同比下滑28.6%；净利润1137亿元人民币，同比增长75.9%。华为持续加大研发投入，2021年研发投入达1427亿元人民币，占全年收入的22.4%，近十年累计投入的研发费用超过8450亿元人民币。

华为的这些成就主要得益于培育人才、使用人才的科学性和系统性。华为采用“四子”法培养高管。

“四子”法是指“桃子”“鞭子”“绳子”和“筛子”。华为的管理原则表面看起来很简单，就是化繁为简，而不是化简为繁。只有简化的东西才能被记得住、用得着。

“桃子”是指企业愿景的设计，可以简单地理解为“三有”——有钱、有权、有未来。“有钱”是指让员工赚到钱；“有权”是指给员工设计好晋升的职业路线，从实习生到高管，要经过哪些环节，走哪条路；“有未来”是指只要员工足够优秀，就可以有股权。

“鞭子”是指他驱力，是外部的驱动力。一名优秀的营销人员应该有无须提醒的自觉性。但在现实的工作中，有自驱力的员工少之又少。一些员工需要鞭策。这个“鞭策”就是指“鞭子”。华为的“鞭子”做到了有法可依、有法必依、执法必严、违法必究。华为的“三反运动”、集体大辞职和全员竞岗等等，其实都是“鞭子”在起作用。

“绳子”是指约束和制度。没有规矩，不成方圆。华为行为规范、华为价值观等被写入《华为基本法》。你有绳子，可以在刀尖上行走，在钢丝绳上跳芭蕾。这难道不是企业管理的真实写照吗？

可以将员工分为四种人：人财、人材、人才、人裁。这四个“caí”字各不一样。第一个“财”是指德才兼备者；第二个“材”是指有德无才者，可以被培养使用；第三个“才”是指有才无德者，在德的方面需要提升，这类人要被限制使用；最后一个“裁”是指无才无德者，企业坚决不用这样的人。用绳子捆住限制使用的“人才”，大多能变成“人财”。

“筛子”是指留住企业需要的人，剔除不需要的人。华为是典型的“三高”企业：高压力、高效率、高回报。符合“三高”的人首先被筛选出来。一个伟大的企业需要淘汰机制。

2018年，华为创始人任正非提出一个“35+”职场概念。任正非说，如果一个35岁以上的人还没有获得比较高的职位，没有展现自我的价值，这样的人就必须自我反思，并且需要调整工作状态和方式。

一个人今天是人才，明天未必是人才。人才是流动的，是不断发展变化的，这就需要用“筛子”来筛选人才。如果企业管理者没有识别人才，没有让有真才实学的人留下，企业就会出现“劣币驱逐良币”的现象。

华为的“四子”法简化但不简单，容易实施，值得借鉴。

二、“惜才如命”与“挥金如土”

华为的“四子”法和“四如”法相得益彰，成为培育优秀管理干部，尤其是营销类干部的系统性工具。“四如”法是指“惜才如命”“挥金如土”“杀人如麻”和“求知如渴”。

华为的“四如”法也是营销总监应该具备的四种素养。

第一个“如”是“惜才如命”。人才是企业的核心竞争力。企业管理者一旦发现人才，就要想尽一切办法留住人才。从古到今，那些成就一番事业的人，大多是“惜才如命”的。《三国演义》中的曹操是一代枭雄，他是三国里面实力最强的一方，“惜才如命”，手下强将如林，例如张郃、典韦、徐晃等等。曹操十分欣赏关羽，给了关羽很多奖赏。刘备为了诸葛亮三顾茅庐。

华为创始人任正非当年重用李一男的故事，也是“惜才如命”的典型案例。

李一男在1992年进入华为后便平步青云：工作两天后，升任工程师，工作半个月后升任主任工程师，工作半年后升任中央研究部副总经理，工作两年后被提拔为华为公司总工程师与中央研究部总裁，27岁就坐上了华为公司副总裁的宝座。任正非把李一男当作手心里的宝，委以重任，充分授权。李一男也不负众望，在华为屡立大功。后来，李一男离开华为，自己创业，成立了港湾网络。

“惜才如命”的文化氛围一旦形成，就会形成一种效应，不仅人才汇集而来，企业内部也会形成人才辈出的局面。如果在营销团队里营造出重视人才、爱惜人才的环境，那么这个团队将会是一个攻无不克、战无不胜、富有竞争力的团队。

第二个“如”是“挥金如土”。“挥金如土”不是指盲目挥霍，而是指看待金钱的态度。一个将金钱看得太重的人，往往会畏首畏尾，缺乏该出手时就出手的果断，这样的人不适合做营销。

富贵险中求。一个人敢于冒一定的风险，能够多谋善断，众谋独断，善于发现机遇，并敢于投入资源，就具备了这种“挥金如土”的能力。

华为有一个雷打不动的规则，就是每年投入的研发资金至少是销售额的10%。2018年，华为集团的研发费用达到了1015亿元，同比上涨13.2%，约占公司全年收入的14.1%。2019年7月30日，华为集团董事长梁华在半年度业绩解读会上表示，2019年华为集团计划研发投入1200亿元。而实际上，华为集团2019的研发费用达1317亿元，占全年销售额的15.3%。

2019年，中国经济下行压力变大。在这样的环境中，很多企业开始采取保守战略，收紧开支。而华为“挥金如土”的做法让业界看到了华为的格局——旱则资舟，未雨绸缪。

华为集团是一家100%由员工持有的民营企业，没有任何部门、机构持有华为集团股权。财散人聚。华为人的主人翁意识在业界有口皆碑。在华为集团，早在几年前，年入500万元的员工超1000人，年入100万元的员工超1万人。当然，华为人的高收入也伴随着高压力和高效率。

面对机遇，金钱是杠杆。一掷千金，则“挥土成金”，撒豆成兵，这种能力是优秀营销高管的必备素养。

三、“杀人如麻”与“求知如渴”

华为的“四如”法犹如象棋中的棋子。如果把“惜才如命”和“挥金如土”分别比作“兵”和“炮”，那么后面的“杀人如麻”和“求知如渴”就分别如同“将”和“帅”。

四个素养的修炼，就如同与高人对弈，运筹帷幄，决胜千里。

第三个“如”是“杀人如麻”。这个词听起来有点让人毛骨悚然，但是却比较形象。小善如大恶，大善似无情。企业管理者要对员工严管厚爱，刚柔并济，高标准，严要求，不允许有不符合标准的员工存在。当然，我们提倡多换思路少换人，但不换思路就换人。

营销高管应该既有雷霆手段，又有菩萨心肠。具有大将风度的营销高管绝对不会滥用恻隐之心。

前文提到的李一男，后来离开华为，成立了港湾网络。创立之初，港湾网络将自己的业务领域聚焦于数据通信，是华为企业网产品的高级分销商。

李一男并不满足于代理通信设备，他很快就将目光瞄准了新的市场——光通信，开始研发并销售自己的产品，连续拿下了几个大订单。李一男此举被看作是对华为的公开挑衅。因为在那几年，光通信一直都是华为的核心业务。港湾网络将触手伸向光通信，免不了会触及华为的利益。随着业务的发展，华为和港湾网络最后发展到了互抢客户的地步。

华为与港湾网络的激烈竞争给自身的发展带来了极为消极的影响。当时，离开华为创业的员工有3000多名，激励创业方案的施行不但没有达到预期的效果，反而大大削弱了华为的实力。港湾网络在管理和研发上直接复制华为模式。此举也给华为带来了极大的负面效应。

2004年，痛定思痛后的华为成立了一个叫作“打港办”的机构，专门负责研究港湾网络的行动，然后给予相应的打击。对于那些百万元的小单子，华为之前基本不关注。可现在，只要港湾网络参与竞标，华为就势在必得，甚至采用零价格送客户设备的非常手段。2005年，华为穷追猛打，狠招迭出，招招直取要害。港湾网络在市场上遭到华为打击的同时，在资本领域也频频受阻。2004年，港湾网络计划在美国纳斯达克上市，一开始进展得顺风顺水。但没过多久，一封内容翔实的举报信被送到了纳斯达克上市审核委员会，信中举报港湾网络的财务报告有做假的嫌疑。随后，港湾网络不断地接受监管机构的调查，上市计划被一再延误。

港湾网络最终选择了认输。2006年6月6日，港湾网络与华为联合宣布，就港湾网络转让部分资产、业务和人员给华为达成意向并签署谅解备忘录。

华为的这种“杀人如麻”的做法合理合法，它用自己的行为以正视听，在市场上塑造了华为特色的市场价值观。人间正道，荆棘遍地，但天不藏奸，唯有具备英雄肝胆的人方可开辟一条阳光大道。

第四个“如”是“求知如渴”。华为人用只争朝夕的精神投入学习。华为人的学习对象涉及各行各业。只要是有价值的，一切皆可以被华为所用。华为人向来不会错过学习的机会。华为人的学习观是向所有人学习。华为人向军队学习，学习上甘岭精神；向企业学习，学习海底捞、顺丰速运；向动物学习，学习狼、狮子、蜘蛛、蚂蚁；向建筑学习，学习都江堰、长城；向影视学习，向书刊学习，向员工学习，向杂家学习……

营销总监有两个资历，一个叫学历，另一个叫学力。学历是过去式，而学力是现在未来式。学历是职场的敲门砖，而学力决定一个人能在职场上走多远。

企业应该营造良好的学习氛围，打造学习型团队。例如有一名促销员的销售能力特别强，那么企业就应该鼓励该促销员分享促销经验，让其他促销员学习并效仿。这样做就可以提高其他促销员的销售水平，销量自然就会上去。企业将知识转化为团队的资本。学习力是一个团队的核心竞争力。“求知如渴”的学习精神也体现在一些成功的商帮身上，例如浙商的“新三板”精神就是晚上睡地板（有吃苦精神），白天当老板（有创业精神），抽空看黑板（有学习精神）。

我们不是因为活到老才能学到老，而是因为学到老才能活到老。

慈不带兵，学习不止
杀人如麻

第六章

营销拐点突围的切入点

6

营销管理属于企业的顶层设计。企业的营销高管要身体力行，制定好营销战略，优化营销管理。

本章所介绍的营销战略设计方法，其实就是营销拐点突围的具体方法，它包含营销战略的设计、目标分解、任务分解、产品设计、价格设计、“120”服务法则、品牌建设五步法、产品卖点提炼的“135”模型等。

本章内容的实操性很强，大部分理论来自实践。一名优秀的营销总监一定善于“谋先事，而非事先谋”。一个人谋划好了再去做事就容易成功，做事在谋划之前就容易失败。不做“谋划”的营销高管，即便营销成功了，大都无法被复制。

第一节　营销战略的设计

一名优秀的营销高管，必须是一个靠“谱”的人。“谱”是什么？是韬略，是方向，更是战略。

《礼记·中庸》有言：“凡事预则立，不预则废。”这句话的意思是：做有准备的事情才有可能获得成功；做没有准备的事情往往不能获得成功。古人云：“谋先事则昌，事先谋则亡。”这句话的意思是：谋划在做事之前就会成功，做事在谋划之前就会失败。

在获取市场订单的过程中，营销高管如果没有战略上的准备，往往会事倍功半，甚至“竹篮打水一场空”。

作为一名优秀的营销高管，必须有韬略和战略，以确保整个团队的前进方向是正确的，做到“先做正确的事，再正确地做事”。把事做对靠管理，选择对的事靠战略。

战略是一种从全局考虑谋划、实现全局的规划。战术只是实现战略的手段之一。实现战略胜利，往往要牺牲部分利益。战略是一种长远的规划，是远大的目标。规划战略、制定战略、实现战略需要比较长的时间。

本文所提及的战略是指营销战略，它是指营销高管为完成市场目标，在一段时间之内必须采取的一系列规划的总和。人们对营销战略所包含的内容众说纷纭。总的来说，营销战略要包含三个方面的内容：战略目标、战略选择和战略执行。

设计完成营销战略后，要将营销战略的目标分解到具体的细分指标上。按照目标的特质来分，营销战略可以被分为业务战略和职能战略。业务战略是指财务指标，如销售额、市场份额等。职能战略是指团队、产品、价格、渠道、促销、品牌、服务等职能的精准规划。

究竟该什么时间来着手进行营销战略设计呢?

俗话说:“一年之计在于春。”有战略思维的营销高管必须改变这种滞后的观点,树立正确的观点——一年之计在“去秋”(去年秋天)。

在去年的秋天,营销高管就要设计今年的整体战略内容和实施计划。而在今年的秋天,营销高管就要设计明年的战略规划内容。一般而言,企业的营销战略要符合“135”原则,也就是1年的计划、3年的规划和5年的战略。华为有10年的战略设计,松下电器有百年的战略规划。本节重点要解决的是企业年度营销战略规划的设计时间,就是要提前3个月——从每年的9月份开始(8月中旬开始准备),一直到12月份的中旬结束,持续时间90天左右,见图(6-1)。

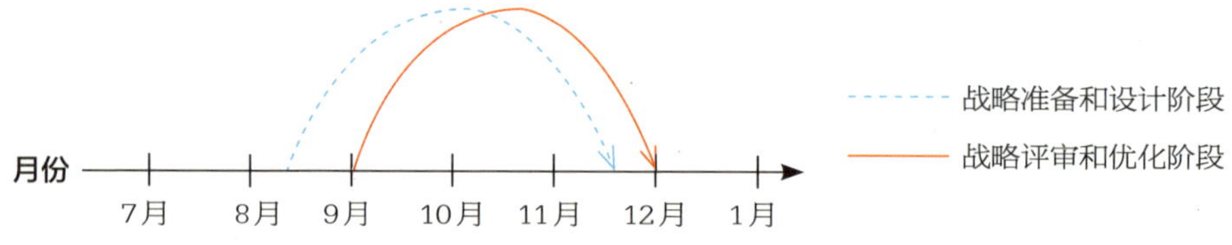

图(6-1) 企业营销战略设计时间跨度

时间跨度的数据来自笔者对企业的观察和自身从业经历。每年的9月份,海尔的各事业部就开始了最为“痛苦”的时间,进行下一年度的营销战略目标论证。这一论证阶段其实就是战略的设计和分解阶段。帅康集团在笔者的倡导下,也在每年的9月份开始设计第二年的营销战略规划,并把战略目标细分到每个事业部,取得非常好的效果。

营销战略的设计很重要。营销战略的分解更重要。因为战略不仅是设计规划,还需要最后的执行落地。华为集团在多年前实施的IPD(集成产品开发)、ISC(集成供应链)、IT系统重整、财务四统一等8个管理变革项目,就是战略设计和落地必须包含的几个核心项目,并花了数年时间落地执行这些项目。海尔集团实施的GVS(全球增值系统)升级,前后花费数年时间。因为战略实施时间充分,所以最后战略落地的效果非常好。

因为战略设计和实施过程需要时间,但又要求“兵贵神速”,所以提前进行战略设计就显得尤为重要。否则，战略即便被设计好了，也会因为时间匆忙而无法进行考核、监督和优化，甚至错过落地的绝佳机会，最后成了束之高阁的空文。

IBM在10多年前就知道平台战略，在10多年前就认为应该做云计算，在10多年前就提出智慧地球，在10多年前就开始告诉我们数据营销和数据创新是基本的选择，但它没有设计好将这些设想变成现实的具体路径，结果数据输给了阿里，平台输给了Google、Facebook、亚马逊，变得很被动。

如果IBM在10多年前拿出足够的时间来探索具体的实施路径，那么今天的IBM或许不会处于这么落后的局面。

一年之计不在于春，而在于去年的秋天。同样，一天之计不在于晨，而在于昨夜。

第二节 “四情”分析

营销战略的制定需要营销高管对企业环境进行分析。可将企业环境分为外部环境和内部环境。企业的外部环境包括宏观外部环境和企业所处的产业环境。企业的内部环境包括资源、能力和运营活动等。

营销高管在分析企业内部环境时，可以用“VRINE”分析模型①。在分析企业外部环境时，可以用“PESTEL”分析模型，见图(6-2)。

图(6-2)“PESTEL”分析模型

有关“VRINE”分析模型和“PESTEL”分析模型的文字分析，相对比较烦琐和抽象，偏向于学术研究，不易于理解。笔者试图把内部环境和外部环境分析的过程化繁为简，把环境分析简化为“四情”分析，也能高效地满足战略设计对环境分析的需要。“四情”具体是指我情、行情、敌情、客情。

“我情”是指对自己现状的客观认识，比如可以通过分析历年(至少最近三年)的年度指标的完成率、全年营业额的增长率、全国各区域销售情况、团队建设情况和绩效达成率等，分析出企业内部存在的问题，从而更加客观地了解自己。知己知彼，百战百胜，自知者明。只有充分地认识自己，才会更加有针对性地制定营销战略和策略。

---

① “VRINE”分析模型是指企业的核心资源具有5个属性，分别是：Value(价值性)、Rarity(稀缺性)、Inimitability(不可模仿性)、Non-substitutability(不可替代性)、Exploitable(可利用性)。

例如，团队今年的销售额5000万元，明年的销售额要翻一番，该如何实现这个目标呢？我们可以通过分析产品的历年市场表现，制定产品策略；通过分析区域销售完成率来制定品牌区域投放计划；通过人力资源储备来优化现有的业务团队。

“行情”是指对整个行业发展状况的分析，比如对市场整体的发展态势、行业宏观政策变化、产业动态演化和国际相关资讯等进行分析。“行情”分析的数据来自哪里？常见的信息和数据的收集渠道有：行业协会、第三方研究机构、专业杂志、行业展会和专业人士的演讲报告等。举个例子，如果你所处的行业是轮胎行业，你的行业数据来源应该有中国化工学会橡胶专业委员会，有《轮胎工业》《橡胶科技》等专业的期刊。我们需要进一步分析收集的数据，还要对一些数据的真实性进行验证。在研究数据时，我们可以遵循以下原则：反复、比较、交换。和同行之间交流信息，和同事之间交换意见。经过甄选之后的数据会更加真实有效。华为集团的创始人任正非坚持让听得见炮声的人来做决策，最好用从一线收集的信息来做“行情”分析。

“敌情”是指对竞争对手（竞品）的情况分析。企业在迷茫的时候，要拜两个老师：一个是竞品，尤其是比自家产品优秀的竞品；另一个就是用户。进行“敌情”分析时，我们首先要弄明白：自己的竞争对手是谁？对标的竞品是否准确？竞争对手的年度营业额是多少？竞争对手内部的组织结构和团队构成如何？竞争对手的技术和产品的创新状况如何？……我们通过分析竞品与自家产品之间的优劣，为下一步的营销策略设计做好数据准备。

“客情”是指对客户（用户）的情况分析，比如渠道商和终端用户。我们主要分析企业产品是否和渠道商的现有营销能力匹配。高端产品需要由竞争力强的渠道商销售。对终端用户群体画像，并按画像为终端用户精准推广和匹配产品。

“四情”分析的底层原理是什么？“四情”分析和我们所熟知的“3C”战略三角模型有异曲同工之妙。“3C”战略三角模型是由著名的日本战略研究专家大前研一提出的，见图（6-3）。

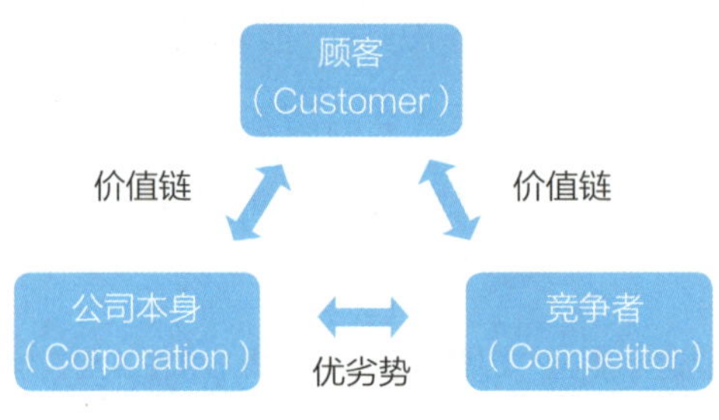

图（6-3）“3C”战略三角模型

“3C”战略三角模型包含“我情”“客情”和“敌情”，加上行业宏观政策和产业动态演变，就是“四情”分析。

日本企业采取的精细化管理，倒逼企业必须提前做战略规划。松下电器甚至有百年战略。中国企业要实现新旧动能转换，实施供给侧结构性改革，必须重视战略设计，尤其是营销战略设计。“四情”分析让企业的营销战略设计有了信息和数据的支撑，为下一步营销战略的精准设计做好准备。

第三节　分解营销目标

业务战略是可以量化的营销目标，而职能战略是难以量化的过程指标。这两种战略都非常重要，相辅相成。

营销目标分解是企业战略目标分解的主要内容。为了确保实现最终的营销目标，企业可以使用倒逼渠道法完成营销目标的分解。各渠道分解的指标之和应该大于总营销目标。究竟要大多少才合适，在企业界一直没有定论。结合华为集团、海尔集团等大型企业的通用做法，笔者给出营销目标分解安全系数设计的经验值。

企业管理界曾经流行过这样一句话："细节决定成败。"这句话在特定的历史时期是正确的。岁月不居，时节如流。企业的外部环境和内部组织发生了变化。越来越多的企业管理者认识到："细节决定成败"要有前提——战略方向必须是正确的，否则你即使再注重细节，也是在错误的道路上渐行渐远，与企业最终的目标背道而驰。

在制定企业战略规划时，管理者需要考虑很多的因素，诸如敌情、我情、行情和客情等，并且要结合"PESTEL"分析模型，之后再利用"SWOT"分析模型，细分企业内部的优势和劣势，以及外部的机会、威胁等。

可以将企业战略规划分为短期战略规划、中期战略规划和长期战略规划。短期战略规划需要落脚在具体的业务目标上。

假如某总公司明年的业务指标（以销售额为例）为A（也称为一级指标），那么，该如何将总公司的这个业务指标分解到子公司或者渠道商呢？如果总公司是集团公司，可以将业务目标分解到子公司。如果公司是独立的事业公司，可以将业务目标分解到渠道商。

我们来看一张表。表（6–1）比较清晰地说明了业务目标分解的原则：

表（6-1） 业务目标分解表

计划销售额（第一轮）	渠道类别	销售计划
A	1	A_1
	2	A_2
	3	A_3
	4	A_4
	5	A_5
	6	A_6
	…	…
	n	A_n

注：1.业务目标分解遵循“120”法则。

2.$A_1+A_2+\cdots+A_n > A$。

3.（$A_1+A_2+\cdots+A_n$）$/A=1.2=CPK$。

企业要完成总体的业务指标，分解后的各渠道目标总和（$A_1+A_2+\cdots+A_n$）要大于A。为什么要大于A？可以用一句话来解释——取法乎上，仅得其中；取法乎中，仅得其下。一个人制定了高目标，最后仍然有可能只达到中等水平。一个人制定了一个中等的目标，最后有可能只达到低等水平。

如果制定的目标太高，无论团队成员怎么努力都完不成目标，工作的积极性就会降低。那么，分解目标之和究竟要高出总目标多少才算是科学合理的呢？

这就引出来一个非常重要的概念——CPK。在本文中，笔者将CPK=（$A_1+A_2+\cdots+A_n$）/A。CPK是制程能力指数，是某个工程或制程水准的量化反应，是工程评估的一类指标，也被称为过程能力指数。CPK是指过程能力满足产品质量标准要求（规格范围等）的程度，它和准确度、精密度有关系。本文所说的CPK是指完成最后目标的能力指数。CPK的值越高，说明一个人完成的预期目标越高。

根据各个企业的惯例和笔者的管理咨询经验，一般将CPK取值1.2，这就是目标分解的“120”法则。也就是分解的目标总和（$A_1+A_2+\cdots+A_n$）除以A等于1.2，用公式来表示就是：（$A_1+A_2+\cdots+A_n$）/A=1.2。举个例子，2023年某公司的总体业务目标是A，那么每个子公司的子目标之和应该是1.2A。

还有一种CPK值的确定方法。比如，在确定2023年的CPK值的时候，先看2022年全年完成目标的百分数，也就是实际完成数AP除以（$A_1+A_2+\cdots+A_n$），如果AP/（$A_1+A_2+\cdots+A_n$）= δ，那么CPK=1/δ。如果δ小于1，就说明2022年没有完成指标。如果δ大于1，说明2022年的指标竞争力不够，CPK仍然按照1.2来确定。CPK可以根据每家企业的具体情况来上下微调，不能一概而论。

举例说明，如果某企业2022年业务目标分解后的指标之和只完成了80%，也就是说δ值为0.8。2023年确定的一级指标仍然是A，分解目标的总和（$A_1+A_2+\cdots+A_n$）/A=CPK=1/δ=1/0.8=1.25，2020年的最后子目标之和应该为1.25A。

在实践中我们发现：这种分解业务指标的方法很受企业高层管理者的欢迎。而一些分管销售的高管会不认可这种分解业务指标的方法，因为这种有挑战性的业务指标一旦被确立，就和绩效挂钩，完成指标的压力还是非常大的。

随着市场的残酷程度逐年增加，如果你不对自己狠一些，市场就会对你更残酷。分管销售的高管不愿意承接分解的业务指标，这说明他缺乏自信，也缺少解决问题的方法。

正确的做法是，这个分解的业务指标一旦被确立下来，分管销售的高管就应该欣然接受，然后马上组织团队再次分解业务目标。再次分解业务目标时要结合使用渠道开拓的“2557”原则（第五章第十节有详细的阐述），立足存量市场，找出增量市场，让业务目标有实现的新路径和新方法。

方法总比困难多。高目标带来的是高压力，但也带来高效率和高回报，这就是“以奋斗者为本”的最好诠释。

跳着才能够到的高度
就是你的新目标。

第四节　三个营销三角形模型

三个营销三角形模型，一个是从组织视角出发的三角形模型，另外两个是从营销模式出发的三角形模型。这三个营销三角形模型对营销创新的启发和实践意义较大。

第一个营销三角形战略组织模型是从组织视角出发的。一个营销团队应该具备三种基本的功能：品牌、招商和运营。这三种功能交织在一起就形成了一个三角形模型，见图（6-4）。

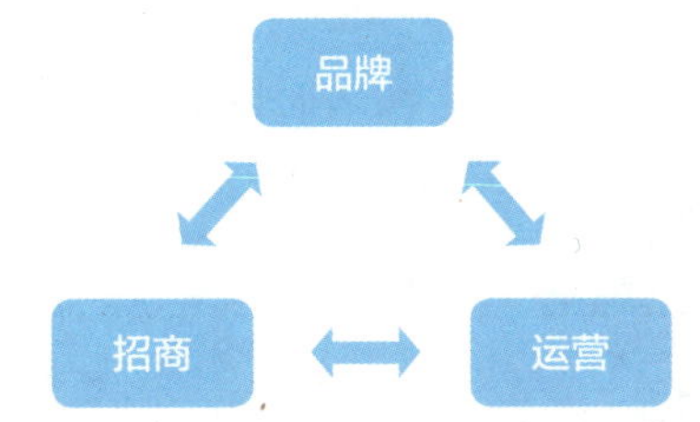

图（6-4）　营销三角形战略组织模型

从图（6-4）中，我们可以看到，最上面的是品牌，左侧的是招商，右侧的是运营。三者之间是有互动的，互相影响，互相促进。这个营销三角形战略组织模型特别适用于B2B2C行业，也就是需要有渠道商的民用零售产品。这三个要素的关系是：空中的品牌造势，形成势头；地面招商招来“四有”渠道商（见本书第五章第十一节）；地面运营系统再把这些招来的渠道商运营成功，从而获得利润。

品牌的作用是让市场和消费者了解企业优势、产品功能、企业文化、价值观等。在“互联网+”时代，营销高管一定要有品牌意识。笔者建议企业成立专门的市场部（品牌部），配备专人负责品牌运营。产品容易被人们遗忘，而品牌可以赋予人们更多的联想。企业通过品牌传播吸引更多的社会资源，包括人力资源和招商资源等等。

现在，品牌的创新功能更是不可小觑。直播带货被认为是品牌创新的新趋势。受人社部委托，中国就业培训技术指导中心于2020年5月11日发布了《关于对拟发布新职业信息进行公示的公告》，拟新增十个新职业，其中一个新职业是互联网营销师，其下面的一个工种是直播销售员。

企业将品牌形象树立好后，接下来要做的事就是招商。可以将终端的销售方式分为两种基本模式：一种是直销，另一种是分销。可以将直销理解为产品从工厂直接到用户，去除了中间商环节，降低了渠道成本。分销是企业把区域品牌的使用权交给代理商，并给代理商一个底价。代理商通过区域营销赚取产品差价，实现品牌变现。一个好的代理商可以加快品牌的区域成长速度，让一个区域品牌很快成长为一个全国品牌。

想要打造招商团队，企业必须有成熟的招商体系。例如，海尔在全国有近1万家线下实体专卖店，这些专卖店都是通过招商而来。成熟、高效的招商体系是海尔成功招商的保障。海尔会对专卖店的经营者进行统一的培训指导，比如VI统一标准，包括产品陈列、装修的风格等等。海尔的招商运营细则非常清晰，非常便于操作。

企业还必须设置运营部门，以便给加盟商提供技术、管理、服务等各方面的指导和支持，比如团队建设、产品技术培训、产品推广策略等等。例如苏宁电器线下店会对卖场的员工进行统一的培训，要求卖场的员工穿统一的工装，对卖场的员工进行统一管理。再比如帅康集团，专门设置了“八大督导”，以便对加盟商的销售活动进行检查。一旦在检查中发现问题，帅康集团就会分析总结，对加盟商进行优化培训，形成一个完整的运营管理闭环。

本节介绍的第二个营销三角形模型和第三个营销三角形模型是O2O2O模型的两个演变模型，一个是O(Off-line)2O(On-line)2O(Off-line)三角形模型，是指从线下到线上再到线下的转变，见图（6-5）；而另外一个是O(On-line)2O(Off-line)2O(On-line)三角形模型，是指从线上到线下再到线上的转变，见图（6-6）。

图（6-5）O(Off-line)2O(On-line)2O(Off-line)三角形模型

图（6-6） O(On-line)2O(Off-line)2O(On-line)三角形模型

O(Off-line)2O(On-line)2O(Off-line)三角形模型解释的是一家线下企业，通过互联网技术转型到线上，但最终还是需要回归到核心的线下运营，这就形成了一个三角形模型。例如，海尔集团、华为集团是天生实业的企业，它们可以植入“互联网+”的基因，但终究要回归到实业的本质。正如任正非所认为的：互联网没有改变事物的本质，现在汽车还必须首先是车子，豆腐必须是豆腐。

O (On-line)2O(Off-line)2O(On-line)三角形模型解释的是一家线上企业，通过线下物流、体验店等与线下融合，但最终还是需要回归到核心的线上运营，这就形成了一个倒三角模型，见图（6-6）。例如阿里巴巴，不管如何转型，核心的服务和产品仍然在线上，像菜鸟物流、盒马鲜生等线下企业，仍然需要线上数据的支持。

图（6-5）表示线上资源和线下资源的投入比例是1：2。图（6-6）表示线上资源和线下资源的投入比例是2：1。线上资源投入配置包括互联网技术投入、线上店铺运营费等，而线下资源投入配置包括线下店面投入、线下运营管理费用等。

阿里巴巴
腾讯
百度
联想
海尔
华为

第五节　“WBS”工作分解结构法

一旦确定营销目标，接下来就是营销任务的承接，也就是营销战略执行。要将这些目标订单分解到不同的大客户，每个大客户订单的获取都是一项任务，也是一个项目。

如何分解任务关系着市场业务指标的最终完成情况。于是，任务分解的方法和工具就显得非常重要了。笔者将在本节给大家介绍一种任务分解的方法——“WBS”工作分解结构法。

“WBS”工作分解结构法是指：将一个项目按一定的原则进行分解，将项目分解成任务，再将任务分解成一项项工作，再将一项项工作分解到每个人的日常工作中，直到无法分解为止。要将任务打碎、细分、梳理、合并或者优化，形成一个个新的服务包模块，再将这些服务包模块继续分解到负责人。

从表（6-2）中可以看出：表中的“WBS”工作分解结构法属于二级分解，

表（6-2）　某公司“跨界融合、智慧停车”客户旺年会任务分解

序号	任务分解（一）	成果展示（任务描述）	任务分解（二）	责任人	时间	复审人	责任价值
1	领导致辞（5分钟）	集团总经理张晓颜致欢迎词	①邀请张晓颜	陈悦	2019.12.18	公司总经理C	-10
			②张晓颜现场接待	方晓	2020.01.02		±10
			③欢迎词稿件组写	胡晓奇	2019.12.19		10
2	产品说明（20分钟）	公司副部长段淳悦做智慧停车项目产品说明	①邀请段淳悦	陈悦	2019.12.18	段淳悦	-10
			②段淳悦现场接待	方晓	2020.01.02		±10
			③段淳悦现场发言PPT制作	胡晓奇	2019.12.19		10
			④产品规划清晰并成体系	段淳悦	2019.12.19		±200
			⑤现场产品布置	段淳悦 李昂	2019.12.19		±50

续表

序号	任务分解（一）	成果展示（任务描述）	任务分解（二）		责任人	时间	复审人	责任价值
3	客户见证（15分钟）	邀请两位客户现场发言，阐述使用智慧停车产品的感受	A客户	①邀请A客户	陈悦	2019.12.18	陈兰涛	-10
				②A客户现场接待	方晓	2020.01.02		±10
				③A客户发言稿件组写	胡晓奇	2019.12.19		10
			B客户	①邀请B客户	陈悦	2019.12.18		-10
				②B客户现场接待	方晓	2020.01.02		±10
				③B客户发言稿件组写	胡晓奇	2019.12.19		10
4	跨界融合（15分钟）	邀请医院、银行、公司、设备公司等代表现场签合作协议书并合影留念	医院代表	①邀请医院代表	陈悦	2019.12.18	陈兰涛	-10
				②医院代表现场接待	方晓	2020.01.02		±10
			银行代表	①邀请银行代表	陈悦	2019.12.18		-10
				②银行代表现场接待	方晓	2020.01.02		±10
			公司代表	①邀请公司代表	陈悦	2019.12.18		-10
				②公司代表现场接待	方晓	2020.01.02		±10
			设备公司代表	①邀请设备公司代表	陈悦	2019.12.18		-10
				②设备公司代表现场接待	方晓	2020.01.02		±10
			四方协议书设计		胡晓奇	2019.12.19		10
5	战略定位（15分钟）	邀请刘春华现场发言，讲述公司战略定位	①邀请刘春华		陈悦	2019.12.18	李忠	-10
			②刘春华现场接待		方晓	2020.01.02		±10
			③刘春华现场发言PPT制作		岳邦瑞	2019.12.19		10
6	行业定位（15分钟）	公司副总A讲述行业定位	①邀请公司副总A		陈悦	2019.12.18	赵爽	-10
			②公司副总A现场接待		方晓	2020.01.02		±10
			③公司副总A发言稿件组写		胡晓奇	2019.12.19		10
7	年度规划（20分钟）	公司副总B讲述2020年度市场策略	①邀请公司副总B		陈悦	2019.12.18	周华	-10
			②公司副总B现场接待		方晓	2020.01.02		±10
			③公司副总B发言稿件组写		胡晓奇	2019.12.19		10
8	启航未来（15分钟）	公司总经理C发言，阐述公司品牌、产品、市场等升级与赋能	①邀请公司总经理C		陈悦	2019.12.18	赵爽	-10
			②公司总经理C现场接待		方晓	2020.01.02		±10
			③公司总经理C发言稿件组写		胡晓奇	2019.12.19		10

注：表格中所列名字除刘春华以外，所有名字均为化名。

第一级别的分解共有8项任务包，将每一个任务包分解到第二级别，就具体到了个人。这是一个比较简单的二级分解法。一般而言，“WBS”工作分解结构法最多到四级分解（个别可以到六级分解）。因为分解的级别越多，牵扯的组织和个人就越多，越容易混乱。但是任务分解的级别越多，可以让工作越细化。所以，“WBS”工作分解结构法的使用要在精准和简单中进行权衡，以便达到最终的平衡。

需要特别说明的是：表（6–2）中的“责任价值”是笔者特别倡导的，也就是在关键环节设立即时激励。个人如果按期完成工作任务就可以获得奖励。个人如果拖期或者没有完成工作任务就要受到处罚。这样可以促使个人想尽一切办法推进工作进度，以提升整个团队的任务完成率。

我们可以用表格、网络图、思维导图的方式分解任务。无论采用哪种方式，其本质是一样的，就是把工作任务分解成可操作、可把控、可量化、可实现的小目标，并以最高的效率完成最终的任务目标。

为了让任务完成得更加高效，除了使用“WBS”工作分解结构法以外，还可以设计另外一张表——资源需求和进度控制“BOM”表，列出所需要的财务、人力或者其他资源，逐一检查到位，避免纰漏。例如，一级任务包“领导致辞”中的二级任务“②张晓颜现场接待”的资源需求：是否需要车接，是否需要准备伴手礼等，都需要在资源需求和进度控制“BOM”表中体现。

第六节　产品组合设计原则——“三上”法则

产品创新是营销的永恒话题。有创新的产品，营销技巧才能如虎添翼。没有创新的产品，营销技巧只是雕虫小技。

产品创新不仅是指产品功能、使用和服务等方面的创新，还包括产品组合的设计创新。

产品组合的设计可遵循“三上”法则：“上势”“上利”和“上量”。

“上势”产品就是指那些能够带来流量、增加品牌曝光度、提升知名度的产品。被奉为营销经典的海尔洗地瓜洗衣机，就是“上势”产品。二十世纪九十年代，海尔刚刚进入洗衣机领域。据说，海尔将洗衣机投放市场以后，就有人打电话投诉：海尔的洗衣机堵了，排不出来水。

接到用户投诉后，海尔从高层管理者到基层员工都非常重视，派了两名研发人员亲自上门处理这起投诉。研发人员发现：用户是两个纯朴的农民，他们用洗衣机洗地瓜。由于地瓜太重，因此洗衣机转不动，自然就排不出来水。

研发人员让用户把说明书拿出来，义正词严地说这是洗衣机，不是洗地瓜机，然后把地瓜捞出来，洗衣机的水就被排出来了。两个农民还不大好意思，连连说：“真是麻烦你们了，以后再也不异想天开地用洗衣机洗地瓜了。”

两名研发人员回去汇报：不是洗衣机的问题，是因为用户使用不当，用洗衣机洗地瓜。据说，海尔集团的负责人当时非常生气，说：“海尔有两个营销理念，一个是用户永远是对的，另一个是绝不对市场说‘不’。作为研发人员，你们的行为不符合这两个营销理念。”

研发人员大受启发。如果海尔研发一款能洗地瓜的洗衣机，是否会受到当地农民的欢迎呢？于是能洗地瓜的洗衣机就这样面世了。

这款能洗地瓜的洗衣机销量大吗？或许大家都猜到了答案。这款能洗地瓜的洗衣机销量并不大，但却能够帮企业吸引消费者，获得关注，提升品牌传播的效果。这款能洗地瓜的洗衣机的诞生代表着海尔的管理与时俱进，持续的技术创新，以用户为中心的研发理念。这一点给业界的启发意义很大。再比如海尔的小帅影院、手持式洗衣机等，都属于“上势”产品。

“上量”产品是指能提升市场份额、增加成交量的产品。一个品牌，要想获得可持续的流量，除了增加品牌曝光度之外，还需要占据一定的市场份额。笔者认为市场份额比利润更重要。帅康集团有一款俗称“大盒子”的中式抽油烟机。这款抽油烟机的利润并不高，但是在终端市场的销量特别高，能够占据一定的市场份额，让更多的消费者体验到帅康抽油烟机的品质魅力。又如海尔的小王子冰箱，并没有太多技术创新，利润相对不高，但是市场份额非常高。

“上利”产品就是能给企业带来足够利润的产品。海尔有款叫作“007”的冰箱，后来叫“即时切”冰箱。在2009—2012年的家电下乡中，这款“即时切”冰箱独占鳌头，占据了很高的市场份额，利润回报相当可观。这款“即时切”冰箱就是“上利”产品。银行通过一个高收益的“上势”产品把客户吸引过来，再推荐给客户其他收益率相对较低的理财产品——这款理财产品对银行而言是“上利”产品。而那些理财周期较短，收益率相对较高，首次下载APP有返现的理财产品就是“上量”产品。企业通过“上势”产品吸引客户，通过“上量”产品来满足客户，再把“上利”产品组合进去，就能形成一个非常好的产品组合。

第七节　产品价格的设计方法

价格在营销组合中是非常敏感的要素。利用好价格要素，企业可以占据市场的制高点并形成价格壁垒。产品价格的设计是有方法和技巧的。企业要做到既不粗暴地打价格战，又不盲目地坐地起价。营销高管需要掌握产品价格的设计方法，并结合企业的实际，不断地优化价格设计的底层逻辑。

产品的价格设计是非常个性化的。每家企业都能结合自己的产品特质给出不一样的定价方法。笔者认为，产品的价格是营销拐点中非常敏感的点。企业如果将产品价格设计得好，就可以撬动增量市场。企业如果将产品价格设计不当，可能会误伤自己。这就是价格的“双刃剑”效应。笔者将产品价格设计方法的底层逻辑抽离出来，供营销管理者或学者参考。每家企业都可以有自己的价格设计逻辑，既能巧妙地规避价格战，又能在市场竞争中获得定价主动权。

企业在给产品定价时，要考虑竞品、环境和目标群体等多个方面的情状，要在价值和价格之间进行权衡，找到一个平衡点。

本文将介绍五种定价方法，分别是成本定价法、竞争对手（竞品）跟踪法、剪刀法（狙击法）、自我定价法和垄断法。

成本定价法的公式是：C+Δ，C是指成本，Δ是指利润。利润可以被分为两种，一种是毛利，另一种是纯利。

价格一般是由两部分组成的，一部分是成本，另一部分是利润（以毛利或者纯利的方式体现）。在使用成本定价法的时候，企业的财务系统要对原材料的价格变动有预判，对利润有预测。

举个例子，空调的材料成本对铜管的价格敏感度较高。企业如果预测到未来几个月铜管会涨价，就可以先储备一部分铜管，这样产品的成本就会相对下降，而利润空间就会相对变大。如此，企业可以有较大的价格控制空间，拥有较大的市场话语权。

用成本定价法定出来的价格与企业对未来利润目标的追求、销量预期、采购部门对原材料的成本控制有关系。成本定价法对营销系统、财务系统、采购系统的内部协作有较高的要求。

在产品未定价前，我们可以算出产品的成本，但是无法确定利润。这时候我们可以对标同梯队的竞品，看竞品的终端价格水平。如果竞品的定价比较高，我方品牌影响力比竞品强，我方就可以把价格定得比竞品高一些，反之则亦然。这就是竞争对手（竞品）跟踪法。

尽管我方产品的价格比竞品高，但我方产品的利润未必有竞品高。产品的利润与市场的总体销量、成本C的控制有关。我方可以学习对标竞品的成本控制，在降低产品成本C的同时，提高产品的整体销量，让企业的毛利空间更大。通过对比内部成本和竞品的市场价格P，从而确定我方产品最终的市场价格，就是竞争对手（竞品）跟踪法。

在市场策略和战略设计过程中，企业不能盲目定价，必须全面地了解对手。如果企业没有对标竞争对手，将新产品的价格定得过高，企业品牌影响力与市场可接受的价格不匹配，新产品就会形成库存。新产品如果长期积压，库存成本就会增加，还未形成热销局面，就可能面临被低价清仓和被更新换代的风险。

需要特别提醒的是：当竞品的价格有所调整时，企业未必要跟风调整价格，最好提前准备好预案，推出储备新品，或者提供增值服务。跟风下调产品的价格很容易让企业陷入价格战的怪圈，必须引起营销高管的重视。一个频发价格战的行业一般是一个没落的行业。彩电、电脑等行业价格战的惨痛教训足以让我们引以为戒。

剪刀法（狙击法）是五种方法里攻击性最强的定价方法。它是一种组合定价策略。例如，竞品上市后反响不错，价格相对比较高。这时我方企业需要模仿竞品设计出两款新品（企业针对竞品一般会有新品储备），一款新品采用高价（高于竞品价），另一款新品采用低价（低于竞品价）。高价产品的性能比竞品的性能好，而低价产品的性能和竞品的性能相当。将高价产品和低价产品组合在一起就形成了剪刀矩阵，可以把竞品的优势剪掉。

需要强调的是，我方企业的两款新品将竞品成功打压后，过一段时间也要悄然下市。我方企业应立即推出储备产品，形成新产品的市场销售势头。因为这两款产品很像狙击手，完成任务后就撤退，所以这种定价方法也被称为狙击法。

狙击法对具备强势销售竞争力的企业有较大的借鉴意义。非强势（不是数一数二）的企业慎重使用狙击法。因为杀敌一千，自损八百。如果企业没有产品储备，没有足够的品牌影响力，狙击法是无效的。

同时，笔者不建议常用狙击法。理性的企业向来是多关注用户，不会过多地关注对手。狙击法适用于市场竞争中的自卫。

自我定价法是让企业比较痛快的方法，同时也是让企业获取利润的主要方法。希望所有的企业都有能力采用这种定价方法。这种定价方法需要企业设计出一款“人无我有”的产品，是从0到1创造一个新品类产品。例如海尔咕咚手持式洗衣机，它的定价方法就可以叫作自我定价法，因为它是“人无我有”的新产品。

敢于采用自我定价法是企业具备市场引领能力的佐证。自我定价法不是让企业漫天要价。只有用户接受的产品价格才是合理的产品价格。

最后一种定价方法叫垄断法。采用这种定价方法的多是关乎民生的企业，其产品为汽油、天然气、自来水等。这些产品的定价往往涉及国计民生，和市场的关系不大。特殊行业的价格垄断可以维护社会的稳定，达到宏观调控的目的。

营销高管可以将五种定价方法组合使用，并结合企业实际和市场的变化，举一反三，融会贯通，不断地优化价格设计的底层逻辑。

价格设计的底层逻辑
1. 成本定价法
2. 竞争对手（竞品）跟踪法
3. 剪刀法/狙击法
4. 自我定价法
5. 垄断法

第八节　一种新的商业模式S2b2c

S2b2c是“互联网+”时代的新商业模式，它聚焦了供货商、渠道商和终端用户三类利益相关方。供应链平台“S”对渠道商“b”赋能，对“c”端用户提供高效、便捷的服务。

在“互联网+”时代，传统的商业模式被延展或者被重新赋能，这些常见的商业模式（营销模式，从渠道合作视角来区分）包括：O2O2O，C2M，S2b2c，B2B，B2C，O2O，F2F，C2C，P2P等，见表（6-3）。

表（6-3）　9种商业模式释义表

名称	释义
O2O2O	O2O2O是指online to offline to online，意为通过在线（online）推广的形式，引导顾客到地面体验店（offline）进行体验，之后再通过电子商城进行在线（online）消费
C2M	C2M是指Customer to Manufacturer（用户直连制造），是一种新型的工业互联网电子商务的商业模式，又被称为“短路经济”
S2b2c	S2b2c是一种集合供货商赋能于渠道商，并共同服务于用户的全新电子商务营销模式。在S2b2c中，“S”是指大供货商，“b”是指渠道商，“c”是指用户
B2B	B2B（也有人写成BTB，Business to Business）是指企业与企业之间进行数据信息的交换、传递，开展交易活动的商业模式
B2C	B2C是电子商务的一种模式，也是直接面向消费者销售产品或服务的零售商业模式
O2O	O2O是指Online to Offline（线上到线下），将线下的商务机会与互联网结合，让互联网成为线下交易的平台，既涉及线上，又涉及线下
F2F	F2F是家庭或者个体（Family）到厂家（Factory）的一种直销模式。在F2F模式中，厂家和商家共同充当了一个F（Factory）。F2F还可以是农场（Farm）到家庭（Family）的一种营销模式
C2C	C2C是电子商务的专业用语，意思是个人与个人之间的电子商务，比如一个消费者有一台电脑，通过网络进行交易，把它出售给另外一个消费者
P2P	P2P，互联网金融点对点借贷平台，又被称为点对点网络借款，是将小额资金聚集起来借贷给有资金需求人群的一种民间小额借贷模式，属于互联网金融产品的一种

其中S2b2c是一种新的商业模式，这种商业模式包含了三个利益攸关方——S，b，c。我们先来界定一下三个群体，见图(6-7)。

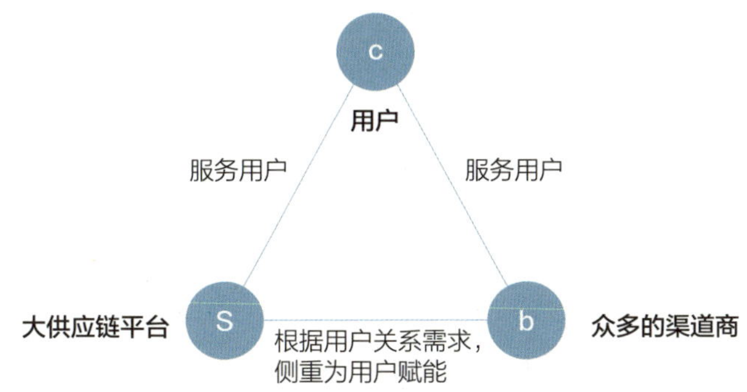

图(6-7) S2b2c商业模式示意图

S2b2c中“S”是指企业应该是一个大供应链平台。“S”既能提供工具，又能整合上游供应链，提供增值服务，帮助“b”共同服务“c”。“S”的核心能力是供应链整合能力，核心功能是给小“b”提供各种赋能，包括供应链、渠道、营销、场景、服务、金融、物流、数据、信息系统等。

大“S”的具体存在形式是区域商超、区域便利店等垂直零售商。

小“b”是行事自由的个体，一般指渠道商。在“互联网+”时代，小“b”的存在形式更加多样和新颖。例如在新冠肺炎疫情期间，城市合伙人、社区代表、社区团购组织人等，也属于小“b”的范畴。

根据“S”对“b”的赋能，小“b”拥有更多差异化产品和增值服务。“b”端既能提供标准化的“S”端赋能服务，也能根据差异性为“c”提供个性化的服务。例如，琴牌牛奶的社区代表小“b”发现用户对不能调整牛奶的配送时间有很大意见，就反馈给“S”的线上系统进行优化。最后优化的结果是，只要用户在牛奶还未配送之前提出修改配送时间，就可以顺延，解决了无人在家，不需要配送牛奶的问题。

“c”是“S”和“b”的终极核心环节。“S”所有的布局都围绕“c”展开，最终目的是让“c”满意。

S2b2c商业模式需要软件系统的支持，也需要互联网和大数据技术的支撑，必须融合线上线下全渠道零售、分销，打通全渠道的商品、订单、会员、仓储、营销、财务、服务等环节，最终形成智能化的数据分析平台，更好地服务“c”。

在使用S2b2c模式时，可以分为“S2b”和“b2c”两个环节，每个环节都有核心的要点。我们可以简单地把“b2c”称为小前端，把“S2b”称为大中台。

S2b2c是零售转型的新模式，是网络化、移动化、信息化和数据化的融合，它能够缩短营销环节，提升营销效率。

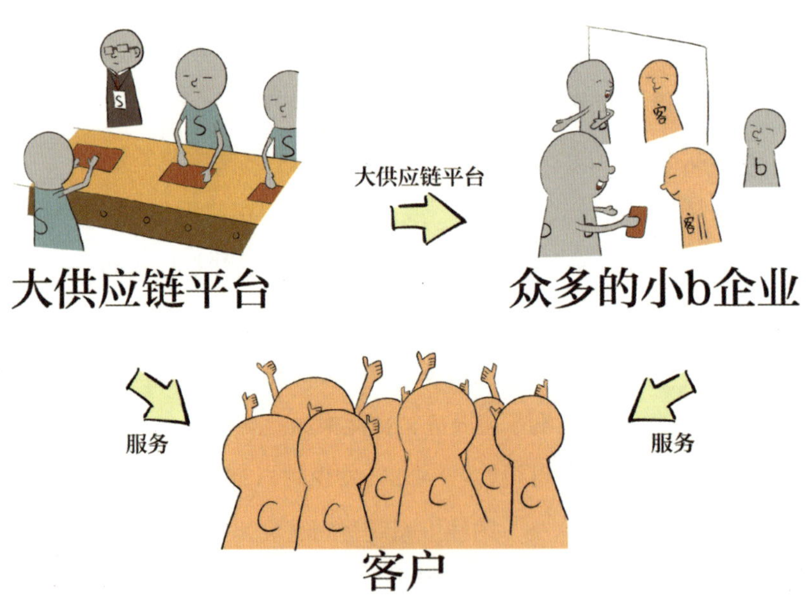

第九节 七种促销方法

笔者总结了七种促销方法。将这些促销方法组合使用，就是组合式营销。营销是发现或发掘用户需求，然后让用户购买产品的过程。促销是向用户传递产品信息，说服或吸引用户购买产品的过程。

本文所指的促销是在了解用户需求基础上的营销方式，是营销运营活动的创新组合。

促销的方式随着“互联网+”时代的来临发生了很大的变化。笔者总结了七种促销方法：病毒营销、绿色营销、公益营销、会议营销、事件营销、造势营销和自媒体营销。

第一种是病毒营销。病毒营销是一种利用网络技术、大数据技术等增加企业和用户之间黏度的营销方式。例如，用户在苏宁易购进行消费，使用苏宁易付宝后就可以得到一些代金券。一些用户为了使用代金券会产生二次购买行为。另外，用户可以将获赠的电子代金券在朋友圈进行分享。通过朋友圈拿到代金券的人就可能会到苏宁易购消费。这种送代金券或者小礼物的方式，都是病毒营销的一种表现形式。

拼多多是使用病毒营销较多的软件，它总是让用户加好友并鼓励好友拼团。用户发出的邀请越多，所购买的商品价格越低。一个想用更低的价格购买商品的人仿佛“中了病毒”一样推广拼多多。这种促销方式就是病毒营销。

病毒营销一定要在消费者自愿的情况下进行，不能逼迫，不能有太多的诱惑，否则便是饮鸩止渴，得不偿失。病毒营销的优势是口碑传播的速度像病毒一样快，且传播成本相对较低。

第二种是绿色营销。绿色营销是一种倡导“绿色、低碳、环保、健康、安全”消费理念的营销方式。部分产品可能会有政府的消费补贴，例如新能源汽车。企业如果主打绿色、环保的产品，可以减少碳排放量，就可以使用绿色营销。宣传太阳能充电器、LED节能灯等产品的卖点并倡导绿色消费就属于绿色营销的范畴。

绿色营销多与公益营销组合使用。例如青岛酷胖自行车组织的百人自行车大赛就是一种绿色营销和公益营销组合的营销方式。

第三种是公益营销。公益营销是指企业通过提供免费体验机会或者在公共场所组织一些环保健康类、关注社会特殊群体等活动，以公益活动的方式获取更多人的关注。同时，企业通过做公益活动增强了社会责任感，提升了社会公众形象。

企业在做公益营销时，不要掺入太多的功利色彩，否则会影响自身的美誉度，引起用户反感。公益就是公益。企业如果真的有社会责任感，即便没有过多宣传，也会获得用户的认可。

第四种是会议营销。会议营销是一种常见的现场促销方式。专业展会、博览会、代理商会议等都属于会议营销。会议营销可以让企业与客户进行面对面的交流，可以在现场进行即时沟通和互动，促进现场成交。

随着“互联网+”时代的到来，客户更乐意在互联网上进行交互。这种线上会议营销的成本低，又能做到信息对称。但是线上会议营销的交互程度浅，体验性差。可以将线上会议营销和线下会议营销组合使用。

第五种是事件营销。事件营销是一种借助或者制造一个爆点事件进行营销的方式。事件营销可以引起社会广泛关注，很容易让人记住并进行二次传播。在2020年新冠肺炎疫情期间，老乡鸡创始人束从轩手撕联名信，西贝莜面的创始人贾国龙在网络上“示弱”，等等，都属于事件营销。

第六种是造势营销。将谋势、蓄势、借势、造势和发势“五势合一”，就形成了造势营销。

第七种是自媒体营销。自媒体营销是在“互联网+”时代中比较新颖的一种方式。自媒体让每个人都有自我营销的机会。自媒体让营销变得平民化。网红经济和个体经济崛起。“一时间KOL[①]和KOC[②]一色，UGC[③]共PGC[④]齐飞。”直播带货是新冠肺炎疫情后迅速崛起的自媒体营销方式。众多头部品牌纷纷进入了网络直播带货的大潮。

随着时代的发展，七种促销方式也在不断地改变。未来一定会出现新的促销方式。企业应该掌握每种促销方式的内涵和基本逻辑，并组合使用多种促销方式。

①KOL，关键意见领袖，是营销学上的概念，通常被定义为：拥有更多、更准确的产品信息，且为相关群体所接受或信任，并对该群体的购买行为有较大影响力的人。

②KOC，关键意见消费者，能影响自己的朋友、粉丝产生消费行为的消费者。相比于KOL，KOC的粉丝更少，影响力更小。

③UGC，互联网术语，用户生成内容，即用户的原创内容。UGC的概念最早起源于互联网领域。用户将自己原创的内容通过互联网平台进行展示或者提供给其他用户。

④PGC，互联网术语，是指专业生产内容，用来泛指内容个性化、视角多元化、传播民主化、社会关系虚拟化。

第十节 客户和用户

对待客户和用户的策略是不一样的。这就要求我们明确客户的分类和用户的分层，以便将营销策略制定得更加精准和科学。

客户和用户是两个完全不同的概念。很多营销学者和企业家会将这两个概念混淆使用。

首先来界定一下客户。客户是购买者，非使用者，比如代理商、分销商、供应商都是企业的客户。金融机构也是企业的客户。在大部分的营销类书籍里面，客户是指代理商等渠道客户，大客户是指系统大用户。营销模式B2B中的第二个“B”就是指客户，可以是分销商，也可以是大客户。

用户既是购买者，也是使用者，是产品最终的消费者。在营销模式B2C中的“C”是指用户。

首先要界定清楚客户和用户的区别。企业对客户和用户采取的策略是不一样的。客户和用户的需求也是不一样的。

客户的关注点在于所获利润的多寡。企业与代理商之间经常会进行利益博弈。由于客户对企业的利润贡献不一样，因此企业要对客户进行分级。客户管理的目的就是企业让客户持续升级，帮助客户赚到更多的利润。

按照销量、信用和利润贡献率等维度，企业可以将客户分为A+，A，B，C，D等五个等级，见表(6–4)。

表(6–4) 客户分级与类别

客户分级	客户类别
A+	核心客户
A	优质客户
B	升级客户
C	淘汰客户
D	准客户

不同级别的客户由不同级别的企业人员来维护和关注。当然，一般而言，不同级别的客户是由营销人员来维护的。有的企业为了更大程度地满足客户的需求，要求所有的高层人员接触客户，与客户沟通，与客户的高层人员保持紧密的联系。这些企业高层人员虽然不直接参与市场运营，但是能够把客户的信息及时反馈回来，能建议企业在决策层面做出改变，比一般营销人员的话语权要重得多。这样做的好处是客户与企业随时保持信息畅通。客户关系的维护属于公司的经营核心。企业要做到即便营销人员辞职，客户也不至于流失。

我们来看一下某家公司的客户分类标准，再来看一下维护客户人员分配情况，详见表（6–5）和表（6–6）：

表（6–5） 某公司的客户分类表

客户级别	客户细分等级（按照年销售额分类）
A	A_1, 年销售额（含税）≥200万元； A_2, 100万元≤年销售额（含税）<200万元； A_3, 50万元≤年销售额（含税）<100万元； A_4, 20万元≤年销售额（含税）<50万元
B	B_1, 年销售额（含税）≥100万元； B_2, 50万元≤年销售额（含税）<100万元； B_3, 20万元≤年销售额（含税）<50万元； B_4, 年销售额（含税）<20万
C	C_1, B级客户逾期欠款金额大于销售总额（含税）20%的客户； C_2, 年销售额（含税）<20万元
D	D, 逾期付款时间超过12个月的客户
N	N, 当年新客户
S	S, 准客户（未合作）

表（6-6） 某公司客户分类经营表

序号	客户级别	客户数量	重视级别	经营方法
1	A	30	院级	1.定期回访/拜访；2.召开客户产品说明会议，并与客户沟通；3.发现问题，及时闭环；4.半月总结订单与产品结果；5.加强推荐购买；6.保持A类客户等级
2	B	40	总监级	1.定期回访/拜访；2.召开客户产品说明会议，并与客户沟通；3.发现问题，及时闭环；4.半月总结订单与产品结果；5.加强推荐购买；6.将升级成A类客户为经营方向
3	C	20	主任级/业务员	1.定期回访/拜访；2.召开客户产品说明会议，并与客户沟通；3.发现问题，及时闭环；4.半月总结订单与产品结果；5.加强推荐购买；6.将升级成B类客户为经营方向
4	D	15	业务员	1.及时沟通，将升级为C类客户为经营方向；2.考虑淘汰后的客户替换
5	N	30	院级/总监级	1.市场部负责寻找客户信息；2.按漏斗管理法获取订单；3.定期回访/拜访
6	S	50	总监级/主任级	及时沟通，将升级成N类客户为经营方向

在表（6-5）中，D是指要被淘汰的客户，N是指当年开拓的新客户，S是指储备池中的客户。企业在储备客户的时候，要坚持“四有原则”，选择有实力、有团队、有经验和有梦想（格局）的客户，具体见本书第五章第十一节的内容。

用户思维与客户思维不同。用户思维要求我们从终端使用者的角度出发，调整和优化企业的产品、品牌和文化。用户才是产品的最终买单者，是企业的衣食父母。企业要看用户的脸色行事，一切要以用户为中心。华为所提出的“以客户为中心”其实是指“以用户为中心”，因为华为在创业初期的用户都是通信系统的大客户（大用户），所以在内部统一将用户称为客户。

从用户需求出发，我们就会发现很多的商机。在“互联网+”时代，我们在给用户提供解决方案时，可以组合使用各种互联网技术。这些技术的组合使用让商机层出不穷，给创业者带来绝佳的机会。比如我们在下雨天出门时，特别不好打车。如果在路边打车时，我们没带伞，就会淋雨。而打车软件解决了打车难的问题。我们可以在室内通过打车软件约车，让网约车直接开到上车地点。再比如我们在家不想做饭，又想不出门就吃到美食，可以通过美团、饿了么等外卖平台进行点餐，只需要安心等待即可。

营销人员要让用户满意和感动，让他们产生四种购买。四种购买分别是：重复购买、相关购买、推荐购买和大额购买。在和用户的交互中，有六个关键点，分别是“审、问、隆、千、卖、安”。“审”是洞察用户的真实需求。“问”是让用户说出自己的痛点。“隆”是让用户看见购买产品后带来的便利。“千”是给用户出方案。“卖”是具体的销售动作，包括产品的精准匹配和报价等。“安”是购买产品之后的服务，让用户购买产品后没有后顾之忧。

企业和用户之间的“六交”原则是：交流、交际、交友、交心、交易和交互，见图(6-8)。交互是指企业和用户形成了生态。“未来，不生态，无生意。”

图(6-8)　企业和用户之间的“六交”原则

笔者把用户和客户的概念界定清楚，目的是让企业管理者做到以下三点：

第一，针对客户和用户采取不同的策略。不断地将客户进行升级管理，做到优胜劣汰。同时还有一点，要关注大客户(系统大客户)和代理商的生命周期管理。对于升不上级的、改变不了的客户，企业要进行适度地淘汰和更换，建立客户储备池。企业要以用户为尊，站在用户的角度探寻用户内心的需求，包括显性的需求和隐性的潜在需求。

第二，企业管理者在做决策时，要先运用用户思维，再使用客户思维。

第三，客户让企业赢在今天，用户让企业赢在未来。企业不应该厚此薄彼，应该左手抓客户，右手抓用户。用户和客户都是企业的利益攸关方。

未来的营销将更加关注用户的需求和客户的成长。企业和用户、客户一起相融相生，形成事业共同体和命运共同体，形成生态链群，共同承担风险，一起分享市场成果。

第十一节 用户思维、产品思维、整合思维

天道酬勤，地道酬善，人道酬诚，商道酬信，业道酬精。营销高管只有做到勤、善、诚、信、精，事业才能够如日中天。营销高管要具备什么样的思维呢？营销高管需要具备三种思维：用户思维、产品思维和整合思维。

在营销实务中，营销高管应该具备三种思维：用户思维、产品思维和整合思维。

用户思维要求营销人员聚焦在用户的需求上，是市场驱动营销行为的思维模式。

从用户角度出发的思维能够让营销变得更高效。例如，在2020年的新冠肺炎疫情期间，青岛嗨饺根据市场变化调整自己的产品，在疫情期间不仅做水饺，还给居家学习的学生做学生套餐，并负责配送到家门口。崂山凉粉推出家庭式新款凉粉，并推出送货到家门口的服务。青岛酷胖自行车适时推出的沿海自行车比赛，也是响应了大众对健康的需求，让不少人有了购买自行车的意愿。

再比如良品铺子，升级了巴西松子的规格，让巴西松子的果径更大一些，更方便用户手剥。这些都是用户思维在产品创新上的体现。

用户思维可以驱动企业内部的变革，是企业新旧动能转换的底层逻辑和主导思维。供给侧结构性改革也需要需求侧的驱动。如果企业只是供给侧的闭门变革，产能就会过剩。

产品思维要求企业将产品进行组合。笔者提倡采用“三上”法则，将“上势”“上利”和“上量”的产品进行组合（具体内容详见第六章第六节）。不同的产品匹配不同的用户。这就要求企业对产品进行分类，对用户进行细分。只有产品和用户精准匹配，市场营销策略才会更加有效。

整合思维是处在“互联网+”时代的营销人员必备的基础思维。资源不在

于拥有，而在于整合和利用。对于自己所缺少的，而这个世界早已经拥有的东西，我们不必占有，拿来使用即可。在“互联网+”时代，“羊毛出在猪身上，狗来买单”的戏言就是整合思维的写照。

海尔在研制环绕立体风空调时，要用到空气射流等高端技术。对于这些技术，海尔现有的研发人员根本做不到。但最后海尔空调的新样机在一年内就做了出来，比以往的研发速度快了很多。海尔研发速度的加快凭借的就是整合思维的实践——海尔HOPE平台的建立。HOPE平台整合了全球众多知名高校和科研机构的专家，涉及电子、生物、动力、信息等诸多领域。海尔只要将自己的研发需求放到HOPE平台上，就可以坐等科研资源找上门。

例如，海尔将空气射流等难题放在HOPE平台上，过了大概一周的时间，就有世界上最顶尖的研发人员主动与海尔联系，并给海尔提供了相应的解决方案。空调出风口的功能设计是由中国科学院和中国航天空气动力技术研究院提供的。空调的智能模块是由美国的研发机构设计的。海尔采用专利授权或者委托开发的模式进行整合研发。海尔和世界顶尖研发团队结成了利益共同体。

一旦拥有了整合思维，你寻找资源的“视力”就变成了“视野”。这时你会发现全世界都是资源。诚如张瑞敏先生所言，世界就是研发部，世界就是人力资源部。你的眼界变宽后，你就可以整合全球的资源。

这三种营销思维可以让企业决胜长远，赢在共享经济新时代。

用户思维
产品思维
整合思维

第十二节 “120”服务法则

服务是“八下拐点”中一个重要的突围点。服务是第一轮营销的最后一个环节，也是第二轮营销的第一个环节。服务是互联网难以完全虚拟化的一个环节，它是企业与用户之间增强体验、加强互动、提升黏度的纽带与桥梁。

唐朝诗人李商隐有诗云：“身无彩凤双飞翼，心有灵犀一点通。”如果企业和用户之间“心有灵犀一点通”，能想到用户的心里去，服务水准超出用户的期望值，就可以为用户创造预料之外的惊喜。

在新营销体系中，服务和体验是营销链条中的重要环节。什么样的服务才能赢得用户的青睐，让用户产生再次购买的冲动呢？

笔者根据企业管理实践经验和营销理论文献，提出“120”服务法则。简单来说就是如果用户的期望值是100分，而企业提供的服务是120分，用户就会被感动，这就是“120”服务法则。

“120”服务法则要求企业提供比用户的预期超出20%的增值服务，让用户保持一种超出自己期望值的满意状态，见图(6-9)。

超出10%期待的服务是“110”服务，很容易被模仿。超出30%期待的服务是“130”服务，会提高企业的服务成本。超出20%期待的服务是“120”服务，既能为用户创造惊喜，又能让企业的服务成本可控，且竞品企业难以在短时间内模仿和超越。你为用户提供“120”服务，就会让用户感动，让用户记住你，传播你的美誉，从而再次选择你。

究竟该如何界定“120”服务呢？什么样的服务才是“120”服务呢？从图(6-9)中可以看出，要达到“120”服务水准，就必须让消费者达到情感忠诚的层面。企业现场的服务要超出用户预期服务的20%以上。

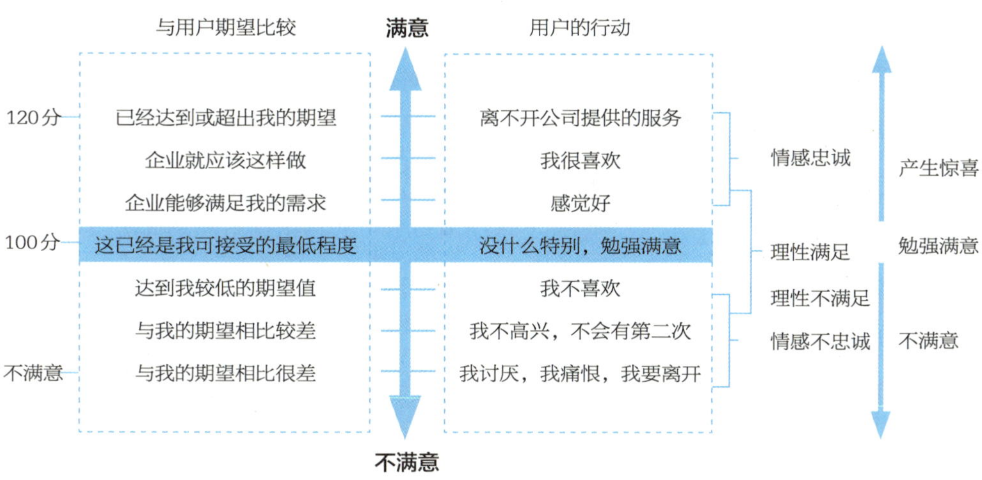

图(6-9)"120"服务法则

服务满意度是指将用户的现场服务感知与用户的期望值进行比较。服务感知100分是用户可接受的临界程度，也就是基本满意。再往上走，从感知100分到理想状态120分，是一个持续的过程。用户的心理也从理性满足上升到情感忠诚。"120"服务法则是典型的用户心理需求的满足，超出了用户的期望值，是产品和服务的延展，是新服务包的创新。

为了达到服务"120"水准，企业需要把服务分为三个层次：基础服务、创新服务和增值服务，见图(6-10)。而要保持"120"服务的水准，企业必须在增值服务层面不断创新。但这并不是说基础服务和创新服务不重要。没有基础服务和创新服务作为基础，增值服务无从谈起。

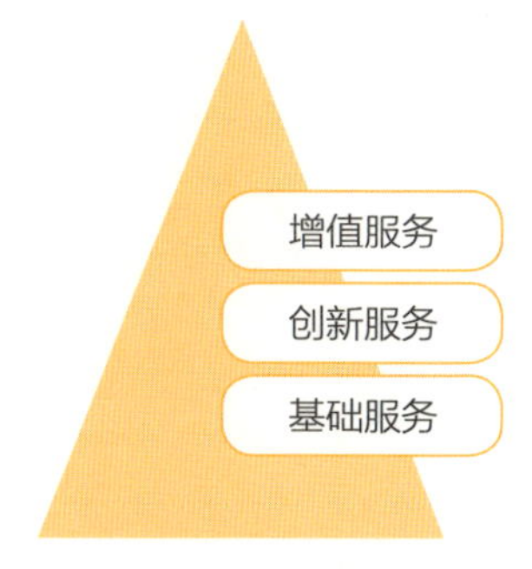

图(6-10) 服务的三个层次

比如海尔的服务人员上门的时候会出示上岗执业证明，这属于基础服务；进门穿鞋套，在推行之初还属于创新服务，现在也属于基础服务。服务人员本来是来安装空调的，免费检查一下其他电器（必须是海尔品牌），看是否有质量隐患，这属于创新服务。现场的空调安装是无尘安装，自带无尘设备，属于创新服务。安装服务结束后，服务人员把用户家里的垃圾带走就是增值服务。

当企业的服务水准达到增值服务的时候，用户感动就会发生。随着用户的口口相传，企业的服务就会赢得美誉。

从100分到120分，用户的服务预期是不断提升的，用户的感知服务也是不断提高的。“120”服务和用户的预期有关。因为用户的预期是变动的，所以企业需要不断地和用户沟通、交互，并不断地修正和提高服务水平。由于服务水平提升的过程是企业在和用户持续互动中进行的，因此“120”服务法则是企业和用户共同创造的一种法则。

海尔“毛宗良背洗衣机”“坐轿子的冰箱”等服务案例都是典型的“120”服务。而海底捞的服务则属于“130”服务，成本很高，同行很难模仿。

总之，想要将用户服务做好，得到市场的充分认可，企业要达到优质服务的五个效果：看得见，记得住，觉得好，传得远，成效应，见图（6-11）。

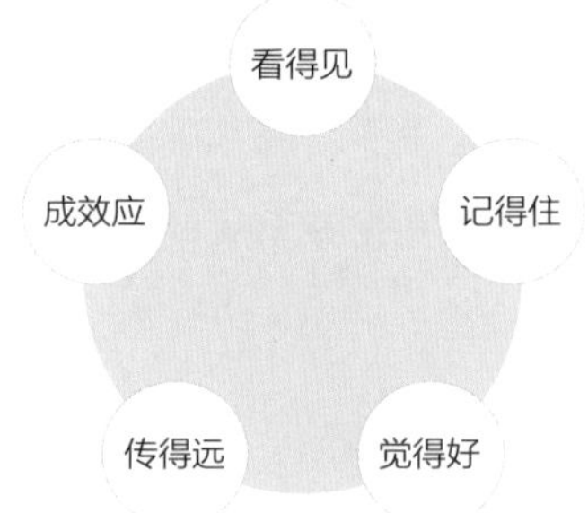

图（6-11） 优质服务的五个效果

120
峰

第十三节　品牌建设五步法

品牌是“八下拐点”中的一个重要突围点。在当今时代，我们唯一能确定的是：品牌是抵御经济危机和市场低迷的有力武器。

品牌建设是一个复杂、长期、综合、系统的工程。可以将品牌建设的过程分为五个阶段，我们称为品牌建设五步法。

品牌建设是一个系统工程，涉及企业运营的方方面面。品牌建设五步法包括品牌战略（含定位）、品牌设计、品牌管理、品牌传播和品牌优化（含危机公关），见图（6-12）。这五个部分囊括了品牌建设的所有内容，可以把每一部分再进行细化，形成制度和标准。如此，企业的品牌建设和管理就有了目标和标准。

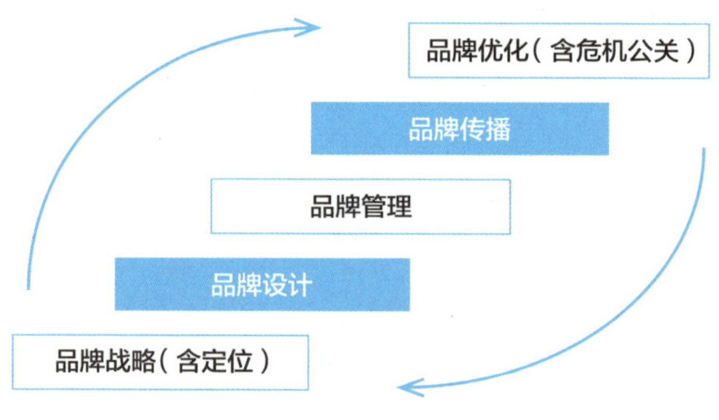

图（6-12）　品牌建设五步法

品牌建设五步法从下到上是有先后顺序的。没有品牌战略（含定位），品牌设计就漫无目的；没有品牌设计，品牌管理就没有标准；没有品牌管理和品牌设计，品牌传播的方法和渠道也就无从谈起。

第一步是品牌战略（含定位），它是品牌建设的开始。品牌战略的三级法则是唯一、第一和为你。可以简单地用一句话来形容产品：样样都好，不如一样独好；与其比别人更好，不如与众不同。把产品独好的部分拿出来进行包装和设计，形成品牌传播的内容，树立产品标签，让更多的人了解并找到该产品。本书第六章第十五节中介绍的产品卖点提炼方法有助于品牌战略（含定位）设计。

通常将品牌分为心智品牌、变现品牌和产品品牌。心智品牌要占据消费者的心智，塑造消费者的消费习惯，承担社会责任，弱化产品功能；变现品牌要号召消费者购买产品，说明购买产品后的好处，并激发消费者购买产品的欲望；产品品牌要强调产品的功能，重点突出产品性能的差异化。产品所依附的服务也可以成为品牌，例如海尔集团的"日日顺"服务品牌和海信集团的"赛维电子"服务品牌。不同企业在不同的发展战略阶段，究竟采用哪一种品牌进行传播，是有技巧和方法的。

一般而言，中小型企业多用产品品牌和变现品牌；大企业，尤其是国企，多用心智品牌。一些特殊的行业，诸如烟草行业、能源行业等，多用心智品牌。品牌的分类和使用场景见本书第六章第十七节内容。

第二步是品牌设计。主要是以VI（Visual Identity，视觉识别系统）设计为主，最后形成一本VI手册。VI手册的核心部分包含企业标志、标准字、标准色等要素，是品牌应用的基础。企业各部门在应用中不得任意改动VI要素的比例、色彩、组合等，要保证VI体系的完整性、统一性和准确性。品牌设计需要企业将对外展示的所有品牌符号标准化、统一化和平台化。

第三步是品牌管理。企业子公司或连锁店等对外展示的形象要统一，需要企业进行统一的管理。专卖店、加盟店、代理商都必须按照统一的VI标准来管理。企业要有专门的管理部门来统一设计风格和管理标准。

企业可以用《品牌管理指南》来统一管理标准，包括：办公事务系统、公关事务系统、会议系统、车辆识别系统、广告宣传系统、服饰系统、办公场所环境识别系统、生产系统、标志符号指示系统、正稿样本等。

各地分店虽然规模大小不一样，但是它们对外展示的形象应该是统一的。企业对外展示的笔记本、U盘、信笺、电子邮件等，都应该有专门、统一的VI

管理规范。随着沟通和交流工具的升级，企业员工使用的公司微信号、名称、图像也应该符合VI设计标准，对外传播的微信公众号（包括订阅号和服务号）也应该统一设计标准。

在品牌管理过程中，负责检查的部门是品牌管理部门。海尔集团、帅康集团都设有品牌管理部门。这个部门的职责之一是：专门检查企业的产品包装是否和VI设计标准一致，检查企业组织的展览会、发布会等活动现场的宣传物料是否符合VI设计标准。

第四步就是品牌传播。现在品牌传播的渠道非常多。企业要充分利用好传统媒体和自媒体。自媒体是“互联网+”时代崛起的传播平台，可以很好地传播品牌内涵。

第五步是品牌优化。品牌要不断成长、不断完善。品牌LOGO的变化体现的是企业战略核心的转变，是一个企业持续成长、不断优化自我的外显。品牌的核心是持续创新，品牌的基因是与时俱进。

企业应该注意品牌优化的节奏。企业要把品牌总结与审视环节纳入品牌建设的整体规划中，定期回顾品牌建设的情况，及时总结、萃取出品牌建设的成功经验，找出在品牌建设过程中需要改进的地方。企业应该时刻关注竞争对手的品牌发展情况，反思并优化自己的品牌建设过程。企业应该及时总结品牌建设的成功要点，形成固化的指导平台，让品牌建设具备可复制性。具体的做法是：企业定期举办以品牌优化为主题的研讨会，邀请客户、用户和品牌专家参与，集思广益，头脑风暴。企业应该每半年举办一次品牌优化战略研讨会，对上一阶段的品牌战略进行回顾和审视，对下一阶段的品牌战略进行展望和优化。品牌优化还包括危机公关和危机事件处理。

总之，品牌建设的五个部分是互相协同、无缝衔接的，每一个部分都有相应的工具和方法。

品牌传播
品牌管理
品牌设计
品牌优化
（含危机公关）
品牌战略（含定位）

第十四节　舆情监控与危机公关

在互联网上，消费者可以自由发表自己对产品的体验和评价。这些体验和评价就形成了品牌舆情。

企业要学会倾听消费者的心声。当然，企业的公共舆论也需要引导。企业需要树立良好的形象，杜绝任何形式的诽谤和攻击。在危机事件出现后，企业的应对策略就显得尤为重要。科学、精准的危机公关方法，可以让企业化险为夷，甚至可以“化危为机”。

舆情监控的本意是为了及时了解市场对产品和品牌的反馈，关注负面舆情并积极引导，避免发生危机事件。舆情监控是一个企业的营销系统具备危机意识的体现。“风起于青萍之末，浪成于微澜之间。”营销人员要具备对市场舆情幽微变化的观察能力，并能立即做出反应，防患于未然。

舆情监控有专业化、商业化的工具。输入企业产品、品牌或者服务等关键词，可以检索到相关的信息报道。企业可以持续加强正面的信息，并提炼出市场关注的热点，对下一步的品牌传播主题进行优化。对于负面的信息，企业要进入危机公关层面，对大众进行疏导或引导，让负面信息得到控制。

负面信息是指媒体或个人以实名或者匿名的方式对企业做出的负面评价等。针对这些负面信息，企业要派专人来分析背后的真实原因，倒逼企业内部进行管理优化。要将负面信息进行分类，例如产品问题、技术问题、服务问题、物流问题等，需要相应的部门负责解决。企业要派专人负责跟踪解决问题的进度，并评价改进后的效果。

从品牌管理的角度来看，发生负面舆情后，企业内部要联动起来，按照品牌管理的标准，统一口径，积极与相关的发布平台沟通。一般而言，中型或者大型企业应该有不同的舆情响应级别。如果事态较为严重，企业就要启动危机公关级别的响应，马上成立临时公关小组。

危机公关的“5S”原则是指危机发生后，为了解决危机所采用的5大原则，包括承担责任原则、真诚沟通原则、速度第一原则、系统运行原则、权威证实原则，见图(6-13)。

图(6-13) 危机公关的“5S”原则

在危机公关的“5S”原则中，笔者想要强调说明：企业在逃避一种危险时，不能忽视另一种危险。在进行危机管理时，企业必须系统运作，绝不可顾此失彼。有些危机是显性的，有些危机是隐性的。企业切莫忽视隐性的危机。企业要做到以下几点：以冷对热，以静制动；统一观点，稳住阵脚；组建班子，专项负责；合纵连横，借助外力；等等。

在2020年新冠肺炎疫情期间，海底捞因为涨价曾引起网友一片反对的声音。面对这样的不利舆情局面，海底捞采取了危机公关的“5S”原则，在第一时间公开道歉，并将菜品价格恢复到疫情之前的水平。因为海底捞解决问题的速度很快，所以负面的信息几乎没有大范围的传播。随着互联网消费群体的年轻化，用互联网的语言风格与消费者沟通，也能起到很好的舆论引导作用。例如，钉钉办公软件“被一星”后，钉钉办公马上用诙谐幽默的视频来求饶，用童言童语把对立变成了统一，巧用幽默文化博取同情，并传递用户至上的态度，妙用同理心，以退为进培育未来用户。这次的舆情危机被巧妙化解。钉钉办公的正面形象再次得到提升。

当然，危机公关是把企业真实的信息公布给大众，以便让信息对称，出发点一定是诚信和真实。企业如果做错了，有失误的地方，真诚道歉并积极弥补用户损失，也能获得大众的谅解。如果企业有造假、欺骗等不诚实的行为，那么危机公关也难以控制负面信息的蔓延。因为这已经不属于危机公关的范围了。

在市场上，企业面对的群体繁多，不排除恶意的诽谤和攻击。除了用法律手段和危机公关的方法保护企业的自身利益以外，营销系统的高级管理者还应该坚守一个原则：救寒莫如重裘，止谤莫如自修。

第十五节　产品卖点的提炼方法

营销高管必须亲自参与产品卖点提炼的工作。海尔集团、华为集团等大型集团公司的一把手都参与产品卖点的提炼。产品卖点属于顶层设计，出发点是用户。

好的产品卖点可以自动传播。用户之所以不明白产品卖点，有时是因为产品卖点提炼得不够通俗易懂。

产品卖点是产品和消费者沟通的桥梁。好的产品卖点即便只是被印在包装上，它自己也会说话。不好的产品卖点，即便有销售员现场介绍，消费者也不会认同。

在当今时代，产品的同质化问题比较严重。销售人员通过讲解卖点让产品脱颖而出，是一件令人兴奋的事情。

产品卖点提炼的“135”模型是简单易行的卖点提炼方法，也是产品卖点的完整组成体系。“135”模型是指：1个产品形象定位，3个用户实惠点，5个技术支撑点。

“135”模型中的“1”是产品形象定位。

在创业初期，企业的首要任务是销售产品，让更多消费者体验产品。企业在发展到一定规模的时候，就可以做心智品牌的传播，提升企业形象。厨邦酱油的“晒足180天”，安徽合肥的老乡鸡“180天纯正土鸡熬制”，泰安市肥城市瑞谷轩酱油的"古法原豆酿，摇摇瑞谷轩"，等等，都属于一句话的产品形象用语。

"135"模型中的"3"是指3个用户实惠点。1句话的产品卖点背后，应该用3个用户实惠点来支撑。例如，老乡鸡就可以说汤色金黄浓郁，味道纯正鲜美，护胃有营养。这就是产品能给用户带来的3个实惠点。

"135"模型中的"5"是指5个技术支撑点。你要解释清楚凭什么唯有自己的产品能给用户带来实惠。还是以老乡鸡为例，5个技术支撑点包括：专业的人工养鸡基地，智慧化的冷链运输平台，透明的厨房操作空间，热情的服务和熬汤必用农夫山泉定制矿泉水。

产品卖点提炼的"135"模型不是要求我们必须得用3句话来说明用户实惠点。如果我们用1句话就能说明白产品特色，也是可以的。比如海尔不用洗衣粉的洗衣机，名字中就自带用户实惠点。"135"模型可以倒逼内部的研发人员和市场人员，萃取出一些差异化的产品卖点。

我们再以海尔空调卖点提炼的"135"模型为例，来看一下具体的内容组成，见表(6–7)。

表(6-7) 海尔天樽无氟变频柜式空调的卖点提炼"135"模型

<table>
<tr><th>1个产品形象定位</th><th>3个用户实惠点</th><th>5个技术支撑点</th></tr>
<tr><td rowspan="5">智能环绕立体风空调(风随心动、智启未来)</td><td>大风量，舒适尽享</td><td>空气射流技术</td></tr>
<tr><td rowspan="2">避免空调病</td><td>镂空环形出风口技术</td></tr>
<tr><td>智能净化技术</td></tr>
<tr><td rowspan="2">智能空气管家</td><td>人体舒适控制系统</td></tr>
<tr><td>智能远程操控技术</td></tr>
</table>

提炼卖点的具体做法是：在一个不受外界打扰的地方，把大家集中起来进行封闭式研讨，反复讨论和甄选方案，必要时求助外部专家，最后形成讨论结果。海尔空调曾经组织各部门的中级、高级管理者封闭一周时间，研讨产品规划及提炼产品卖点，诸如氧吧中央空调、离子集尘空调等创意就是通过这种方式策划出来的。

在产品卖点被萃取出来之后，所有的终端销售人员都要接受培训，学习并背诵产品的卖点，形成全员营销的氛围。

1句话的产品卖点是说给所有人听的，3句话的用户实惠点是说给目标群体听的，5句话的技术支撑点是在招标的时候或者技术交流会上说给行业专家听的。这样就形成了一个非常完整的内容及传播目标体系，涵盖了所有人的关注点。

无卖点，不营销。有很多卖点提炼的方法。笔者想要特别强调的是：产品卖点最好从市场中来，从用户痛点出发，倒逼内部研发新产品，这样就能避免闭门造车式的提炼，杜绝真实卖点与传播卖点“两张皮”的现象。

第十六节　品牌故事的设计方法

通过研究世界著名品牌的发展轨迹，我们不难发现：成功品牌的背后大都有多个具有无穷魅力的品牌传奇。每一个品牌传奇都使品牌得到了广泛的传播。这些品牌传奇的载体就是故事。这些经典传奇的故事让人对品牌上瘾。

营销高管要掌握品牌故事的设计方法，要让品牌运营和营销行为变得趣味横生。

海尔张瑞敏砸冰箱的故事，华为任正非喜欢“歪瓜裂枣”的传闻，士兵们用芝宝打火机和一只钢盔做了一顿热饭的故事……这些都是成功的品牌故事。

品牌故事的设计是有方法和技巧的。一般而言，可以把品牌故事的设计分为五个步骤，见图（6–14）。

图（6–14） 品牌故事的设计步骤

第一个步骤是萃取故事主题。企业根据品牌定位，选择合适的故事主题。这些故事的主题方向包括：创始人的创业初衷、创始人的经历、产品研发的过程、品牌LOGO背后的故事、产品的包装、产品的产地等等。

知名的奢侈品牌范思哲创立于1978年，品牌标志是希腊神话里的蛇发女妖美杜莎，代表着致命的吸引力。范思哲品牌LOGO背后的故事让很多崇尚个性的消费者痴迷。范思哲以鲜明的设计风格、独特的美感、极强的先锋艺术表征风靡全球。

第二个步骤是确定故事内容。品牌故事之所以吸引人，是因为它本身富有启发性和哲理性。品牌故事应该具备以下五点：真实可信、引人入胜、出人意料、富有哲理、意味深长。

品牌故事的内容必须真实可信，精炼，不拖泥带水，最好直奔主题，又戛然而止。

例如日本奥达克余百货公司35次紧急电话的故事，最后的结果出人意料，意味深长。给人的启发是：我们可以变事故为故事，将传说演绎成传奇。

第三个步骤是确定故事内核。品牌故事要达到让人回味无穷、意犹未尽的效果。想要达到这些效果，企业就要确定好故事的内核，也就是品牌倡导的价值主张。例如，品牌要倡导真诚，品牌故事就要以真诚感动人；品牌要倡导服务，品牌故事就要以服务态度感动人。

杰尼亚是世界闻名的意大利男装品牌，它的品牌内核是品质和精致，而在背后支撑这两个内核的是稀缺的原料和苛刻的工艺。杰尼亚公司宣称，从澳大利亚购买羊毛，从南非购买马海毛，从中国内蒙古购买羊绒，从中国江浙一带购买丝绸，从埃及购买棉花。杰尼亚公司还与一些政府签署购买协议。凡出售给杰尼亚公司高等优质原材料者，将由杰尼亚公司发放额外奖金。这些故事使杰尼亚用料考究、苛求品质的品牌内核一目了然。

第四个步骤是确定故事外显。为了让消费者记住故事主题并形成口碑传播，企业需要把品牌故事的内核外显化。例如，“从此以后，海尔把砸冰箱的锤子放在工厂里，让员工参观……”，就是故事的外显表现方式。

第五个步骤是总结升华故事。在故事的结尾处，要将经典的一句话抛出来。例如，舒肤佳在讲完母子俩的感人故事后，最后抛出“20年健康保护——舒肤佳”。再如农夫山泉在介绍完八大水源基地后，最后抛出“我们不生产水，我们只是大自然的搬运工”。

在“互联网+”时代，品牌故事要真实、感人，让消费者产生共鸣。品牌故事是建设心智品牌的主要手段之一。

大多数品牌专家认为，品牌故事是品牌内容的重要载体。

品牌需要故事，一个国家也需要故事。故事是人类文化的基本元素和重要标识。故事需要传承，也需要创新。

百年品牌，千年故事，万年美誉。

第十七节　营销视角的品牌分类与维度

一、品牌三类别

从传播内容定位上来看，可以将品牌分为三种类别，分别是产品品牌、变现品牌和心智品牌。

产品品牌就是说明产品的功能，让产品和其他竞品区分开来，做到第一、唯一、为你（你可以定制产品，或者企业为你专门设计个性化方案）。例如，OPPO手机的“充电五分钟，通话两小时”，“厨邦酱油天然鲜，晒足180天”，“农夫山泉有点甜”，这些都是产品品牌的传播案例。

变现品牌主要是号召消费者购买产品，激发消费者的购买欲望。例如，加多宝凉茶“怕上火喝加多宝”，脉动饮料“感觉不在状态？随时脉动回来！”，“香飘飘奶茶一年卖出三亿多杯，能环绕地球一圈，连续七年，全国销量领先”，“买放心房，上链家网”，“买卖二手车，上瓜子二手车直卖网”。

变现品牌主要是号召消费者产生购买行为，对产品的功能描述不多。变现品牌是代理商特别喜欢的一种品牌传播方式。在做变现品牌宣传时，企业必须遵守广告法，否则容易惹上不必要的麻烦。例如，瓜子二手车直卖网因为一句广告语——“创办一年，成交量就已遥遥领先”，2018年被北京市工商行政管理局海淀分局罚款1250万元。罚款的理由是：广告语缺乏事实依据，与事实不符。

心智品牌是占据消费者的心智空间，在情感层面同化消费者，让消费者先认可企业的理念，再选择企业的产品。例如，普陀山风景区“想到了就去普陀山”，舒肤佳香皂“感谢妈妈，健康保护”，999感冒灵“这个世界总有人偷偷爱着你”。

心智品牌和产品品牌、变现品牌相比，不同之处是，它几乎不说产品、不说销售，而是说理念、文化、价值观，先在目标群体的心智层面占据位置，再反过来影响消费者的购买行为。

三种品牌的使用方法不同。建议小企业、初创型企业多用产品品牌；有代理渠道的企业，可以多用变现品牌；大型企业多使用心智品牌。企业要将三种品牌组合使用，并在不同时期采取不同的组合方式。例如，在2020年初的新冠肺炎疫情期间，企业就应该多用心智品牌，多做公益，而非过多地使用产品品牌和变现品牌，因为这个时期是重责弱利的时期，需要企业承担社会责任。

二、品牌三维度

从实践的角度来看，按照用户和品牌之间的黏度，可以将品牌分为三个维度。这种分类可以很好地解释以下问题：产品有非常好的曝光度，为什么销量上不去？产品有不错的流量，为什么转化率上不去？如何让消费者实现大额购买、重复购买、相关购买和推荐购买？

笔者认为品牌三维度分别是知名度、信任度和美誉度。每一个维度背后，都由消费者对品牌的相应态度来支撑，如图（6–15）所示。

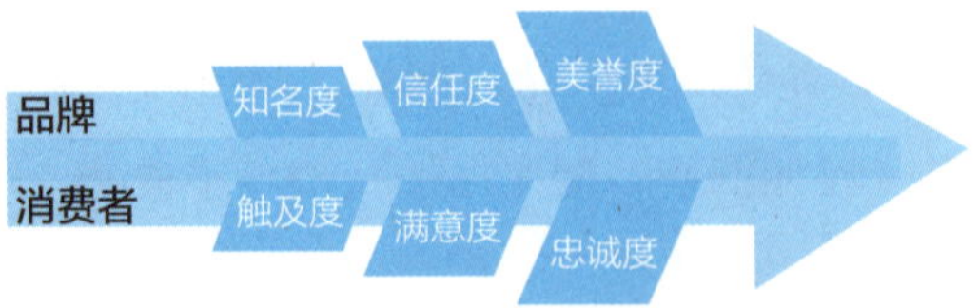

图（6–15） 品牌三维度和消费者态度示意图

品牌的第一个维度是知名度。知名度和企业在市场上的活跃度、曝光度有关系，和消费者对企业的触及度有关。企业的知名度高，说明企业触及用户的频次也高，用户总量在一段时间内较高。在传统经济时代，尤其在二十世纪八九十年代，企业的知名度决定着产品销量。主要原因是那个时代物资匮乏，信息不对称，谁能够先触及消费者，谁就有了先锋效应，从而获得消费者的青睐。

但是，随着市场的发展、消费能力的不断升级和消费者心理的日趋成熟，知名度已经不能够维持企业的持续发展。一些企业即使知名度很高，也吸引不到消费者。例如，石家庄三鹿奶粉的知名度很高，但消费者不会选它。

再如山东的三株口服液和秦池酒，广东的健力宝，可谓家喻户晓，曾经让同行业难以望其项背，最后没落到一些消费者即使知道它们，也不选择它们。知道你，但未必选择你的原因是知名度有两个方向——正方向和负方向。你可能流芳百世，也可能遗臭万年。因此，企业还需要更深层次的维度来支撑。

品牌的第二个维度是信任度。信任度要靠消费者的满意度来支撑。企业在运营过程中要有诚信精神、契约精神。国家提出的供给侧结构性改革，就是要求企业从知名度向信任度转型，也是企业新旧动能转换的重要切入点。企业要有诚信，提供的产品质量要过硬。商道酬信，人道酬诚。企业发展得快，可以加速提升知名度。企业要发展得稳，不可缺失信任度。

如果企业的产品货真价实、性价比高，并且企业能够时时刻刻站在用户的角度想问题，根据用户的需求调整和创新产品，那么成功只是时间问题。这也是企业靠提升信任度来运营管理的方法。

华为集团为了抓质量，在内部进行“自我洗辱”，将“呆死料”作为奖金、奖品发给研发骨干，把现场“救火”产生的机票用镜框装裱后，作为“奖品”发给研发骨干。这种有点“自辱”的做法是让员工知道：企业的信任度来自过硬的产品和方案。

信任度可以为企业带来消费者的大额购买和相关购买，但未必会带来重复购买和推荐购买。品牌还需要继续升级。

品牌的第三个维度是美誉度。美誉度要靠消费者的忠诚度来支撑。美誉度不仅让消费者放心，给消费者带来意想不到的惊喜，还能让企业提供超出消费者期望值的产品和服务。美誉度可以为企业带来消费者的重复购买和推荐购买，更能促进消费者的大额购买和相关购买。

比如华为细分手机市场，推出的5G系列手机，Mate系列、P系列、Nova系列等，让不同社会群体的人都用得起5G手机。国内市场的华为手机比海外版的还便宜，这让华为成为备受人尊重的本国企业。华为获得的就是消费者的忠诚度。

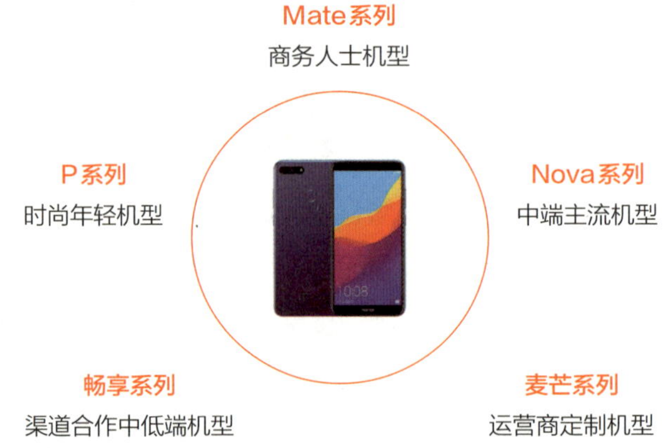

同样，海尔集团的智慧浴室“魔镜”系列、小帅影院、自动叠衣机等产品，都是站在用户的角度进行设计和创新的。此举收获了大批细分市场的忠诚粉丝。海尔集团的美誉度也不断地得到提升。

三个维度的品牌理论告诉我们，品牌的美誉度才是企业追求的终极目标。

知名度

信任度

美誉度

第十八节　品牌集群现象与“半个品牌”理论

笔者曾在自己的博士论文中简单介绍过品牌集群现象。在具体的企业实践过程中，我们不难发现：当代用户的需求越来越碎片化和个性化。新品牌与原来的母品牌、平行品牌就形成了品牌集群。多个企业的多品牌运营带来的品牌裂变、品牌细分、利基市场等现象的集成和综合，就形成了品牌集群现象。

一、品牌集群现象

我们以宝洁公司为例来解读品牌集群现象。宝洁旗下部分品牌如表（6–8）所示。

表（6–8）　宝洁旗下部分品牌一览表

序号	类别	产品	品牌
1	美尚类	洗发水	海飞丝、飘柔、潘婷、沙宣、袋鼠
2		护肤品	SK–II 、玉兰油
3		香皂	舒肤佳、玉兰油
4		彩妆	蜜丝佛陀、封面女郎、艾斯卡达、登喜路
5		香水	朗万、保罗史密斯
6	健康类	男士系列	吉列、博朗
7		妇女用品	护舒宝、舒隐
8		儿童用品	帮宝适
9		牙膏、牙刷	佳洁士、欧乐–B
10	家居类	洗衣剂	碧浪、汰渍、当妮
11		食品	品客
12		电池	金霸王

我们来重点分析宝洁公司洗发水的品牌集群现象。海飞丝可以解决头皮屑的困扰；飘柔让头发更健康、顺滑；潘婷让头发更亮泽；沙宣主打洗发、护

发；袋鼠主打修护受损头发。

宝洁公司的品牌集群采取的是一品多牌，让产品在细分领域里聚焦个性化需求，总有一款产品是消费者喜欢的。宝洁公司利用一品多牌从功能、价格、包装等各方面划分出多个细分市场，能满足不同层次、不同消费者的各类需求，提高了细分市场占有率，有利于培养消费者对宝洁品牌的偏好，有利于提高消费者的忠诚度。企业从功能、价格等方面细分市场，可以让竞争者难以插足利基市场。

宝洁公司利用多个品牌的联合出击，在消费者心目中树立起实力雄厚的形象，有利于遏制竞争对手。针对洗衣粉、洗发水这些一品多牌的市场，宝洁公司的产品摆满了货架，就等于从销售渠道降低了竞争对手进攻的可能性。

企业根据自身发展情况采取不同的品牌集群策略。海尔集团采取的是一牌多品和一品多牌的组合策略。比如，海尔旗下的斐雪派克是厨电品牌，施特劳斯是净水器品牌，三洋白电和GEA白电主打白电产品。这些国际化品牌旗下又有多个产品系列，对每一个品牌来讲都是采用的一牌多品策略。统帅和卡萨帝覆盖了海尔的冰箱、空调等，对每一类产品来讲都是采用的一品多牌策略。海尔还升级了传统的品牌集群模式。有些物联网品牌是业界比较陌生的。例如，卡奥斯、海纳云、海尔智家、盈康一生和海创汇，这些物联网集群的品牌让海尔嬗变为物联网时代的生态品牌。海纳云是大数据服务平台，盈康一生是康养医疗、肿瘤治疗服务的供应商，海创汇是创客孵化平台。今天的海尔已经不再是电器公司，而是生态公司。

一个企业如果想采取品牌集群策略，不能太着急，要先做好A，然后再做B。在全球竞争激烈的市场中，企业只有领先对手才能立于不败之地。任何品牌存在的条件就是在市场上数一数二，否则就要被整顿、砍掉、关闭或出售。这种认知对于线下实体企业来说仍然适用，但在“互联网+”时代它需要被修正。比如，某企业在细分领域能做到数一数二，只不过每个品牌的总销量不高，但占有的市场份额较高，可以持续孵化类似的小品牌，再次占据另一个细分市场，这种模式是“互联网+”时代品牌运营的新趋势。比如韩都衣舍，通过内部品牌孵化、合资合作、代运营等方式，形成多个品牌集群，包含女装品牌HSTYLE、男装品牌AMH、童装品牌米妮·哈鲁、妈妈装品牌迪葵纳、文艺女装品牌素缕等等。虽然这些品牌的产品销量不高，但在细分领域的市场份额较高。将这些品牌组合在一起就能达到一定的产品销量。2019年“双11”期间，韩都衣舍全网交易额4.7亿元。

利用品牌集群策略获得成功的企业包括：步步高集团、日出东方集团、美的集团等。

品牌集群属于多品牌战略。企业创立品牌不容易，想要基业长青，必须“术业有专攻”，做到“书痴者文必工，艺痴者技必良”。

二、“半个品牌”理论

“半个品牌”理论是笔者2012年在帅康集团任副总裁期间提出的理论架构。后来笔者在清华大学、北京大学等高校授课时多次提及“半个品牌”理论，得到了广大企业家学员的认可。笔者在品牌中国战略规划院任职期间，曾多次提到“半个品牌”理论，得到广大品牌专家和学者的认同。“半个品牌”理论对于品牌建设的实务和创新有较大的理论指导意义。

笔者2012年在帅康集团任副总裁期间提出了“半个品牌”理论——生产厂家与代理商（渠道商或者贸易商）各自经营着“半个品牌”。厂家经营的“半个品牌”使品牌形象在消费者的心智中留下印象，代理商经营的“半个品牌”使商品具有变现的能力。只有厂家的“心智品牌”与代理商（渠道商）的“变现品牌”共同经营，“务虚”与“务实”共同发挥作用时，品牌的整体价值才能得以实现。

按照这个概念架构，我们可以继续推导出如下的结论：品牌一半是无形，一半是有形；一半是艺术，一半是科学；一半要务虚，一半要务实；一半在厂家，一半在用户；一半在厂家，一半在代理商；一半是产品，一半是形象；一半在老板，一半在员工……品牌的推广费总是一半在浪费，但是你总不知道是哪一半在浪费。

1.品牌之无形和有形

品牌是无形的，它能让客户得到心理上的满足。当客户对品牌产生依赖时，品牌就有了号召力。品牌的传播力、影响力、号召力等都是一种无形的资产。无形的品牌可以占据消费者的心智空间。

品牌是企业的无形资产。正是因为品牌是无形的，所以如何量化和评价品牌所带来的效益就成为品牌界棘手的问题。有很多的品牌专家戏言：品牌如同爱，无法被量化。一些企业管理者忽视了品牌的重要性，弱化了建设品牌的意识。

品牌也是有形的，比如员工工装、企业商标、产品外观、产品包装等等。

品牌既是无形的，也是有形的，有形和无形互为扶持，互为影响，相生共融。

2.品牌之艺术和科学

品牌是艺术的。不同的品牌有不同的品牌内涵和宣言。品牌是科学的，品牌建设有基本流程和规律，例如品牌战略（含定位）、品牌设计、品牌管理、品牌传播和品牌优化（含危机公关）等。

3.品牌之务虚和务实

品牌是务虚的，因为它有无形的比重，是企业的软实力。品牌又是务实的。品牌被称为企业的最后资产。品牌可以为企业带来溢价空间，获取更多的利润。实践证明这绝非夸大其词。奢侈品牌的利润空间更大。

4.品牌之心智和变现

心智是客户对企业的认知和联想，是社会给企业贴的心理标签和符号，是用户对企业的信任和依赖。变现是企业的运营行为。企业可通过网络直播、社群裂变等方式变现。企业需要聚焦心智品牌。渠道商需要重点关注变现品牌。心智品牌在心理上影响客户。变现品牌在市场上接触客户。

5.品牌之产品和形象

可以将品牌分为产品品牌和形象品牌。例如，海尔空调是产品品牌，而海尔的物联网生态品牌就是形象品牌。

6.品牌之厂家和代理商

厂家需要强化心智品牌，做公益、传文化、树模式，而代理商需要搞促销、让利润、提供增值服务，赢在最后。

7.品牌之老板和员工

老板是品牌的发起者，员工是参与者。如何理解品牌的“一半在老板，一半在员工”？一次，品牌中国战略规划院主办中国品牌年会时，需要组委会邀请企业参与。组委会的一个小伙子很礼貌地给青岛某企业打电话，却长时间无人接听。小伙子很执着，继续打，直到有人接听电话。接电话的是一名普通员工，他说他们不需要做品牌，随后就冷冷地挂了电话。

或许这名员工不能代表企业的真实战略意图。因为品牌一半在老板——是发起者和顶层设计者，而执行在员工——是承接者和力行者。只有上一半的顶层设计和驱动，缺乏下一半的高效执行，品牌建设就犹如空中楼阁，无法落地。

做品牌其实很不容易。老板需要有格局和高度，员工需要执行力。这就是关于“品牌一半在老板，一半在员工”的理论解读。

8.品牌之企业和用户

企业和用户一起来创造品牌。品牌建设需要员工、企业管理者、供应商、分销商、用户等利益攸关方的参与。例如，海尔小帅影院、咕咚手持洗衣机等，都是企业和用户一起创造的品牌。这个维度可以解释海尔生态品牌建设的初衷。

9.品牌之建设与创新

品牌不仅需要创立和建设，还需要创新和迭代。建设是创立、维护和传承，而创新是新设计、新内涵、新定位。阿里巴巴的“新六脉神剑”相比于“老六脉神剑”就是建设与创新的结合。腾讯公司在2019年发布的新使命“用户为本，科技向善”也是传承与创新的结合。

10.品牌之固化和优化

品牌应该有固化的内容，也就是在一段时间内不会变化的内容，例如企业价值观、企业愿景、企业使命等。随着时代的变迁和市场的发展变化，品牌的内涵也需要与时俱进，顺势而为，择机进行优化。小米公司2021年发布的新LOGO，将“方米”变为“圆米”，也是固化中的优化。

“农夫山泉有点甜”这一句广告语火了很多年，这就是固化。现在，农夫山泉已经有了新定位——“我们不生产水，我们只是大自然的搬运工”。这就是品牌持续优化的体现。

企业应该积极创建知名品牌，以品牌引领消费，推动形成具有中国特色的品牌价值评估体系。增强品牌建设是企业做大、做强的重要抓手。

“半个品牌”理论可以让我们更加精准地把握品牌建设的内涵和规律，从多个视角、两个维度出发，让品牌建设真正落地，助力中国企业，强大中国品牌，彰显中国智慧。

我想要一台三角形冰箱。
马上生产出来并送货上门。

第十九节　“四I合一”模型

营销体系建设是营销管理的核心内容。没有体系，营销管理无法系统化、标准化和规范化。关于营销体系的建设，学术界有非常多的理论。笔者将要给大家介绍的“四I合一”模型是从文化体系建设的视角来探寻营销体系的建设和优化。

“四I合一”模型来自企业文化体系建设，它对营销体系的健全、营销平台的搭建和营销标准的建立有非常重要的借鉴意义。营销体系的“四I合一”模型，见图(6–16)。

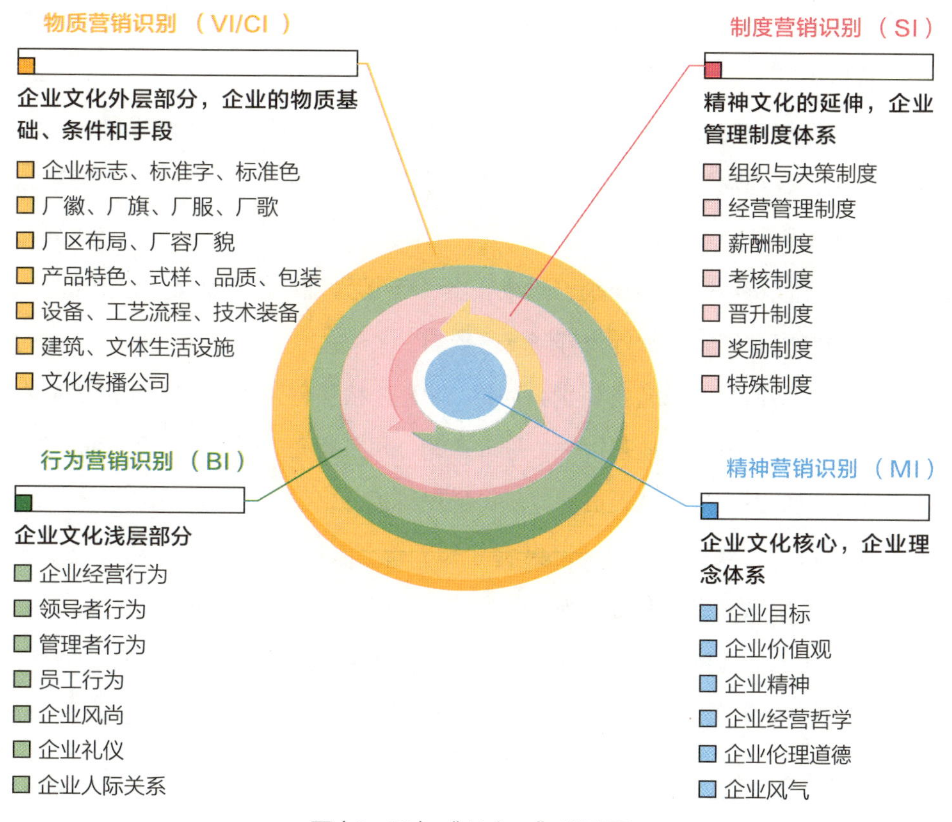

图(6–16)“4I合一”模型图

第一个层面是物质营销识别，也被称为视觉营销识别，简称“VI”或者“CI”。物质营销识别的内容包括企业标志、标准字、标准色、厂徽、厂旗、工服、产品包装等等，这些都是让人看得见的东西。

物质营销识别让营销资源风格统一、定位专业，可以聚焦消费者需求，让消费者在开放的市场系统中快速识别出企业，让企业的营销变得更加可视和简单。

企业可以将物质营销识别汇集成一本企业的VI手册，用于规范营销系统的外显标准。

第二个层面是行为营销识别，简称“BI”。行为营销识别的内容包括企业经营行为、领导者行为、管理者行为、员工行为、企业风尚等。例如，海尔集团编写的《营销行为规范手册》，就属于“BI”范畴，手册内容包括营销人员的市场使命、营销人员的责任目标管理方法、营销人员的礼节、老客户的拜访和维护方法、新客户的开拓方法、公共关系的维护方法、友商信息的收集方法、售后服务的基本行为规范等等。

第三个层面是制度营销识别，简称“SI”。制度营销识别的内容包括组织与决策制度、经营管理制度、薪酬制度、考核制度、晋升制度等等。制度营销识别是营销管理制度的汇总。

企业可以将制度营销识别汇集成一本《营销管理制度手册》，用于规范营销系统的制度，做到营销行为有制度可依。

第四个层面是精神营销识别，简称“MI”。精神营销识别的内容包括企业目标、价值观、精神、经营哲学、伦理道德、风气等等。精神营销识别是营销系统的意识形态，是营销人员共同认可的思维模式。

企业可以将精神营销识别汇集成一本《营销系统文化手册》，用于统一企业的营销系统思维模式和价值观。

四个层面的营销识别关系如下：精神营销决定制度营销，制度营销决定行为营销，行为营销决定物质营销。可以简单理解为一句话：思维决定行动，行动决定效果。

不同的营销理念决定了不同的企业有不一样的营销行为和管理规范。“四I合一”模型可以将营销管理分为四个层面，让营销管理体系更加健全，使管理者易于理解和操作。企业可以用“四I合一”模型规范营销体系，传承营销技巧。企业经营的时间越长，积累的经营智慧就越多。员工可以离职，但经营智慧不会消失。新来的员工通过学习标准化的营销管理体系，可以很快掌握基本的工作技能，提高工作效率，达成价值观的共识。“四I合一”模型的落地使用解决了企业营销系统中人员流动频繁的难题。有人形容营销系统是“铁打的营盘，流水的兵”。用“四I合一”模型梳理和完善的营销体系就是那个“铁打的营盘”。“流水的兵”把智慧和经验留了下来。“新来的兵”因为有健全的体系和完善的传承平台，很容易掌握基本的工作技能，快速胜任工作岗位。因此，“四I合一”模型是营销人员学习工作技能的有效方法和工具，它能萃取出每个岗位的实操经验和技巧，并将它们固化下来形成标准，以便进行推广和复制。

一般而言，企业可以把四本手册编成一本《营销创新管理手册》，再根据自身的具体发展情况，结合市场的变化频率，每半年或者一年更新一个新版本。

例如：由笔者所著的《华为营销基本法》一书共十一个章节，它的每一个章节都可以被归纳到“四I合一”模型上。笔者认为：将“四I合一”模型做得比较系统的两家中国企业，一家是华为，另一家是海尔。营销界有“左手华为，右手海尔”之说。

海尔
BI
VI
SI
MI
华为

企业家推荐

推荐语

刘春华老师作为营销领域的专家，具有多年的企业咨询经验和授课经验，对营销有独到的见解。这本书从营销拐点突围的法则，到营销拐点突围的思维模式，再到具体落地的工具，进行了从点到面的立体化总结，有体系，有厚度，让人思考不怠。

中国外运股份有限公司原董事长　李关鹏

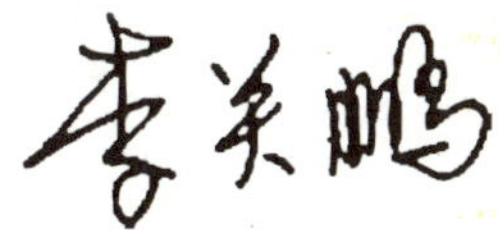

一本好书和好的服务一样，一定有以下五个关键点：看得见，记得住，用得着，还想要，成效应。本书显然具备以上的五个关键点。读完本书，有些观点让人记忆深刻，有种想要马上去实践和尝试的冲动。

广州白云国际机场股份有限公司党委委员、副总经理 谢冰心

市场营销对企业的发展有着重要的作用，可以帮助企业快速成长。刘春华老师的《营销拐点突围》是企业的过关宝典。我将本书推荐给所有正在营销路上披荆斩棘的企业。

北京大学博雅产学研基地执行主任　杨尚东

德鲁克说，营销做好了，就不再需要销售。德鲁克还说，领导力的本质就是营销。眼睛向外，企业的本质是销售；眼睛向内，企业的本质是组织领导力。因此，学习营销新知识，掌握营销新技能，践行营销新战略，就应该成为企业高管的必修课。

北京知行韬略管理咨询有限责任公司创始人、首席管理顾问　沈小滨

企业在市场活动中会面临种种风险和危机。完整、可靠、系统的营销策划能帮助企业绝处逢生，将劣势逆转为优势。刘春华老师的《营销拐点突围》可以帮助企业实现难点突围、逆风翻盘。

北京正商书院创始人、院长　赵子龙

企业管理者在关注市场变化的同时，要有一颗打磨精品的初心，也要在营销为王的时代懂得营销的理论、方法和技巧。刘春华老师为企业家们学习营销学提供了一本实用好书。

MBA智库创始人　倪其孔

疫情之下，企业如果想涅槃重生，不被摧毁，可在本书中寻求解决之道。此书不仅适合初涉职场的年轻人，也适合高层管理人员。

山东国拓教育科技股份有限公司董事长　张隆

全球经济发展进入新时代。资本融合技术，颠覆了传统商业。新商业和新消费携手升级了市场。营销也在顺应市场变化中迎来拐点。为何会拐？怎么拐？有何工具？拐向何方？……对于这些问题，刘春华老师在《营销拐点突围》中给出了明确的答案。

英盛网执行董事　纪传盛

《营销拐点突围》凝聚了刘春华老师的营销和创新智慧，它以创新的思维和模型对营销活动进行了精彩的诠释，对新时代的营销突围创新具有很强的指导意义。

北京先闻道企业管理顾问有限公司执行董事　崔宏民

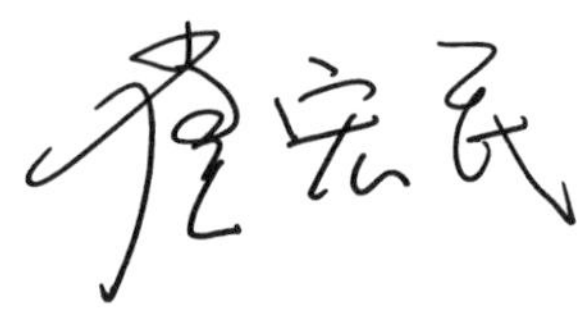

刘春华老师一直是高校总裁班颇受欢迎的教授，是企业家学员们的良师益友。他总能给出符合企业发展阶段的“营销最优解”。在全球疫情的大背景中，刘老师的《营销拐点突围》给无数迷茫的企业家点亮了通往破局的明灯。

思迈尔师资服务董事长　陈玥雯

在当今时代，寻找不到拐点的营销是盲目的，注定会失败。什么是拐点？如何寻找并确定拐点？怎样才能实现营销突围呢？《营销拐点突围》一书中独到的见解、新奇的观点，是作者给予读者的宝贵财富。

环球人力资源智库创始人　赵存银

本书既有宏观视角，又有微观实操。建议企业管理者都能抽出时间读一读本书，必能有所启发。

蚂蚁私塾创始人　蔡垒磊

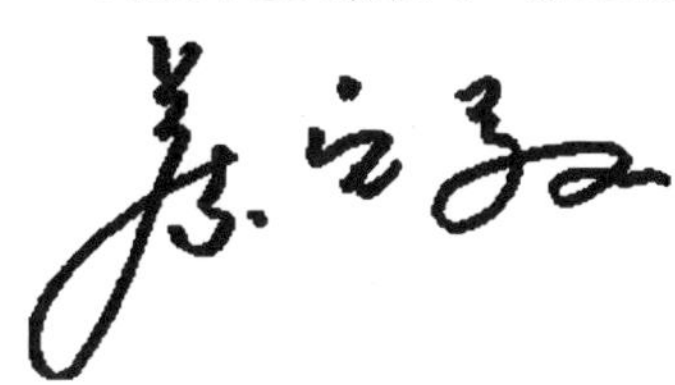

良师刘春华所著的《营销拐点突围》，将营销管理模型精炼概括，深入浅出，与时偕行。本书对营销管理者、规划者和破局者的思维延伸、模式创新多有益处。

佳能BIS商学院的执行院长、佳能（中国）商务影像方案部总经理　傅群

中国民族品牌在世界舞台上的崛起，靠的是产品力和营销力。

刘春华老师的《营销拐点突围》一书为中国企业家开启营销思维提供了可行性方案。

这是一本中国企业营销方法使用手册。

湖南天合华懋国际商贸有限公司创始人　林昊

《营销拐点突围》是刘春华老师的又一佳作，它像原浆一样醇厚，妙在拨云见日，直达核心。本书能让读者眼前一亮，思想得到升华，彰显营销魅力。

青岛鹏为软件有限公司　吴显宏

吴显宏

附录

营销总监必读经典书籍推荐

1.《营销管理：第15版》——菲利普·科特勒、凯文·莱恩·凯勒

2.《一个广告人的自白：纪念版》——大卫·奥格威

3.《定位》《营销革命》——艾·里斯、杰克·特劳特

4.《特劳特营销十要》——杰克·特劳特

5.《第五项修炼：学习型组织的艺术与实践》——彼得·圣吉

6.《竞争优势》——迈克尔·波特

7.《管理工作的本质：经典版》——亨利·明茨伯格

8.《影响力：全新升级版》——罗伯特·西奥迪尼

9.《让创意更有黏性》——奇普·希思、丹·希思

95个自媒体平台传播优势和劣势对比表

序号	种类	代表	传播优势	传播劣势
1	即时通信	微信、QQ（QQ群）、YY语音、百度如流、融云、Skype	即时通信，速度快，对象明确，适合社群	传播范围有限
2	贴吧	百度贴吧	操作简单，无字数限制，言论自由，互动性强	易被删帖、禁帖，人数有限，传播范围受限
3	论坛	天涯论坛、网易论坛、新浪论坛、搜狐论坛、猫扑、凯迪社区	操作简单，可以分享知识，交互性强，针对性强，见效快，发帖数量不受限制	帖子容易被淹没或被删，审核较严格
4	视频	优酷、腾讯、爱奇艺、土豆、搜狐、AcFun（A站）、哔哩哔哩（B站）	成本低廉，目标精准，互动性强	受流量限制，需要一定专业技能
5	短视频	抖音、秒拍、快手	视频长度较短，传播速度快，操作简单，门槛低，参与性强	内容缺乏规范和限制，良莠不齐
6	内容社交	小红书、蘑菇街、什么值得买	内容覆盖面广，社交性强，定位精准	同类平台间差异化小，用户黏性较低，需要持续维护
7	图文	知乎、简书、豆瓣、虎嗅、36氪	内容广泛、优质，用户体验感强，可以实现知识变现	产品迭代缓慢，搜索功能性差，社区运营缺乏多样性
8	FM平台	喜马拉雅、蜻蜓FM、荔枝、千聊、企鹅	内容广泛，开放性强，操作简单	内容良莠不齐
9	直播平台	一直播、花椒直播、斗鱼、虎牙直播、映客	直播内容多样化，受众年轻化，操作简单化	粉丝忠诚度较低，难以维持用户热度

续表

序号	种类	代表	传播优势	传播劣势
10	公众号	微信公众号、搜狐公众号、百家号、大鱼号	时效性强，长久存在，可以进行转发，形成二次传播	审核严格，耗时耗力，信息较为繁杂
11	微博（博客）	新浪博客（微博）、天涯博客（微博）、腾讯微博、搜狐微博	传播迅速，定位准确，互动性强，影响大，成本低，可作为IP打造基地和对外官方窗口（尤其新浪微博）	微博、博客图文传播受到了短视频传播带来的影响，活跃度有所下降
12	百科、问答、文库	百度百科、维基百科、知乎、搜狗百科、站长百科、MBA智库百科、搜狗问问、天涯问答、腾讯搜搜、百度文库、360文库、豆丁网	传播高效，可信度相对较高	审核极其严格（尤其百度百科），耗时耗力，竞争激烈
13	新闻	网易新闻、腾讯新闻、今日头条、凤凰新闻、搜狐新闻	时效性强，长久存在，传播速度快，影响大，易被检索	信息良莠不齐，发布审核逐渐严格
14	地图	百度地图、谷歌地图、搜狗地图、高德地图	针对性强，使用频次高	软植入传播费用相对较高
15	电商平台	淘宝、天猫、京东、1号店、当当网、唯品会、聚美优品、百度糯米、苏宁易购	内容丰富，选择众多，爆发力强，市场效益直接	无法进行现场体验，竞争激烈
16	拼团电商	拼多多、苏宁拼购、京东拼购、大众点评、口碑、美团	社交性强，普惠经济，共享经济，传播性强	无法识别假货，质量参差不齐，用户黏性较低
17	电邮	126邮箱、163邮箱、QQ邮箱、139邮箱、阿里云邮箱	到达率高，传播速度快，内容丰富	回复率低、互动率低
18	电商直通车	淘宝直通车、天猫直通车、京东直通车、一号店直通车、唯品会直通车	方便快捷，定位精准	资金投入不好控制，前期点击率和转化率较低